山东省作家协会重大题材文学创作选题扶持作品

我要飞

中国残疾人乒乓球运动纪实

卢 戎／著

山东教育出版社

·济南·

图书在版编目（CIP）数据

我要飞：中国残疾人乒乓球运动纪实／卢戎著．—济
南：山东教育出版社，2019.3（2024.11重印）

ISBN 978-7-5701-0161-0

Ⅰ.①我… Ⅱ.①卢… Ⅲ.①乒乓球运动－残疾人体
育－概况－中国 Ⅳ.①G846.92

中国版本图书馆CIP数据核字（2018）第042070号

山东省作家协会重大题材文学创作选题扶持作品

责任编辑：宋　婷　王　慧
版式设计：蔡立国

WOYAOFEI——ZHONGGUO CANJIREN PINGPANGQIU YUNDONG JISHI

我要飞——中国残疾人乒乓球运动纪实

卢　戎　著

主管单位　山东出版传媒股份有限公司
出版发行　山东教育出版社
　　　　　济南市市中区二环南路2066号4区1号　　邮编：250003
　　　　　电话：（0531）82092660　　网址：www.sjs.com.cn
印　　刷　山东星海彩印有限公司
版　　次　2019年3月第1版
印　　次　2024年11月第2次印刷
开　　本　710毫米×1000毫米　1/16
印　　张　23
字　　数　300千
定　　价　45.00元

（如印装质量有问题，请与印刷厂联系调换）印厂电话：0531-88881100

我要飞 ●••

2016年里约残疾人奥运会中国残奥乒乓球队赛场合影

2017年中国残疾人乒乓球队在正定乒乓球训练基地备战亚洲残疾人乒乓球锦标赛

中国聋人乒乓球代表队在土耳其萨姆松举办的第二十三届夏季听障奥运会上夺冠后合影

江苏省残疾人乒乓球队在广州2010年亚洲残疾人运动会凯旋后合影

活出生命的诗意

张海迪

（中国残疾人联合会主席、中国残疾人奥林匹克委员会主席）

有这样一个群体，他们遭受了命运的致命打击后仍然顽强地活着，他们不仅从绝望中重生，还活出了诗意，发出了灵魂独特的芳香。他们就是叱咤在乒乓球赛场上的残疾人体育健儿。他们用行动告诉世人：只要有顽强的意志和坚持不懈的精神，梦想就会变成现实。

本书讲述了几十位残疾人乒乓球运动员各自的奋斗历程。翔实的细节、感人的瞬间令人印象深刻。然而本书的重点并不是苦难，而是他们如何跨越身体的病痛和精神折磨，挑战生命的潜能，最终走向成功的励志人生。

书中有的是胸部以下毫无知觉的高位截瘫者，通过训练，不仅拥有了自理能力，甚至还能开车，最终登上世界冠军的领奖台；有的为了练球累到尿血，心动过缓，最终摘得奥运会金牌；有的脑瘫、智障患儿父母不离不弃，倾心培养，孩子最终取得了优异的成绩；还有的聋人经过训练能够流畅地交流，并屡屡摘金……

那些辉煌的成绩背后有着多少煎熬，他们又付出了多少代价？他们彰显了人类自我挑战的精神，也体现出团结友爱、公平竞争的追求。因此说，他们是我们身边的英雄，他们那种不怕困难、超越自我的精神，鼓舞和激励着这个世界。他们通过体育展示了生命的无限生机。

他们是自然界最有勇气的存在者，也是美好理想的实践者。他们的身体在体育运动中得到了康复，更重要的是在这个过程中他们获得了更强大的信心，活出了乐观豁达的人生。

我认为，每一个走上运动赛场的残疾人都是胜利者。无论是否拿到了冠军奖杯，他们的人生都是成功的、精彩的。希望更多的残疾人参与到体育运动中来。国家的重视、全民的热情、社会的支持、良好的体育运动氛围和环境，成为推动残疾人事业蓬勃发展的力量和动力。

看到厚厚的书稿，得知作家长期参与残疾人运动员的生活、训练，倾听他们的故事，是深情书写的心血所得，值得信服和赞赏。

这是一本催人奋进的好书。当人们遇到困难，抱怨命运不公的时候，读这样的文字，了解他们的故事，会使我们反思人生、珍惜拥有，增添生活的信心。相信青少年、运动员、残疾人、教练、患儿家长以及残疾人工作者等，都会从中受到启发。

此书尤其适合青少年阅读。

青少年是情商教育的关键时期。同理心是情商的重要组成部分。当你想安慰别人时，你该给予的不应是同情，而是理解、尊重、包容和珍惜的同理心。如果通过这样的阅读能够使青少年们更加自信、乐观，提高他们的情商，达到同理心的扩展，将是非常有意义的。

希望青少年能尽早明白一些道理，世上有一些人比你不幸，但比你更努力。要感恩生活的赐予，要知道苦难是人生的常态。没有经历风雪的果实不会甜美，没有经历过苦难的人生不会完整。

　　无论是谁，成功的路上都要付出艰辛。遇到困难，不能气馁，即使跌倒一百次，也要再一次站起来。

　　即使翅膀断了，心也要飞翔。只要不被摧毁，就要华丽涅槃。

目 录

CONTENTS

活出生命的诗意 ◎ 张海迪 / 001

第一章 /
放飞梦想
砥砺奋进

低调霸气攀高峰 / 002

自强之星，残乒"女侠" / 010

世界听障乒坛"四金王" / 025

永不叫苦的"小二子" / 032

从谷底到山巅 / 040

摆地摊的奥运冠军 / 047

第二章 /
折翼雏鹰
振翅高飞

登峰造极源于自律 / 058

不服输的"手语翻译" / 064

"大姐大""九死一生"的蜕变 / 071

不鸣则已，一鸣惊人 / 077

我的心永远和乒乓球在一起 / 086

第三章 /
功崇惟志
业广惟勤

一封信成就的"乒坛皇后" / 100

从"钢琴王子"到"独臂球王" / 107

"一波三折"的奥运梦 / 114

"倒板奇人"的幸福生活 / 122

宝剑锋从磨砺出 / 131

第四章 /
闲门向山路
深柳读书堂

我的世界向右倾斜 / 138

大难不死的"双满贯" / 146

残乒杀出来一匹黑马 / 153

踮起脚尖更接近白云 / 164

人如其名，载入史册 / 170

第五章 /

万爱千恩百苦　　　爸爸妈妈，我爱你 / 180

疼我孰若父母　　　爸爸，我是你最棒的女儿 / 189

　　　　　　　　　妈妈是我的"心理专家" / 198

　　　　　　　　　我的妈妈是世界上最好的妈妈 / 204

第六章 /

落红不是无情物　　　父爱如山，大爱无言 / 210

化作春泥更护花　　　桃李不言，下自成蹊 / 226

　　　　　　　　　跨界儒帅的"心理战术" / 234

　　　　　　　　　你的点赞最"给力" / 242

　　　　　　　　　老白的"四个梦想" / 250

　　　　　　　　　你是我的眼 / 256

第七章 /

一番彻骨寒　　　我不幸，但不代表我不行 / 266

闻得梅花香　　　最美"独腿"火炬手 / 274

　　　　　　　　　废墟中站起来的"川妹子" / 280

　　　　　　　　　我欠张爷爷一个拥抱 / 293

　　　　　　　　　没有掌声的比赛 / 301

第八章 /

关上一扇门　　　无声的世界，有声的精彩 / 310

打开一扇窗　　　今生最大的遗憾是没有当兵 / 315

　　　　　　　　　超越自己，超越梦想 / 322

　　　　　　　　　让"蜗牛"孩子飞奔 / 328

　　　　　　　　　"惟妙惟肖"姐妹花 / 336

名词解释 / 343

后记 / 347

第一章

放飞梦想，
砥砺奋进

低调霸气攀高峰
自强之星，残兵"女侠
世界听障乒坛四金王
永不叫苦的"小二子"
从谷底到山巅
摆地摊的奥运冠军

低调霸气攀高峰

冯攀峰受访视频

2008年世界残疾人奥运会，中国北京鸟巢体育馆。

残疾人乒乓球男子TT3级*单打八进四比赛正在火热进行中，中国选手冯攀峰对阵韩国选手金荣建。

金荣建是2004年雅典残疾人奥运会单打、团体冠军，他之前几乎囊括了轮椅乒乓球这个级别所有的国际赛冠军，当时是世界排名第一，而出生于1989年的冯攀峰才19岁，是第一次参加奥运会。因为成绩悬殊，冯攀峰心态比较平稳，他没有夺冠的想法，目标是争取进入前四。

---

* 残疾人乒乓球运动员在国内、国际比赛中的分级分为10个级别，即TT1-TT10，TT1-TT5是轮椅运动员，TT6-TT10是站姿运动员。大赛前要通过验级师验级，确定级别后，方可与同级别运动员比赛。

第一局冯攀峰没能很快进入状态，以9：11先失一局。第二局和第三局，他调整好心态连胜两局，以2：1大比分领先。

"再赢一局我就胜利了！能够赢世界排名第一的选手，太不容易了！"面对即将到来的胜利，冯攀峰稍有些分神，结果被对方追回一局，大比分到了2：2。

紧接着到了第五局决胜局，金荣建拼红了眼，他拿出看家的本领，越战越勇，使冯攀峰比分始终落后1到2分。冯攀峰感觉快顶不住了，闪过一丝放弃的念头。他看了看教练衡新，教练坚定地点点头，示意他要有信心，要坚持住。冯攀峰在心里对自己说：坚决不能放弃，要咬住，不到最后就有希望！

比分追到8：8，对方教练要了一个暂停。场外教练衡新及时给冯攀峰指导：对手的优势是强攻，反手速度比较快。接发球要压住对手追身位，不让对手把反手的摆速打出来，相持中尽量压住对手的反手大角出边线，要和追身位相结合。发球时，反手用反胶发右侧下旋到对手的追身位，如果对手拨打起来，就走两个边线，对手要是搓过来，就用长胶刮两个大角，球拨打过来，就磕追身位，找机会再进攻。不要让对手打出他擅长的摆速。记住：发球要发下旋球。

冯攀峰记住了，回到赛场，比分到了9：9，瞬间进入白热化。轮到冯攀峰发球，第一个球他就按教练说的，发了对手追身位的下旋球，对手拨打下网了。第二个球，他本能地想发侧上旋球，准备姿势都做出来了，瞬间想到了教练的嘱托，马上改发下旋球，对手一拨打，又下网了。好球！11：9！冯攀峰顺利进入了半决赛。

和世界一流的选手斗智、斗勇、斗球技、斗心态，冯攀峰经受住了巨大的考验。比赛结束一下场，他抱着教练就哭了，激动得嘴里不停地说："教练我赢了！我赢了！真的赢了！"

"是的，是的！我们赢了！"衡新紧紧拥抱自己的爱徒。这拥抱里饱含着

冯攀峰在北京残奥会获得单打金牌时与衡新教练激动相拥

爱惜、安慰和深深的理解。

这是冯攀峰打球八年来，打得最艰苦也最难忘的一场球。

"最难打的对手都赢了，接下来的比赛一定不能放松。能来这儿参加比赛的都是百里挑一的选手，不一定有谁还会打败你。"冯攀峰记住了教练的话，乘胜追击，杀进决赛。

决赛他遇到的对手是法国老将罗班，他是2007年欧洲锦标赛公开级单打冠军和男子TT3级单打冠军，参加了3站国际积分比赛，比冯攀峰5站积分还多，人称"黑旋风"，实力和经验都在冯攀峰之上。

罗班是个挺神秘的人物，他从来没和冯攀峰交过手，有关他的资料也很少，衡教练找了好多资料才找到关于他的两场比赛视频。在赛场，衡教练找机会去看法国队训练，看了50分钟，没看出弱点来。第二次又去看了40分钟，发现了端倪。他私下模仿罗班的反手长胶打法和冯攀峰对练，确定了长胶拨打的战略。

知己知彼，百战不殆。心中有数了，进攻和防守的控制能力就加强了。在这场被大家预料为异常激烈的比赛中，冯攀峰有备而来，最终以3：0强势取胜，令世界乒坛惊诧。

当你面对失败时不要认输，勇往直前，奇迹才会发生在你身上！这是冯攀峰的深刻体会。这场比赛，使他开阔了视野，积累了大赛经验，心智在锤炼中也得到了质的飞跃。

冯攀峰滑动着轮椅登上了世界最高领奖台。国歌响起，人群中，冯攀峰找到了教练衡新的眼睛，四目相对，无语凝噎。

天将降大任于是人也，必先苦其心志，劳其筋骨。如果说人生是那灰暗的夜空，那么唯有历经磨难方可使其熠熠生辉。

对于冯攀峰来说，最难熬的要数2004年。那一年，他15岁，还处于生长发育期，从小患小儿麻痹症的他，由于脊柱严重变形影响了发育，甚至压迫肺部产生呼吸障碍，他不得不接受了脊柱矫形手术。手术很顺利，但恢复期至少6个月，9个月以后才能拿下固定器。这就意味着他至少6个月之后才能恢复乒乓球训练。

他在日记中写道：

> 当我坐在轮椅上看着队友训练时，我的心里是那么着急，我甚至以为我已经成为编外人员，不属于这个球队了，多少个日日夜夜我都在失落中度过，多少个日日夜夜我都是含着泪水入睡，我是多么想重新"回到球队"训练。时间过得那么慢，到了4个月的时候，我终于按捺不住，来到了球台前握起了球拍。教练也知道我的心思，他并没有阻止我，而是告诉我不要着急，可以稍微活动一下，但一定不要正常练，只可以轻轻打。为了以后的长期训练，我只好听教练的。我还清晰地记得，到了第6个月的最后一天，那一天我练了好久好久！从那一天起我就告诉自己：我一定要加倍努力，不可以从队伍中落下，我一定要追上来！

有了失去的落差，冯攀峰才懂得乒乓球在他心目中的分量。乒乓球是他的至爱，离开了球台，他甚至感觉不到人生的意义所在。重新回到赛场的冯攀峰，更加珍惜失而复得的训练机会。成千上万次的挥拍，固定器把肩膀磨出了血，他独自默默地承受，他知道只有付出的比别人多，才能进步得更快。

在衡新教练的精心指导下，冯攀峰的状态迅速恢复，水平也得到了大幅提升。2005年，他登上了亚洲乒乓球锦标赛的冠军领奖台，同时获得了2006年世界乒乓球锦标赛的入场券。

上天降给人一份困难时，同时也送给人一份智慧。冯攀峰打球善于动脑，也善于总结，他在训练日记中写道：

> 比赛那几十分钟是几年的训练积累；比赛中的每一个动作都是训练中成千上万次的挥拍练就的；比赛中打的好球，训练中一定会有更多，比赛中失误多的地方也一定在平常训练时常出现。比赛中的每一点儿不足，都要用无数次的针对性训练去克服。每一次的比赛中无论胜负总会出现些问题，要在比赛中总结，训练的时候去克服。一次不行两次，两次不行三次……训练中会遇到各式各样的打法，而比赛中面对的只是众多打法中的一种。在平常训练中要把比赛的开局、中局和关键球拆开打，每一段都精确地练。还有各种情况：大比分落后怎么办？领先被追上来怎么办？比分交替怎么办？每种情况都要冷静面对。要想打好球还要有体能做基础，要分析对手的优势和弱点，做到心中有数……

冯攀峰平日里性格内向沉稳，是个腼腆乖巧的邻家大男孩形象。他鼻梁高挺，剑眉星目，长相极其英俊，让人过目不忘；但他打球时的凶悍霸气，似乎与他俊朗的外表有点儿不符。他右手横拍、正手反胶、反手长胶的打法，攻防严谨，稳中带凶，落点刁钻，对乒乓球节奏掌控得当，形成了自己鲜明的技术风格，给人留下了深刻的印象。

衡新教练这样评价他：温文尔雅、外柔内刚、思路敏捷、永不言败。

有人说，苦难是命运赐予的财富，但谁又想要这样的财富呢？！冯攀峰生下来健康聪明、漂亮可爱，却应了王勃《滕王阁序》中的那句话：时运不齐，命途多舛。

20世纪80年代末，邸州脊髓灰质炎大爆发。冯攀峰七八个月的时候，本来已经会爬、会站了，突然高烧不退，两条腿软弱无力，送到医院一检查，未能幸免。

脊髓灰质炎得了也没有什么好办法，据说针灸可以阻止病情的发展。那时候，患儿太多，每隔三天才能排上一次，母亲每次带冯攀峰针灸完就回来种地，三天后再带着他过去针灸。为了省下几元钱的车费，几十公里的往返路程，母亲就骑自行车。针灸的时候，冯攀峰全身被扎满了针，有时候还要通上电，好几岁了都不长头发，受尽折磨，父母心疼得不忍直视。至今父母都不愿提起那些往事，可见心酸至极。

冯攀峰和队友顾改喜结良缘，父母希望他俩能有个孩子，以后年龄大了，孩子还可以照顾一下。

当健康的儿子降生，父母为了让他俩打球没有后顾之忧，主动帮着带孩子。记得儿子8个月的时候，顾改打比赛不在家，冯攀峰和妈妈带着孩子去医院在门诊做舌系带的小手术，这期间孩子哭得撕心裂肺，妈妈心疼得眼泪稀里哗啦，他自己也难受得特别想哭。联想到自己当年针灸浑身扎满了针时妈妈的心情，冯攀峰更加理解了父母的不易。养儿方知父母心哪！

自从打球以来，冯攀峰与家人聚少离多，他格外珍惜每一次的重逢。离开家的日子，想家的时候，冯攀峰常常会想起妈妈的背影。十几岁去"希望之家"上学时住校，十天放假一次，他小时候晕车，往返40公里的路程，都是妈妈骑自行车驮着接送他。他在妈妈自行车后座度过了那么多奔波而温暖的时光。

那时候冯攀峰学习成绩很好，父母担心他打球荒废了学业，但他用行动证明了打球、学习可以两不误，让父母放心。十几年来，在国内、国际各种残疾人乒乓球大赛上，冯攀峰斩获金牌40多枚，成为2008年、2012年、2016年残疾人奥运会单打冠军，以及2010年、2014年世界锦标赛单打冠军，多次获得团体冠军，呈现出低调霸气的王者风范。

每次站在领奖台上，冯攀峰的眼睛都会在人群中寻找自己的恩师——衡新教练。如果说，在他的心中，"希望之家"的校长张辅世像爷爷，衡新就像是自己的父亲了。

冯攀峰和衡新教练

衡新是冯攀峰的乒乓球启蒙教练，从在"希望之家"第一次握拍，到进入国家队走上奥运会领奖台，一路走来，衡教练始终不离不弃，付出了巨大的心血：生活中，他帮队员洗衣服、打饭，背着队员上下车，搬运所有的行李；训练场上，他严格要求，一丝不苟……他有父亲般的慈爱，又有良师般的威严。

"2000年教练开始带我们，从启蒙一直带到现在，17年了，恐怕历史上也不多见吧！我们每天在一起，和家人一样亲，也不觉得那么久。回头想一想，真是太不容易了！小时候教练背我的时候，很不好意思，也很心疼，我们的腿上有支具，也怕硌疼了他。"

我注意到，队员们都称呼衡新为"教练"，而不是"衡教练"，叫别的教练依然带着姓氏。原来这是他们之间多年形成的默契，感觉这样叫更亲。

冯攀峰是个心怀感恩的人，他在一次演讲中说：

当奖牌挂在胸前时，我凝视着冉冉升起的五星红旗，那一刻我心里想的更多的是这枚奖牌背后关心和帮助过我们的人。正是有了这股强大力量的支持，我们才能不畏强手、奋勇拼搏，最终走上领奖台。我怀着一颗感恩的心，感谢张爷爷创办的"希望之家"，感谢衡新教练这么多年的辛勤培养，感谢许许多多关心和帮助我们的人，荣誉是属于你们的！

此时此刻，我的耳边突然响起一支歌，觉得这歌特别适合冯攀峰：

最美的愿望一定最疯狂

我就是我自己的神　在我活的地方

我和我最后的倔强　握紧双手绝对不放

下一站是不是天堂　就算失望不能绝望

我和我骄傲的倔强　我在风中大声地唱

这一次为自己疯狂　就这一次　我和我的倔强

对　爱我的人别紧张　我的固执很善良

……

你　不在乎我的过往　看到了我的翅膀

你说被火烧过才能出现凤凰

逆风的方向　更适合飞翔

我不怕千万人阻挡　只怕自己投降

我和我最后的倔强　握紧双手绝对不放

……

自强之星，残乒"女侠"

茅经典受访视频

此时离开学还有几天的时间，在山东师范大学上学的茅经典还在北京市残疾人文化体育指导中心训练。我决定去北京采访。

"我去北京南站接你吧！"因为在济南的倾心交谈，我们已经成为好朋友了。知道我要来，茅经典很高兴。

"不用接，告诉我地址，我去找你。"我知道经典的腿不能走太多路。

"高铁一出来就是四号线，我已经到了。地铁票买到清源路。"经典给我留言。她不由分说，还是赶来接我了。

脑海中想象着这个带着阳光的漂亮女孩，说话的时候表情总是萌萌的，那么可爱。

"我在车厢门口，地铁马上来了，你在哪？"下了地铁我迅速发出一条信息找她。

"姐姐，我就在安检旁边，可能看漏了，马上啊！"

地铁呼啸着进站了，我焦急地看向楼梯口，茅经典风一样地出现在我的面前，拉起我，赶上了地铁门关上的最后一瞬。

真是个风一样的女孩！她忽闪着漂亮的大眼睛，黝黑的长发，挺拔高挑的身材，青春逼人。她如暖风扑面而来，笑容是那么灿烂，那么有感染力。看到她，你会觉得这是个蜜罐儿里泡大的娇娇女。但谁也不会想到，在这笑容背后有着怎样惨痛的曾经——

从记事的时候起，茅经典就经常拿着一个破旧的球拍走到哪儿挥到哪儿。

爸妈都是乒乓球爱好者，妈妈年轻时还曾经是专业队队员，拿过不错的成绩。因为体质比较弱，爸妈从小就带她打球。茅经典最初年纪太小，还够不到乒乓球台，爸妈就买了一张可以升降的球台给她。

那时的小经典，并不太喜欢打球，每次看着别的小朋友放下书包就可以跑出去玩，而自己一回家还得练球，心里就不情愿，也有点儿不开心，但每天还是能坚持练。

打球难免要互相切磋比赛，渐渐地，茅经典在小球友中脱颖而出。有一次，对手因为输得很惨，竟然哭起鼻子来啦！第一次尝到胜利的滋味，茅经典觉得自己好厉害啊！

当然啦，我也有被别的小朋友打得哭鼻子的时候，那种感觉，真不好受，但每次输了球回去就会更加认真训练，争取下次让别人哭鼻子。我的人生总是充满了喜感。哈哈！

9岁时的一场比赛，改变了茅经典的人生轨迹，使她成为专业球员。那场比赛，比分拉得很大，茅经典几乎不得分，输球惨重，但她依然用尽

全力拼到最后，这股永不放弃的劲头，把教练打动了。

教练慧眼识珠。他特别看好这个反应快、悟性好的小姑娘。他认为水平不行可以练，关键是永不服输的劲头太可贵了。

茅经典以最后一名的成绩奇迹般地被选拔进入江苏省队。

那时候省队里的哥哥姐姐们球打得很棒，看得她眼花缭乱。偶尔还能见到那些以前在电视里出现的世界冠军。这给了茅经典莫大的鼓舞。他们不也是从零基础开始练的吗？我要刻苦练球，也能像他们一样，我也要当世界冠军！

冬天是茅经典最怕的季节，因为每天都要跑步锻炼体能。长裤碍事，只能穿着短裤跑，北风凛冽，大腿经常被风刮得裂出无数个小口子，一洗澡就又痒又疼。夏天也不好过，每次在大太阳底下烤着飞跑，血液在膨胀，血管也好像要炸裂，五六公里跑完，整个人都像刚煮熟的虾一样，水淋淋、红彤彤的，感觉随时都能晕倒。

这对一个上小学的女孩来说，确实不容易。但想到赢球的喜悦，想到世界冠军的梦想，小经典从不叫苦。

茅经典的球技在不断进步，成绩渐入佳境。就在她为梦想一步一步努力的时候，不幸的事情发生了。

2005年年底的一天，茅经典训练回来对爸爸说腿疼。爸爸问："是不是训练受伤了？"经典说："嗯，摔了一跤。"爸爸不放心，带她去医院检查，当时医生的诊断是"拉伤"，建议休息一段时间。爸爸觉得小孩打球磕磕碰碰很正常，很快就会好，也没在意。然而时间过去了一周、两周，茅经典的伤却迟迟不见好转，还是天天喊疼，而且疼得越来越厉害。

爸爸发现孩子走起路来似乎有点儿跛，仔细观察，两条腿已经不一样长了，受伤的那条稍短，还细了不少。事不宜迟，立即去医院！可是跑了多家医院，一直没有确诊。爸爸愁得整夜无眠。

爸爸买了票连夜带着女儿去北京找最好的医生。然而，在北京得到的结果令人瞠目结舌：股骨头脱臼，但最佳的治疗时间已经错过，要做手术，而且这种情况越往后越不乐观，多半要坐轮椅了！

小经典懵懵懂懂的，并不知道坐轮椅意味着什么，可是爸爸着急了：这怎么行呢？好好的孩子怎么能坐轮椅呢，要全力以赴给女儿治疗！

接下来的手术，茅经典是这样描述的："我的腿做了好几次手术，给我印象最深的一次是骨牵引手术，就是把膝盖用小拇指粗的钢筋穿透吊起来，下面还放了秤砣牵着。"说这话的时候，茅经典却笑靥如花，这笑容使人感到一丝心疼。腿骨打穿了？这可不是闹着玩的！还要吊起来？真不可想象。

手术太痛苦了，很多和她类似情况的病人坚持不了几天就放弃治疗了，受不了这个罪，能坚持到最后的寥寥无几。小经典觉得自己特别能坚持，可能是那些艰苦的训练锻炼了她的意志。实际上还是她骨子里有种不言弃的精神，这是她日后走向冠军领奖台的重要原因。

腿骨手术后要做牵引，就是用圆针直接牵引骨骼，以达到腿骨的复位和固定，最终恢复腿部的功能。一般来说骨痂生长一个月左右就可以拆掉牵引了。那时候茅经典天天被这样"倒挂"着，不能动，生活根本不能自理。她在疼痛中天天数着倒计时，熬着日子。然而30天过去了，检查结果令人失望：她的腿复位情况不好，没有达到预期的医治效果。医生建议再延长一段时间看看。

"我爸爸坚决不放弃，劝我咬牙坚持。就这样前前后后把腿吊了50天。"她张开手掌摆了个"5"，像个打了胜仗的将军。

"那段时间是我人生最灰暗的时期。治疗看不到希望，腿还疼得像要裂开一样。一开始天天吃止疼药，后来止疼药不管用了，就打止疼针，三天后，止疼针医生也不给打了，怕会上瘾。"

止疼措施一点儿也用不上了，看着腿疼得哇哇叫的女儿，爸爸心疼得直想掉泪。没有止疼措施，难道就只能忍着吗？

爸爸想了个办法，这成了当时的一个大笑话。

有一天，爸爸从外面买来一瓶二锅头，还有一些下酒的烤串："来，闺女，咱俩喝一盅，祝你早日康复。"

看到爸爸把酒倒上了，茅经典突然觉得浑身充满了豪气，甚至还想到了景阳冈上的打虎英雄武松，还有《水浒传》中其他的梁山好汉，反正觉得自己顿时成了"女侠"。

"砰！"喝！父女俩高兴地端着水杯和饭盒相碰，一两高度白酒下肚，小经典很快就喝晕了，小脸通红，随即眼皮就撑不动了，呼呼睡去。

"怎么病房里有这么大酒味，还有酒瓶，谁喝的？"医生来查房，面露不悦。

"她喝的。"爸爸指了指女儿。

"怎么能给病人喝酒呢？不利于伤口愈合。"

"我看孩子疼得睡不着，怪可怜的。"父亲小声说。

"看你这主意出得也够厉害的，病好了别培养出个小酒仙来。"医生的话引得其他病友们哄堂大笑。

说是这么说，医生似乎也默认了，因为除此之外确实没有别的好办法。

那段时间可真苦了我爸爸，他白天照顾我，晚上还不能睡觉。白天病房里人多热闹，分散注意力好像还疼得轻点儿似的，夜里安静下来，刺骨的疼痛就会加剧。我就不停地哼哼，爸爸趴在床边，我一哼哼他就醒，忙着安抚我，给我按摩。出院的时候，爸爸足足瘦了二十斤，我天天看着他也感觉瘦得特别明显。那时候我躺在床上，看着爸爸进进出出憔悴的身影，就很心酸。

一个下午，爸爸趴在床沿上打盹儿，阳光透过窗棂照在爸爸的身上，茅经典发现爸爸有白头发了，她感到一阵难过和心疼，突然抱着爸爸哭了起来。

"孩子，怎么了，腿又疼了吧？"爸爸猛然抬起头，疼爱地望着她。小经典看到眼窝深陷的爸爸，面容灰黄，就哭得更厉害了。"爸爸，都是让我害的，我想快点儿好！爸爸被我累老了。"

爸爸什么也没说，把女儿紧紧搂在怀里，眼眶里噙满了泪水。孩子懂事了，知道心疼爸爸了。

出院以后，她每天都要戴着矫正模具，从胸口一直到脚尖都被厚厚的模具包裹着，一动都不能动，只能用一种姿势躺着，而这一躺就是半年。因为洗漱不方便，茅经典还忍痛剪掉了长发，并且剃了个光头。

那一段时间她有大把的时间可以打发，她拿起了自己心爱的书本，《假如给我三天光明》《钢铁是怎样炼成的》……这些故事像养料一样缓缓流入她的身体，增添了她的信心，使她日益强壮起来。

当时我觉得只要我努力治疗，总有一天我还能和我以前的队友一起站在同一个领奖台上！

打开模具以后，茅经典每天努力做复健，做过牵引的膝盖不能弯曲，她要强制弯曲，每次做完就是一身冷汗，疼得浑身发抖。

后来她开始慢慢练习拄双拐走路，一次次跌倒，又一次次爬起。每次摔倒了，她都会对自己说："茅经典，站起来，你想回到乒乓球赛场上，就要努力，那是你真正的舞台。你不能倒下，你一定会好的！"竞技体育赋予的那种不服输的精神给了她一次又一次站起来的动力。

一次，电视里正在放一场乒乓球比赛的直播，立刻吸引了茅经典的目光，这是一场全国乒乓球青年队人才选拔赛。突然，一个穿白色T恤的女孩进入她的视野。她的心立刻提到了嗓子眼儿，那不是我的队友吗？茅经典目不转睛地看着，她打得很顺利，虽然有几个球比分咬得紧，但还是顺利地拿下了那场比赛。听到雷鸣般的掌声，解说员激动的评价，茅经典难过得哭了。

"当年我的球比她打得好啊，赢她也不在话下，看看今天的我，不用说打球了，连路都不会走了！那个曾经与我一起奔跑、一起训练的队友，已经即将进入国家队，而我呢，只能拄着拐在阴冷的地下室走廊上挪动，忐忑面对未来。这也太背了吧，命运对我太不公平了！为什么那么多打球的，别人都没事，唯独让我受伤！我恨乒乓球，我恨乒乓球！"茅经典越想越伤心，觉得万念俱灰，号啕大哭起来。

她想挪动一下身体，无果。她哭着用了最大的力气把怀里的一个抱枕砸向对面的墙壁。

"连路都不能走，怎么可能再打球，打球是绝对不可能了！"她使劲儿哭，好像把天哭塌了都不解恨。

那一天，我哭了很久，生病卧床以来所有的情绪都在控制着，为了心中的梦想。但是在真正面对现实的这一刻，我的所有幻想都崩塌了。我知道，就算我能完全恢复好，也已经赶不上她们的步伐了，更何况一切都是未知的。当初医生也说过，我的未来很有可能要在轮椅上度过。那时候觉得自己特别可惜，不是自己不努力，也不是自己半途而废，而是因为受伤被迫停练，很遗憾。如果不受伤，可能那些掌声就属于我了。从那以后，我不敢再看乒乓球比赛，不敢再拿出我的球拍欣赏，不敢再触及哪怕一丝丝和乒乓球有关的记忆。

茅经典的眼睛里闪过一丝不易察觉的忧郁。

这一切，爸爸都看在眼里，他耐心地开导女儿："我们努力做复健，就一定会恢复，要有信心。"

其实爸爸的内心更难受，连医生都不确定，谁知道以后能不能恢复呢？女儿如果不能走了，要坐轮椅，她的前途在哪里，她的人生该是怎样的呢？

出院前，一个漂亮的女孩拄拐来复查，她康复得不好，腿直挺挺的，打不了弯儿，那条生病的腿在两个拐杖之间荡来荡去。医生说，这种情况大部分膝盖弯不了，出门可能要坐轮椅，至少要拄拐。不过也可能有奇迹。

她就是以后的我吗？茅经典的心一下子沉到了谷底。

但是"奇迹"这个词，仿佛是从团团乌云的缝隙中射下来的一束耀眼的阳光。我要那个奇迹！我不要拄拐！

她和爸爸击掌约定：好好配合，努力康复，创造奇迹！

时间伴随着这个要强的姑娘在挣扎和抗争中缓缓逝去，茅经典的腿也在向着好的方向康复。当她终于可以"松绑"下地时，却发现因长期卧床，那条伤腿肌肉萎缩了，明显比另一条细，而且一点儿力气也没有，像废了一样，一落地就要瘫倒，根本承受不了身体的重量。她只好把身体的重心放在拐杖上，在屋里慢慢挪动。

每天，爸爸帮小经典做康复，帮着她弯曲膝盖，每次她都疼得号叫，但还是咬牙坚持着。因为她坚信奇迹会发生，她绝对不要坐轮椅。她要尽快康复，要去上学。

经过两个月的练习，小经典终于可以拄着拐稳稳地走路了。

为了给女儿解闷，爸爸决定给她买个MP3听听歌。茅经典很高兴，决定和爸爸一起去商场挑选自己喜欢的款式。

父亲用自行车带着茅经典，那是她出院后第一次出门，别提多兴奋了！整个世界都变了，一切都是那么新鲜，又是那么陌生，好像穿越了一样，记忆中不远处的一堆拆迁的废墟已经变得高楼林立，春夏秋冬、寒来暑往好像都与自己无关，两年来和自己有关的只有病床、拐杖、疼痛和眼泪。

然而当走出家门时，小经典才发觉，根本没有做好思想准备面对这样的自己。自与第一个迎面走来的路人对视开始，她就自卑地低下了头，一路上脸都火辣辣的，感觉满大街的人都在盯着她的腿，盯着她拄的拐，不管是别人好奇的眼神还是好心的询问，都让她觉得无地自容。

卖MP3的柜台在商场的五楼，茅经典拄着拐迈进电梯，敏感的她突然发现周围的人全盯着她的腿，然后顺着腿看向她的脸，接着露出一种惋惜的表情。好像潜藏着一句话：看，真可惜，这么漂亮的小姑娘怎么瘸了。

这种眼神像一把把刀子向她扎来，她感觉心痛，又觉得丢脸到了极点，气不打一处来。她把头埋得很低，用指甲狠狠抠着拐杖的手柄。

出了电梯，茅经典愤怒地把拐杖丢给爸爸，单脚跳向柜台。因为长期卧床，她的好腿也是无力的，突然，脚下一软，她的身体实落落地扑向地面，她摔倒了。

爸爸连忙过来搀扶，她甩了甩手，示意拒绝。此时她的眼泪在眼眶里打转，她强忍着不敢抬头，感到有一万双眼睛在看着她，恨不得有个地缝钻进去。

要强的小经典迅速爬起来，单脚跳向MP3柜台，手扶着柜台一点点挪动。柜台小姐似乎也没有注意到什么，熟练地拿出她中意的款式，耐心地介绍功能。

回到家打开门的一瞬间，茅经典就扑到床上大哭不止。她感觉受到了莫大的屈辱，在公共场合又不敢表现出来。她哭了很久。

"那个好端端的我，怎么就拄上拐了呢？凭什么呀！真不服气，这也太戏剧化了吧！老天到底和我开了个什么玩笑呀！"

这一切像做了一场梦，但这梦却真实地发生在自己身上。认命吗？

不！茅经典向来不服输：如果现在是黑夜，我相信黎明也不远了吧！她想到了和爸爸的约定，她一定能看见那个奇迹。如果命运跟她开了个大玩笑，就让它彻底成为一个玩笑吧！

为了增强康复效果，爸爸给女儿请了个专业教练教她游泳。那是好久以来茅经典最快乐的时光。她每次都是拄拐去泳池，跳进水池的一瞬间就丢掉了拐杖，那一丢仿佛要把拐杖永远丢出自己的世界一样，感觉太棒了！水是有浮力的，不用借助外力就可以前行，真的太美妙了！

游泳使茅经典的体力很快得到恢复。两个月后，最初的"旱鸭子"经过反复训练，竟然考取了健康人也不容易拿到的"深水证"。这给了茅经典巨大的信心。

那次游完泳回家，茅经典坐在爸爸的自行车后座上，经过小区礼堂时，听到里面传来"乒乒乓乓"清脆的声音，那是击打乒乓球发出的声音！茅经典的心一下子提到了嗓子眼儿，那种清脆的击球声使她无法抗拒。她不愿想，那些关于乒乓球的记忆却纷纷往外冒，她越不想听，那声音就越发清晰。腿受伤后再也没有摸过拍子，恐怕以后也打不了了，她想。她在后座紧紧地搂着爸爸的腰，把脸贴在爸爸的后背上。

爸爸好像是明白了她的心思，将自行车停在了礼堂门口，用脚撑着地："走，我们去看看吧！"

茅经典心情很复杂：内心又渴望又害怕，渴望再一次触摸到那伴随少年时光的小圆球，却害怕面对理想破灭的现实。

她鼓起勇气拄着拐跟着爸爸走进了小礼堂。天已经黑了，小礼堂里灯火通

明，一张乒乓球台前围满了人，不时传来叫好声。

看着那小小的银球上下翻飞，她仿佛又回到了少年时光，看到了那个留着男孩发型在球馆里挥汗如雨的假小子，那个为了一分之差好几天吃不下饭的"吃货"，那个摔了跤一边哭一边打，最后赢了比赛、破涕为笑的小姑娘……

她情不自禁地拿起了身边的球拍，跃跃欲试的表情让旁边的人很吃惊。一个大爷好奇地问她："小姑娘，你要打球吗？你拄着拐怎么打啊？"

"拄着拐怎么不能打，信不信我能赢你！"

那个大爷被激了一下，拿着球拍就来过招。或许是小姑娘拄着拐晃晃悠悠的样子让大爷不好意思尽全力打，也或许是旁人的加油声使她信心大增，小经典赢下了这一局。没想到这一局赢回了茅经典对未来的信心。

从那时起，茅经典更加努力做复健，有时间还经常去和那些乒乓球爱好者打比赛。那个拄着拐打球的小姑娘赢的球越来越多，跑得也越来越快，终于有一天，她扔开了拐杖，虽然她移动起来仍然是摇摇晃晃随时要跌倒的样子，但她的心却无比坚定，再也不会摔倒。

一个偶然的机会，茅经典成了TT8级残疾人乒乓球运动员。她因为有着良好的乒乓球专业队训练基础，在残疾人队员中，优势明显。2009年，在一年一度的全国残疾人运动员选拔赛上，14岁的茅经典一鸣惊人获得了第一名，顺利被选送至国家队。她在球台边找回了自信。

在这里，我继续了我心爱的乒乓球事业。也是在这里，我认识了更多的不向命运低头的强者，他们是我身边的海伦·凯勒，保尔·柯察金。在他们的耳濡目染下，我决定要过更精彩的生活，用自己有限的力量去做更多有意义的事情。

当年夏天，她代表中国参加亚洲残疾人乒乓球锦标赛，拿到了她的第一个大赛冠军。此后在国家队，她成了重点培养对象，并迅速成长起来。广州2010年亚洲残疾人运动会、香港2011年亚洲残疾人乒乓球锦标赛……茅经典登上了一个个冠军奖台。

2012年伦敦残疾人奥运会，应该是我成长路上的重要转折点。单打决赛时，已经先赢了两局，因为急于求胜，不慎丢掉了第三局。教练及时进行现场指导，我的心态迅速得到调整，最终还是拿到了金牌。从那以后，我更加成熟了，也更加沉稳、冷静了。

2012年伦敦残疾人奥运会夺得单打冠军后，茅经典取得了北京户口，并且受邀直接进入北京联合大学特殊教育学院深造，特殊教育学院有着针对残疾人的成熟的教学机制。

面对优越的条件，茅经典很纠结：自己以前在山东师范大学训练时，每天清晨都能看见莘莘学子涌向教室上课，那里浓厚的学习氛围，成为她一直以来的向往，她多希望自己有朝一日成为他们中的一员啊！但是，山东师范大学只招收本省的高水平运动员，而且要像健康人一样参加高考。如果选择自己考，不但有考不上的风险，还要先放弃北京户口。

为了实现自己的愿望，执着的经典还是听从了自己内心的声音。她首先放弃了北京户口，将户籍落在了山东省章丘市，然后全力以赴准备高考。

凡百事之成也，必在敬之，其败也，必在慢之。2013年，茅经典因忙于参加各种比赛，复习时间少，终因考试成绩不理想，没有被录取。但她没有放弃，复读一年，准备2014年再考。

2014年5月20日，距离高考还有不到一个月的时间了，茅经典还要去斯洛伐克打国际比赛。比赛很重要，高考也迫在眉睫，怎么办呢？她就吸取之前的教训，索性把书和复习资料带进赛场，利用比赛间隙复习。队友在场上比赛，她在下面做题。

"你在做什么？"有几个国外的球员好奇地凑过来问。

"复习，备考大学。"经典用英语回答。

"哇！厉害！"他们纷纷竖起大拇指，表示对中国高考的困难程度早有耳闻，频频点头夸赞中国学生的学习能力太厉害了。

功夫不负有心人。2014年秋天，茅经典如愿以偿地收到了山东师范大学的录取通知书，成为体育学院2014级工商管理系的学生。

紧张而快乐的大学生活，丰富了茅经典的人生，也激发了她潜在的诗心和文学创作欲望。看了她的博客惊喜地发现，她还是一个会写诗的女孩。

茅经典考上大学后，感觉求学之路还很漫长，她对未来满怀雄心壮志：

卉木萋萋，采蘩迎客，烟云如梭。长路漫漫吾求索，待明日，壮山河。

2008年父母离异，家庭的变故使生活入不敷出，她第一年的学费还是叔叔垫付的。

翻开茅经典十年前的日记，她感觉恍如隔世，觉得该走的留不住，想留的也赶不走。任何事情都是有前兆的，十年前就是如此，她想念妈妈……

2005年12月2日　星期五

我们起大早挂了儿科专家徐易经大夫的门诊，他说我需要住院手术治疗，我当时就哭了，我不想住院，不想做手术，好可怕。

2006年1月23日

今天我终于出院了，我讨厌医院，再也不想回到那儿了，可郭主任说一年半后还要手术，我真不知道该怎么办。

2006年7月9日

今天医生通知我住院了，我真的好紧张。打电话让妈妈来陪我，她也不来，我好伤心。

……

想到自己受伤后不辞而别的母亲，这个乐观爱笑的女孩用诗句表达内心的伤感：

自古功名儿所望/十年寒窗盼还乡/待得衣锦归来日/不孝生母孝婶娘……济水未暖/岁初冬末/人孰无过/春寒乍起梅不落/举杯饮/酒中歌。

清晨，在校园里散步。她写下：

早春无风晨露浓/垂柳依依映乌篷/品茶弈棋局将散/不知夜已过几重/旧绿绽新叶/醉煞淋雨人/蛙鸣浅草中/拂去心上尘。

茅经典格外珍惜大学的求学时光，这是一段泛着书香、青春飞扬的岁月，也是人生中不可复制的精彩。在这里，她学到了很多东西，心智也慢慢成熟起来。茅经典把所学与乒乓球训练结合起来，用商学知识分析对手的战略，对于乒乓球这项"高智商的运动"有了更深的理解。

茅经典喜欢学外语，没有集训和比赛时，周末她会去上英语课。每次出国打比赛，经典就成了队里的翻译，与外国队员交流、交换徽章、交换短袖衫，获取志愿者帮忙等等都由她出面搞定。

茅经典上学、练球齐头并进。2016年9月，大三这年，茅经典在里约残疾人奥运会上又夺得乒乓球女子TT8级单打冠军。

茅经典有一颗感恩的心。她非常热爱公益事业，她认为做公益不仅仅是帮助别人，更能帮助自己坚持信仰，不忘初心。她与校友们共同参与的"雨点公益项目"获得了第二届互联网+全国大学生创新创业大赛金奖。

几年来，她获得好多称号：全国三八红旗手、全国五一劳动奖章、全国五四优秀青年、中国大学生"自强之星"……

脱下运动装的茅经典，活脱脱一个大美女，她和当今的大学生一样，不仅好学，还特别爱美，服装得体入时，出门还会画个漂漂亮亮的淡妆。她热爱美食，经常下厨烹出美味的菜肴。

前不久，茅经典很兴奋地和我交流：她刚刚看到北京市残联做的一个舞台剧《假如给我三天光明》，萌发了写一部小说的想法。内容大概是：一个小男孩在失去右手以后一路寻找右手，在经历了一系列挫折以后爱上自己并不完美的身体。

茅经典的人生如同她笔下的人物，她会自信地把自己的人生书写成一部动人的童话故事，她会和她的童话故事一起梦想成真。

关于事业、关于未来，茅经典很早有着一些思考和规划：拿残疾人奥运会冠军、上大学、出国深造、创业、当作家……

她在一次演讲中说：

人生难得几回搏，拼搏让人生更加精彩！

她用拼搏为自己插上了翅膀，她的理想也将在拼搏中走向现实。

世界听障乒坛“四金王”

2016年10月，全国聋人乒乓球锦标赛在杭州举行。

“紧张吗？是不是还能拿冠军？”见到王聪时，我问他。

“没问题，如果不出意外，冠军应该还是我的。”他的态度诚恳而又认真，一副胜券在握的样子。

怕我不信，他补充道：“关键是对手互相太熟悉了，我对他们的打法非常了解，而且我也练得很成熟。”他的自信令人吃惊，毕竟是全国比赛啊！

正应了那句话：知己知彼，百战不殆。果然，这次比赛王聪又毫无悬念地站上了最高领奖台，并顺利地进入2017年土耳其听障奥运会的国家队名单。

爱因斯坦说，自信是向成功迈出的第一步。而王聪的自信也来源于他的所向披靡。打开王聪的比赛成绩记录，令人瞠目结舌。从2007年全国残疾人单打、混双第一开始，之后的十年间，全国范围的残疾人乒乓球比赛，他把冠军无一例外地收入囊中。

然而，又有谁知道，这辉煌的背后流过多少汗水和泪水。

王聪11岁那年，山东师范大学乒乓球教练袁锋到烟台选拔队员。王聪通过了选拔，跟着袁锋来到济南，从此走上了专业乒乓球的道路。

在山东省残疾人联合会的帮助下，王聪得以在济南一边读书一边跟随袁锋教练学球。

吃得苦中苦，方为人上人。2004年，山东师范大学训练馆当时还设在操场看台下面阴暗潮湿的地下室里，条件差，冬天没有取暖设施，天寒地冻时王聪穿着短裤训练，浑身冻得瑟瑟发抖。在这里王聪咬牙坚持了三年。2007年，球馆有了改善，虽然有了两台立式空调，条件已经好多了，但偌大的房间温度还是比较低的。懂事的王聪除了刻苦练球，从没有一丝抱怨。直到2014年，新球馆建起来后，条件才好起来。

王聪考大学可以说是一波三折。第一年因为参加全国运动会，错过了报名时间；第二年训练比重大，复习时间少，考试分数不够；第三年才如愿以偿。

在山东师范大学乒乓球馆，我见到了王聪的父母。他们夫妻俩来济南看儿子，正在厨房和几个孩子的妈妈们一起给教练和孩子们包饺子。说到儿子，他们一脸的自豪。爸爸王世国说对于孩子今天的成绩非常满意。

王聪1993年出生于烟台，七八个月时因肠炎注射庆大霉素导致耳聋。儿子一岁多了还不会说话，这引起了夫妻俩的警觉。他们带着孩子去北京、上海、

济南等许多城市的大医院检查，结果为：双耳听力严重受损，导致重度听力迟钝。由于听不见，王聪的表达也受到了阻碍。

专家介绍，孩子还小，虽然听力受损，但语言中枢还很健康，即便不能治愈，在残存的听力基础上，努力培养孩子的语言中枢，也可以达到与人交流的目的。

夫妻俩看到了一丝希望。他们打听到，位于济南的"山东省地方病防治研究

所"做语言训练很专业，于是妈妈孙丽果断地辞掉工作，带着儿子直奔济南。

白天孙丽和王聪一起去"上学"，老师教聋儿发音方法，她认真记下来，晚上回来在租住的小房子里和孩子一起反复练习。母子俩为了理解一个词，会面对面张大嘴巴，练上几个小时。

两年过去了，孩子虽然掌握了发音方法，能看懂一些手势和唇语，却依然发不出音，妈妈感到很困惑。

一次，家里停电了，妈妈点起了蜡烛。垂直燃烧的火苗被风吹成了45度角，然后熄灭了。妈妈立刻得到了启示：以前儿子只会张张嘴，是因为没有气流吧，说不出话来一定是这个原因！

于是，每天华灯初上时，孙丽就点起蜡烛，在烛边说话，让孩子观察火苗跳动的变化，感受声波的频率，妈妈还把孩子的小手放到自己的声带上，让他感受讲话时声带的振动。

三年来，孙丽为了教孩子，嘴唇磨破了一次又一次，瘦了足足30斤，孩子的口腔偶有气流发出，但还是发不出声音。妈妈近乎绝望了，经常在孩子睡着时，无声地流泪。

那时候，学费加上吃住的生活费用，只靠爸爸上班的一份工资维持，很快就入不敷出了。妈妈就去批发一些毛巾到夜市上卖，补贴家用。

做建筑设计师的爸爸王世国看不下去了，为了妻儿他破釜沉舟，东拼西凑了12万元，买了一辆出租车，当上了出租车司机。

"孩子每天都要用钱，总是等不到月底发工资，没办法，开出租车至少每天都能见到现钱。"王世国表情有些凝重。

1999年3月，王聪6岁了，妈妈带他到菜市场买菜，为了省钱，妈妈经常买一些发黄的菜叶。谁料，菜买好放到自行车上，被王聪不小心打翻了，刚好掉进旁边的污水沟。妈妈心疼，一急之下打了他一巴掌。

儿子吓坏了，委屈得大哭，嘴里说着"别打……别……打！妈妈！"

孙丽当时就惊呆了！这是孩子降生六年来，第一次叫妈妈！我的儿子会说话了！我的儿子会说话了！

妈妈抱起王聪转了好几个圈，一直到晕得不行才停下来。她泪流满面，哭着、笑着，多么激动啊！她把这个好消息立刻告诉了丈夫。

夫妻俩一高兴，当天去了辖区派出所，把儿子的名字由"王永鑫"改成了"王聪"。

到了上学的年龄，王聪通过唇语，同时配合使用助听器，完全可以与人交流了。

王聪从小活泼好动，5岁时，因为骑着小车子上台阶，还磕掉了门牙。邻居是个乒乓球教练，开了个训练班，建议让孩子去试试。王聪在训练班练了一个月，产生了浓厚的兴趣，教练也喜欢他，觉得这孩子是块打球的好料。

"当时就是觉得孩子太调皮了，看不了，让他学点儿东西，约束一下也好，再说打乒乓球对听力要求不高，谁想到能有今天的成绩啊！"爸爸露出了满意的微笑。

妈妈孙丽能教聋儿说话的消息不胫而走，好多患儿父母带着孩子来拜师。2000年，孙丽就索性把自己的家改成了教室，用来进行聋儿康复培训。然而，一个简单的"啊"字，孩子们就要一个月才能发出。孙丽买回了一捆蜡烛，像当年教儿子那样，对着蜡烛发音，让患儿通过观察蜡烛的倾斜抖动，感受声带的振动。

孩子们进步很慢，孙丽过于操心和焦虑，一直休息不好，一次在上课的时候，她眼前发黑，当场晕倒在地，被紧急送往医院抢救。

儿子王聪心疼妈妈，主动当起妈妈的小助手，给聋儿做示范，他了解这些小弟弟小妹妹为何发不出声来，这样一来，聋儿们进步得更快了。

三年来，先后有21名聋儿跟着孙丽学会了说话。2004年4月24日，孙丽过生日，21名孩子齐声喊道："妈妈，我爱你！"滚烫的泪水从孙丽眼中奔涌而出……

"妈妈为了我吃了很多苦，一直在济南陪我到上大学，现在妈妈在烟台做一份会计的工作，我不想让妈妈太辛苦，妈妈充实、高兴就好。否则我肯定不让她干。"说到妈妈，他觉得自己太幸运了！

"父母总是嘱咐，袁老师是我一生的大恩人，2004年至2009年这五年期间，父母不在身边，袁老师不仅打球不收费，还包揽了我的吃住。没有袁老师就没有我的今天，我永远感谢袁老师。"王聪眼睛里闪着泪花。

2007年全国残疾人运动会上，王聪不负众望，拿下了男子聋人乒乓球单打、混双第一，这是他的第一个全国冠军。之后就一发而不可收了，2008年全国聋人锦标赛上，他包揽了单打、双打、混双、团体四块金牌，2012年全国聋人乒乓球锦标赛、2015年全国残疾人运动会上，王聪和队友一起，又将单打、双打、混双、团体四块金牌悉数收入囊中。大家送他一个绰号——"四金王"。

王聪还不断出现在世界聋人赛场上，叱咤风云、佳绩连连：2008年斩获世界聋人乒乓球锦标赛混双第一；2009年台北听障奥运会双打第一，单打第二，团体第三；2012年世界聋人乒乓球锦标赛团体、双打、混双第一，单打第二；2013年听障奥运会单打第一、混双第一、团体第二……

2017年在土耳其召开的听障奥运会上，在这个听力障碍者的世界最高级别的乒乓球比赛上，王聪力挫群雄，在男单决赛中对阵斯洛伐克选手卡纳斯，双方比分难解难分，最终王聪以4∶3战胜对手，勇夺单打冠军。紧接着，他还和队友一起拿下了男子双打、混双和男子团体的全部金牌，成为名副其实的世界级"四金王"大满贯得主，谱写了听障奥运会的传奇。

教练马广林负责带男队员王聪、张超越、田纪平、徐有越。出征回来颇有感慨，他说：

这次听障奥运会实现了我国乒乓球奖牌史上历史性的突破，中国代表队包揽了聋奥乒乓球的全部金牌，男子团体和双打在奥运会都是第一次摘得金牌，他们顽强拼搏的精神太令人感动了！整个过程中心脏跟坐过山车似的，惊心动魄。感觉无论什么样的奥运会，比赛都是令人激动、振奋和忘我的！他们每一个人都全力以赴，在属于最高荣誉的赛场上尽情地展现了自己的风采，也充分展示了中国聋人的自尊、自信、自强的精神面貌，赢得了尊重，树立了形象。

虽然比赛只有一个冠军，但能站在这个奥运赛场上，我认为他们每个人都是赢家。这次比赛，队员们都成长了，他们赢得的不仅仅是金牌，还赢得了荣誉、信心、自尊等太多的东西，这对于他们的人生来说反而是更重要的。这样的经历太宝贵了，哪怕是流泪也是幸福的。

王聪摘得了听障奥运会第一个大满贯，而且在队伍中始终起到了核心带动的作用，我真心为他自豪！

获得世界排名第一的霸主地位，王聪首先想到的还是自己的恩师，他说：

袁老师把我们当作自己的孩子一样，从小到大，打球、上学、工作，袁老师都得操心，他看着我长大，太了解我了，有时候撒一点儿小谎，表情就先出卖了，根本瞒不住。刚谈恋爱时，袁老师就问，是不是恋爱了！

天哪，他是怎么知道的呢？

我们也把袁老师当作自己的亲爸爸，一日为师终身为父嘛！什么事情都要首先和他商量，信任他、听他的话，因为他所有做的事情都是为我们好，他要做什么我们都无条件地支持。

他接着认真地说："我在济南买了房子，以后袁老师老了，我在济南也好有个照应。"

永不叫苦的"小二子"

周影受访视频

2016年9月，里约残疾人奥运会赛场上，在《义勇军进行曲》声中，中华人民共和国国旗冉冉升起，在冠军领奖台上的姑娘叫周影。这是继2008年、2012年之后，她第三次登上残疾人奥运会的冠军宝座。

"比赛双方的水平相当时，就要拼心理素质了。过硬的心理素质是在平时训练中培养出来的。在平时打比赛时，就要每分必争，每球必赢，到大赛时才能无所畏惧。"久经沙场的周影显示出"大将风范"，平时扎实的训练和良好的心理素质，使她面对各种赛事临危不惧，稳操胜券。

然而，每个成功的人背后都有一部血泪史——

1988年腊月初七，江苏省徐州市邳县一个普通的家庭，喜迎一个小姑娘的降生。然而欢乐没有维持多久，不幸就降临了。刚满六个月的周影患上了小儿麻痹症，导致下肢瘫痪。

爸妈带着她四处求医，只要有一线希望，父母就打听着带她去看。可是，能去的地方都去了，情况却一直不见好转。那时候家里条件不好，周影记得爸爸常常骑自行车跑几十公里带着她去医院，从没说过一个"累"字，却心疼坐在后座的孩子脚是不是控麻了，屁股是不是硌疼了。

周影在家排行老二，还有一个姐姐、两个妹妹、一个弟弟。父母为了养大五个孩子，还要给二女儿看病，整日里辛苦劳作、省吃俭用，真是操碎了心。

周影8岁那年，爸妈带她去邛州市医院治疗。清晨，他们带了煎饼、咸菜和家里仅有的积蓄上路，傍晚看完病，返程时发现已经身无分文了。

县城离家30多公里，爸妈决定从县城把孩子背回家。可是天公不作美，好像也在考验着这个命运多舛的家庭。刚走了几公里，就下起了大雨，父母连忙加快了脚步。雨实在太大的时候，他们就找个屋檐躲一躲，雨小了再继续走。天黑了，周影趴在爸爸的后背上，头上蒙着妈妈的衣服，雨越是急，爸爸的大手越是抓得紧。晚上气温渐渐降下来，但周影靠着爸爸温热的后背，并不觉得冷。黑暗中，她听见爸爸急促的呼吸声，在爸爸深一脚浅一脚的步伐一颠一晃中，她昏昏欲睡，妈妈断断续续地叫着闺女的名字，怕她睡着了受凉。没有路灯的小路，周影却没有一丝恐惧，有父母在就不会迷失方向，爸爸有力的脚步向着家的方向延伸，每走一步，就离家更近了一点儿。家在远方，而爱就在身边，就在心里。

背着8岁的孩子走远路是件很不轻松的事情，走一会儿，孩子就往下滑，爸爸就往上掀一掀，爸爸累了，掀的频率高了，妈妈就“替补”一会儿。就这样，在雨中踉踉跄跄，一家三口回到家的时候，已近深夜。

那个夜晚，已经过去了二十多年，但那凄冷而又温暖的感觉却留在了周影童年的记忆中，使她终生难忘。

穷人的孩子早当家。周影懂事早，觉得自己从小腿不好让父母受累，如果有一天自己长大了，要自食其力，好好尽孝，让父母过上好日子。

周影行动不便，没法出去玩，她想做什么，只能用手按住小凳子挪，或者干脆在地上爬。爸爸看着心疼，四处找人给孩子做拐杖。木匠听说了，都不愿意做，觉得做拐杖是不吉利的活儿。

周影渐渐长大了，可幼儿园、小学都不收。转眼到了9岁，全家人都很着急。邳州有个"希望之家"，是专门为小儿麻痹症儿童设立的托养学习机构。那天，"希望之家"校长张辅世爷爷特地来到周影家，张爷爷问周影："你想不想上学？"看到张爷爷慈祥的笑容，她急切地答："想，想！"

不久，爸爸就骑自行车把周影送到了那里。没想到这一送，周影就从这里起飞了。

周影一天学没上，到了"希望之家"得先从学前班开始。长到9岁，自己从来没出过远门，爸爸要走了，她很害怕，哭着不让爸爸走，慈爱的爸爸就住下来陪了她一段时间。可家里的一摊子事不能不管，过了几日，爸爸又提出要回去，懂事的周影竟然答应了。爸爸走的时候，周影还挥手再见，假装没事，可爸爸转身走出门的一瞬间，她就开始大哭，爸爸不放心趴在窗上看见了，就又折回来，把她紧紧抱在怀里。

孩子长大了，总要离开父母，就像雏鹰，翅膀硬了，要独自翱翔。不久以后，周影就适应了，而且也爱上了这里。这里有和蔼可亲的老师、友好团结的同学、细心周到的生活辅导员、良好的学习氛围，周影觉得像在家里一样温暖。

学校里办了好多兴趣班，周影报了乒乓球班。

刚开始训练时，周影连五块钱一对的球拍都没有，还得跟同学借。随着训练步入正轨，她想买一个好点儿的拍子。当妈妈得知需要一百多元时，叹了口气说："太贵了，这球拍咱不要行吗？"周影没有坚持，但也没说话。

要回学校了，妈妈把钱塞到周影的手里："拿好了，买个好拍子，好好打球。"

家里条件不好，钱一定是父母从左邻右舍借来的，周影心里就像打翻了五味瓶。她告诉自己：要刻苦练球，不辜负父母的期望。

练球需要场地，当时因为没有训练馆，球台就安放在宿舍前面的铁皮棚子里。夏天，棚子很快就晒透了，又没法散热，温度比阳光下还高，练几分钟汗就哗哗地流，为避免中暑，20分钟就得喝一杯水。一节课下来，衣服湿得都能拧出好多水来。

打完球没有条件洗澡，生活老师就把水盆里接满水，放到太阳底下晒热了，用席子围起来做个临时的浴室。

冬天，棚子只能挡挡风，没有保温设备，温度低得刺骨。这些坐轮椅的孩子本来腿脚血液循环就不好，温度降到零下时，腿冷得就像冰块一样。训练一会儿身上会出汗，停下来就迅速变凉，周影和同学的腿和脚都长了冻疮，有的地方还冻出了一些水泡。水泡一碰就破，脓混合着血流出来粘在秋裤上，晚上都脱不下来。

轮椅运动员打球的时候，为了移动救球，需要一只手持拍，另一只手扶住轮椅冰凉的钢圈控制方向。有的队员手指肿胀得伸不开，手上的冻疮又疼又痒，有时候球打过去了，手背上冻疮的血水也跟着甩出去，常常溅到球台上。

看到孩子们受的苦，教练衡新也疼在心里。他给大家鼓劲：残疾人也有奥运会，我们好好练，也去参加奥运会，也可以像健全人那样站在最高领奖台上！

周影渴望着有这么一天，为了父母、为了教练、为了那个梦想，再苦再累她都决定坚持。

因为学乒乓球的人数太多，要经过一轮轮筛选淘汰，周影有幸留了下来，并且脱颖而出，成为队里的重点培养对象。

那时候爸爸经常跑几十公里来"希望之家"看望周影，看到条件那么艰苦，闺女每天七八个小时坐在轮椅上练球，小小年纪手上磨出了厚厚的老茧，爸爸心疼得暗自掉泪，但周影从来不叫苦。

2003年，周影15岁。她进入江苏省队，和队友一起到南京集训三个月，备战第六届全国残疾人运动会。省队的老队员们上午、下午练球，他们这些小队员就在早上、中午和晚上练。

在全国残疾人运动会上，周影的成绩并不理想，但她的出现引起了国家队领队和主教练的注意，她很幸运地参加了上海远南残疾人乒乓球锦标赛，随即又参加了新西兰残疾人轮椅运动会，并取得了团体第三的好成绩。

"妈妈我挂牌了！"回国后，周影兴奋地与爸妈分享这个喜悦，毕竟是第一次上台领奖，虽然只是一块铜牌，但挂在脖子上也沉甸甸的，感觉好棒啊！

周影把两千多元交到妈妈手上的时候，妈妈吃惊极了。那是省队发的工资和参赛的奖金，周影舍不得花省下来的。父母在家务农，一年收入也就两千多，孩子们的学费又要花掉一千多，生活负担很重。从那以后，周影一大半的收入都寄回补贴家用，为家里缓解了不少压力。爸爸逢人就夸"小二子"孝顺。

2005年，在马来西亚远南残疾人乒乓球锦标赛上，周影取得了级别第一和团体第一的好成绩。随后，周影在多次国际比赛中屡屡摘金，捷报频传，被选送进了国家队，这使她有了一种势在必得的自信。然而，2006年在波兰公开赛输的一场球，给周影带来了打击，她在级别赛上单打只拿了一块银牌，她觉得没有拿冠军很丢人，哭得很伤心。

领队跟教练都来安慰她说，队里没给你非要拿金牌的任务，你自己为什么要有那么大的压力呢？你现在只是有争夺金牌的能力，但并不是有绝对的优势啊！

对！为什么一定要把自己摆到第一的位置呢！输球了就证明自己的水平还不行，要更加刻苦训练，要使自己的技术水平更加稳定、扎实、有优势。周影想通了。

2008年6月，在罗马尼亚公开赛中，周影输给了塞尔维亚选手鲍里斯拉娃·佩里奇，她觉得这反倒是塞翁失马，也许对自己是有益的。在这之前两个人对决，都是周影赢的，所以她产生了轻敌心理，如果这样的状况出现在残疾人奥运会上，岂不是要抱憾终生。

回来后，衡新教练和周影一起分析了对手的技术录像，然后按照比赛中出现的问题，针对技术漏洞做了科学的分析。之后周影每天都严格遵照教练精心制订的训练计划训练，技术动作和技战术更加成熟了。

2008年残疾人奥运会在北京举办，这是周影第一次参加。前一天紧张得怎么也睡不着，一想到第二天有比赛，她就心跳加速。

单打决赛狭路相逢，她果然对阵塞尔维亚选手鲍里斯拉娃·佩里奇。但这一次，周影是有备而来，从技术上来看是有绝对的胜算把握，关键看临场发挥了。

教练在赛前对周影说："不要给自己背包袱，把这当作一次训练，放开了打，只要能把自己训练时的战术打出来你就是赢家。"

在赛场上她按照平时教练教的战术去打，耐住性子一分一分去拼，不急不躁，最后以3：0取得了决赛的胜利。

周影获得了2008年残疾人奥运会乒乓球女子TT4级单打冠军！

当时我觉得就像做梦一样，看到北大体育馆的观众在欢呼，我才反应过来不是在做梦，我的梦想真的实现了！

那天刚好是教师节，周影想到了自己的教练。她想到12岁那年刚摸拍子时教练衡新说的话：残疾人也有奥运会，我们好好练，也去参加奥运会，也可以像健全人那样站在最高领奖台上！

此时，周影在心里说：教练，我拿到冠军了！我没有辜负您这么多年来对我的辛苦培养，我要把这个最好的礼物送给您！

随后周影又和任桂香、张变、顾改团结奋战，取得了团体冠军。

站在世界最高领奖台上看着升起的国旗、听着奏响的国歌，周影说那时的心

周影获得伦敦残奥会单打金牌后和衡新教练紧紧相拥

情用言语是无法表达的，觉得很不真实，好像在做梦。晚上她回到房间拿着金牌看了好久，真的不敢相信这是真的。她把金牌放到了枕头下面，早晨一醒来就立刻拿出来反复端详。

经过大赛历练的周影，技战术更加成熟，心态也更加沉稳，训练比以前更注重专业化、科学化，也更加刻苦。从那以后，周影每次打比赛都"十拿九稳"，女子TT4级国内外的冠军几乎就没有失手过。

我看到一张照片，周影坐在轮椅上，隔着乒乓球赛场中的围挡，与俯下身来的教练衡新深情相拥。那是在2012年9月3日伦敦残疾人奥运会上，周影刚刚夺冠。这个拥抱饱含了多少无言的诉说，打动了在场的所有观众。

周影打球很专注，但赢了最后一球的瞬间，突然有几个画面在眼前呈现：冬天下大雪寸步难行，大家以为教练肯定来不了了，但门口由远而近准时响起教练摩托车的马达声；教练生病了，发着烧，练完球，脸颊滴下的虚汗；每次外出，上下火车、巴士，教练把队员一个个抱上抱下，还要搬那么多行李；无数次训练场上的严格要求、精神上的呵护、生活中的关怀；就在这次大赛之前，自己还一直想着退役，是教练苦口婆心地劝说……往事一幕幕清晰起来，泪水模糊了眼睛。见到教练，周影百感交集，忍不住拥抱了他。

此时语言是多么苍白啊，激动和感激的心情都在这个拥抱里了。她想说，谢谢教练，我不想退役了，我还要继续打球！但因为激动，什么也说不出来，她想说出那些委屈，但教练都懂。衡新轻轻拍了拍周影的肩膀，饱含着喝彩、安慰，还有心疼。周影不仅仅是又获得了一枚金牌，在人生的道路上，教练和她还一起打败了往日的那些苦难，成为征服命运真正的赢家。此刻只有他们才能真正体会其中的滋味。

两个月后，周影结婚了。小伙子是个健全人，是队友高延明介绍的。他爱好乒乓球，是周影的粉丝，喜爱又近乎崇拜这个可爱的姑娘。

这一年，队友冯攀峰、顾改、张变、曹宁宁都"扎堆"一样地结婚了，每个人的婚礼，无论在哪，教练衡新都会前往祝贺，十几年来，他用汗水和无私的爱陪伴孩子们，见证了他们的成长，把他们一个个送上了世界冠军的领奖台。如今看到他们找到了自己感情的归宿，牵手迈入婚姻的殿堂，他激动得像嫁女儿、娶儿媳妇一样，他要亲自送上长辈的祝福和嘱托。

帮助我们的人太多了，我们都是从"希望之家"走出来的，如果当年没有张爷爷，我们也不会接受那么好的教育和康复治疗，更不会打乒乓球，未来根本不敢想。可以说，没有"希望之家"也不会有我们的今天。我们心怀感恩，有机会也会回报社会的。

说实话，和教练很亲也很知心，在心里像对待父亲的感觉，是他把我们送上了冠军的领奖台，师恩难忘啊！一路走来，教练付出的实在太多了！以后我们退役了，也会经常问候他，逢年过节要带着孩子去看望教练，就像看望自家的老人一样。

周影的眼睛里泛起了泪花。

从谷底到山巅

葛杨受访视频

　　2016年9月20日晚8点左右，首都机场人头攒动，数百人守候在这里，迎接载誉而归的中国残疾人奥运会代表团。他们从里约经马德里转机飞抵首都机场，准备参加第二天在人民大会堂召开的"里约残疾人奥运会中国体育代表团表彰大会"。

　　上百名大学生身着统一服装，自发来到机场，他们手捧鲜花，高举"向残奥英雄致敬""自强不息、为国争光"的横幅，等待残奥英雄们出现。

　　"欢迎葛杨凯旋""河北省葛杨名门乒乓球俱乐部欢迎团"，两个横幅在人群中赫然出现。原来，他们是葛杨的球迷，今天特地从石家庄赶来，迎接本届残疾人奥运会两枚乒乓球金牌获得者葛杨。

　　当球友们将五个花环依次挂到葛杨脖子上，并将两束鲜花塞到他怀里时，意外的惊喜使葛杨激动万分。

　　葛杨是个特别有爱心的人，多年来热心公益、关心小朋友的成长。

　　2015年10月7日，他一手筹办的"河北省葛杨名门乒乓球俱乐部"正式开学，他在微博里发了一些照片，留下这样的话：

培养国球栋梁，延续乒乓之路，葛杨名门正式开学，梦想未来能出世界冠军，替我继续战斗。

　　而在这之前的一个月，河北省"葛杨名门乒乓球俱乐部"与高新区外国语学校举行了合作签约仪式，圆满举办了乒乓球人才培养基地选拔招生会；葛杨与郭晶晶两人共同作为保定市孤残福利院爱心大使，无偿作为新公民计划、青红社工等多家公益机构的爱心形象大使参与公益项目……

　　葛杨1985年出生在河北省保定市，5岁那年，鞭炮爆炸夺去了他的右前臂。当时他天真地以为手还会长出来。葛杨的命运轨迹从此改变，他注定不能像别的孩子一样顺利地完成学业，找到心仪的工作，他的前途充满了不可预知的困难。

　　7岁那年，葛杨的父母在电视上偶然看到远南残疾人运动会的直播，萌生了让儿子打乒乓球的想法。从那以后，葛杨就进入业余体校，和健全人一起打球了。那时候，爸爸和儿子一起学球，每次教练讲了要领，爸爸弄懂了再教给儿子。为了支持儿子，父母还买了球台，晚上可以在家练球。

　　残酷的命运让儿时的我无法面对生活，发生了对"生活"的理解转变，那时候理解的"生活"应该是，生下来，坚强地活。又是一年春暖花开，我开始了乒乓球训练。每天练球累得连话都不想说，回家还有一大堆作业，练球和学习的压力让我完全进入机械化，每次看见同龄的伙伴在玩耍的时候，加入他们都成了我的梦想。我就像一只关在笼子里的小鸟，关我的不是父母，不是教练，也不是老师，而是无路可走的命运。

　　10岁那年，葛杨参加了保定市小学生乒乓球比赛，他打败了所有的健全人获得冠军。拿到10元奖金后，5公里的路程，父子俩竟高兴地跑回来了。从此，为了锻炼体力，葛杨每天晚上出去跑步，父亲骑着摩托车陪着他。那些年，狭长的道路上留下了父子俩长长的身影和奋斗的足迹。

那时葛杨只想着打败那些一起练球的健全人，没想到以后会参加残疾人比赛。从内心来讲，他一点儿也不觉得自己是残疾人。

寒来暑往，日复一日，葛杨的球技也在成长。1999年，14岁的葛杨首次参加世界残疾人乒乓球锦标赛，获得男子单打第三名。2000年，葛杨进入河北省队，随后进入了国家队。这名小将以不可阻挡之势，杀进乒坛，包揽了第五届、第六届和第七届全国残疾人运动会TT10级和公开级乒乓球单打比赛冠军，令人瞩目。

在国家集训队里，葛杨练得最苦，成绩也最好。经常都是两三个陪练都累趴下了，他还要求加练，最终都是教练来打圆场，让他休息一会儿。

随后葛杨出现在国际赛事上，并先后获得一系列奖牌：2002年第八届远东及南太平洋残疾人运动会三枚金牌、2004年雅典残疾人奥运会TT10级男子

团体冠军和单打第三名，以及残疾人公开赛、残疾人世界锦标赛等赛事冠军……

面对雅典残疾人奥运会单打第三名的成绩，葛杨很不满意。他决定在北京残疾人奥运会上圆冠军之梦。为了备战，他参加国内正常选手的甲B联赛，并且取得了很好的成绩。

然而五月份，正潜心备战的葛杨身体出现了"问题"，他的心脏每分钟只跳四十二次，这可把他吓坏了。

医生建议他暂时停止剧烈运动。那两个月，他连球拍都没敢碰，大赛在即，不训练怎么参加比赛，这可是奥运会啊！他难受得每天都睡不着觉。两个月后，经过复查，医生得出新的结论：因长年累月高强度的有氧运动，葛杨的心脏每跳一次，供血量比常人多出一倍，所以心率会慢，不是病态。

虚惊一场呀！此时离大赛还有时间，来得及！葛杨重回训练场，这一次他比任何人练得都苦，他要把失去的手感和信心迅速找回来。

TT10这个级别是站立组残疾程度最轻的，最接近健全人，所以训练强度是按健全人标准进行的。那时候葛杨和自己较上了真儿，每天练球多达9个小时，直到练得尿血。

可能是求胜心切，也许是停训情绪波动得不到调整，那两个月葛杨输了不少球。他沮丧极了，甚至想到了放弃。为了调解他大赛前的情绪，四届羽毛球世界冠军、时任河北省残联宣文部副主任的李卫国，经常找他谈心。同是残疾人运动员出身，交流起来比较容易。他说，能打到奥运会决赛，证明你的技术一点儿问题都没有，现在心理比技术更重要，要说服自己，尽快调整。

葛杨过了心理坎儿，最终战胜了自己。他最后一个月在正定基地集训时，把心理调整到了最佳状态。

2008年，北京残疾人奥运会乒乓球TT10级男单决赛，这个河北小伙子以3：1战胜了队友，圆了自己的单打冠军梦。

"爸爸妈妈，我终于成功了！我爱你们！"赛场上英俊帅气的葛杨，夺冠后接到父母的电话哭得像个孩子。

夺冠后的葛杨可以说成功了，但他对成功有着自己的理解：

成功对于一个人来说意味着什么，难道只是拥有财富，只是有一点儿小成绩就扬扬得意？绝不是！成功意味着付出，意味着努力，意味着奋斗，而不是一个简单的结果！莫以成败论英雄，我们应当用客观的眼光看待成功。

成功的人固然值得尊敬，然而为目标艰辛付出却不得成功的人，更是值得我们尊重和理解。成功不是运气，不是捡到的，而是由日日夜夜艰辛付出与努力铸成的。不在乎一时得失，不看重区区结果，不为失败气馁。唯有努力拼搏，你身上才会闪着金光灿灿的两个大字——"英雄"！同样练体育，可能有的残疾人一辈子也拿不到残奥会冠军，但他却克服了身体的病魔，从精神、意志上超越了很多健全优越的人，体育救活了他，救活了他的人生，此事本身已经大于奥运冠军的意义，这是奥林匹克精神的体现。当我们为成功喝彩的时候，同样更应该把掌声献给所有努力拼搏的人，因为他们同样是英雄。请把掌声献给亚军，把英雄的称号献给所有为美好梦想努力前行的人……

大赛之后的葛杨，心智更成熟了。他开始思考人生，思考自己到底想要什么。他觉得无法避开生理上的不足，但可以把握自己的命运。

2011年3月21日，葛杨开启了自己的励志之旅，以四川宝轮中学作为第一站，之后去嘉德中学、广元社会工作服务站……他开始参与以四川灾区为重点的，遍及全国如北京、河北、云南、海南等地的各类公益活动。

之后他个人出资，与河北省、北京体育大学等教育机构合作开展长期性、学术性的公益支持。

他去赵县孤儿院后在微博中写道：

王志国先天眼球抖颤，视力有障碍，但天真可爱、懂事大方，很优秀，是我最好的朋友，我的铁哥们儿之一。让我们一起加油吧！

2016年，他走进校园，与同学们一起回顾了自己24年的体育生涯，讲述为梦想而拼搏快乐的自己，为国家、为人民而拼搏幸福的自己；分享了四届残疾人奥运会的心酸与喜悦，希望同学们不断挖掘自己的潜能，勇于挑战自我、不向困难屈服、努力学习本领，成为国家的栋梁。

葛杨喜欢陪伴、帮助残疾人，是源于自己的儿时经历。因为身体的不便，小时候他曾遭受过很多不公平的待遇，看到那些残疾孩子，如同看到了自己的童年。他希望通过努力，为他们争取一些利益，为他们创造更多适合他们未来发展的机会。

葛杨在不耽误主业的情况下，训练之余做公益，将有限的时间用来为残疾人做一些力所能及的事情，而且越来越务实。

他有着自己清晰的公益目标和愿望，也在寻求更合理的方法。他看到那些去孤儿院做义工的人，只来一次作作秀就不来了，反倒给残疾孩子造成二次伤害，因此他一再提醒自己：做公益一定要有持续性。

他在思考，对于那些困难群体，捐款永远是不够的。在他看来，技术是无价的，"授之以鱼"，不如"授之以渔"。自己从小在职业训练中长大，对于体育有着很深的情怀，他愿意为乒乓球事业做出贡献。他希望利用自己的特长，关注对乒乓球有兴趣、有天分的残疾青少年，挖掘和培养他们，让乒乓球也改变他们的命运……

做公益不仅赚不到钱，而且还要投入，但葛杨是快乐的，他愿意到基层去，愿意给残疾人最实在的帮助。他觉得一个好的心态，可以在公益之路上走得更远。

他说："对于残疾人来说，接纳和陪伴最重要。其实残障人都是很自立的，都很好强，所以并不需要人们用怜悯的心态去同情，更多的还是给他们一个公正的平台。如果想要做些什么，我想你

每次看到残疾人，首先要给予看待健全人一样的眼光。"

获得过残疾人奥运会、世界锦标赛、亚洲运动会、全国残疾人运动会等所有大赛冠军，是名副其实的大满贯了，葛杨接下来的目标是什么呢？

以前我是逼着自己打球，不懂得享受，2008年以后我把比赛当成一件享受的事情。无论是在球馆里训练，还是在赛场上拼搏，每次面对新的挑战，我能感觉到奋斗的快乐。打了20多年，打球已经成为我的职业责任，要对自己的职业负责，要做就要做到最好。我觉得人生要一直去拼搏进取，而不是只为了比赛。

葛杨是个有智慧、爱思考的人，多年前他对幸福就有着自己的诠释：

我现在什么都有了，但开心的时候越来越少，就连十几年前做梦都想拿的奥运冠军，现在拿了却没什么感觉。为什么？是不会品味人生、不会把握快乐、做事没有满足感、身在福中不知福。在我走过的20多年人生路当中，始终没有在幸福旁边停顿，而把过多的心思放在了心中的终点，却没有欣赏沿途的风景。人生正是如此，当我们忙于奔向自己目标的时候，身边的时间不会停留，美丽的人生路不会等你。当你已经成功，被人称为强人的时候，却发现父母老了，孩子大了，自己找不到快乐了。是因为快乐没有出现吗？不，是你没有去寻找，没有把握，在我们忙于各种工作的时候，为的不正是幸福快乐的生活吗？把心放宽，学会品味幸福、寻找快乐，也正是事业做好的方式方法。当快乐、幸福、事业交织在一起，这种自然的状态，才会让你忘记挫折和压力。有了这样的心态，良性循环才会让美丽的彩虹天天挂到你家门前，这才是真正的幸福生活。

摆地摊的奥运冠军

2007年2月17，我永远忘不了这个日子，因为这是我第一次出远门、第一次来北京、第一次接触乒乓球的时刻，正巧这天是大年三十，也是我人生中第一次一个人在外面过春节。

时间似箭，一晃就是十年。十年前的今天我是一个初出茅庐的小女孩，带着对首都的向往、对乒乓球的热爱加入北京轮椅乒乓球队。十年寒窗苦，有太多深刻的记忆，曾经失落过、迷茫过，也绝望过……还好我都挺过来了。很感谢这十年来一直陪伴在我身边的每一个人，因为你们的鼓励和帮助我才会有了今天的成绩。感谢生命中的每一次遇见。

走下领奖台，一切又从零开始了，做好下一个周期的训练计划，继续努力奋斗，希望在下一个十年里更加辉煌，更有成就。一定要不

断地完善自己，不断地提高自己，把做好人、打好球作为一生的追求！

2017年2月17日，薛娟在微博里写下以上这段话。

在2016年里约残疾人奥运会上，薛娟获乒乓球女子TT3级单打比赛冠军和乒乓球女子团体TT1-3级比赛冠军，成为新科"双冠王"。

薛娟和别的球友不同，她2007年才开始打球，那年她已经18岁了。在队友中，她算是出道晚的了。

1989年10月，薛娟出生于江苏省徐州市邳州县一个普通的农村家庭。因为哥哥和她相差12岁，这个刚降生的小姑娘成了家里的宝贝。爸妈因为添了个千金而高兴得整天合不拢嘴。

然而，老天和这个原本宁静的家庭开了个大玩笑。那次邳州脊髓灰质炎大爆发的时候，小薛娟也没有逃脱噩梦般的命运，在她11个月的时候，得了小儿麻痹症。

母亲整日唉声叹气，以泪洗面，父亲的脸上也布满了愁云。为了给薛娟看病，父亲放下了自己的工作，带着年幼的闺女四处奔波、南北求医，本来就不富裕的家庭更是雪上加霜了。

在薛娟年幼的记忆中，身体和精神是与苦和痛联系在一起的。中、西医多种治疗她都尝试过，喝过数不清的难以下咽的苦汤药，去过各种地方推拿，针灸扎过的针不计其数……

身体的病痛，使她得到了更多亲人的关怀。

有一次父亲抱着她去做电针灸治疗，由于剧烈的疼痛无法忍受，又不能哭闹，整个过程她都咬着父亲的手臂，治疗结束后父亲的手臂被她咬得布满牙印，血迹斑斑。

得病后，薛娟的腿血液循环不好，经常冰凉彻骨，记忆中她每天睡觉都被妈妈抱在怀里，腿和脚被妈妈的体温焐热了才会睡去。

由于父母的坚持治疗，薛娟的坚强配合，原本躺在床上不能动弹的她，终于可以坐起来了，但是仅此而已，她的腿还是失去了行走能力，从此她要与轮椅为伴了。

　　母亲心疼她，怕她吃不好、睡不好，怕她因自己的身体状况自卑，没有把她送进"希望之家"。

　　薛娟上了健全孩子上的小学。她从小就要强，在学校里她尽量不喝水，这样就不用去厕所，也不用麻烦别人。她觉得自己身体不方便，和别的小朋友不一样，没法和别人做游戏，也从不敢主动与人交往，还是感到自卑了。她经常偷偷地躲在角落里，远远地看着他们追逐、打闹，而黯然神伤。

　　初中时，家里攒钱给她买了一辆手摇轮椅，薛娟就不再需要家人接送了，连上晚自习都独自回家。

　　2006年年底，北京队教练王筲来到邳州县选拔队员。以前暑假班里有乒乓球训练薛娟特别羡慕，后来也看过残疾人打乒乓球，就很喜欢。小薛娟参加了面试。

　　等待通知的日子特别难熬，薛娟扳着指头天天数着，一个多月后，薛娟接到通知，去北京残疾人体育训练与职业技能培训中心报到。2月17日她正式成为北京市残疾人乒乓球队的一员。这一天成为她命运的转折点。

　　刚进队的时候，她对乒乓球没有什么概念，以前从未接触过乒乓球。面对这个白色的小球，她不知所措，乒乓球的弹性很好，到处蹦，控制不住，球根本接不着，动作不会，也打不上台，她很着急。

　　经过教练的细心教导，她慢慢学会了握拍、颠球、打球，从中找到了兴趣和快乐，感觉这个小白球充满了魔力，使她着迷。

　　薛娟是进队最晚的，当时队里有九个队员，共用三张球台训练，她水平差，轮不上她，基本没机会练。怎么办呢？

　　她看过爱迪生的一句名言：成功就是百分之一的灵感加百分之九十九的汗

水，意思就是再聪明的人哪怕是天才，也要靠脚踏实地的努力。她觉得自己没有那百分之一，只有百分之百的努力。起步晚的笨鸟，只能先飞、多飞。要想达到质的飞跃，必须在"量"上把时间找回来。

训练馆里的乒乓球是用塑料脸盆装的，装满了的话，一盆130多个，半小时薛娟就能打完6盆，每天训练6个小时，要打近万颗球，挥拍几万次。

她除了平时正常的训练以外，每天早上5点半起床先去加班练习一个半小时，7点回来洗漱吃早饭，8点半参加队里的常规训练；中午11点半训练结束吃午饭，当队友们午休的时候，她再到球馆加班一个半小时，累了困了就趴在球台上眯一会儿，接上下午2点半的常规训练；晚饭后，她再去加班，夜晚就在球馆度过，困了就睡一会儿，醒了就继续练。当队友训练的时候她在训练，当队友休息的时候她还在训练。

薛娟知道，自己的身体从小到大让父母揪心，成了父母多年来心疼和着急的焦点，亲人的鼓励和期望是她最大的动力，她要为父母争口气，普通农村家庭走出来的姑娘也能为国争光。

她靠常人无法想象的"一天五练"，使球技大增，很快追上了队友并超越了她们。

日有所思，夜有所梦。薛娟练得最凶的时候，夜里做梦全是乒乓球，白天动作做多了，晚上睡梦中都在挥拍，往往一个动作抢出来，都能把自己给吓醒了。

薛娟脊椎弯曲得特别厉害，以致压迫了心脏功能，医生建议做脊椎矫形手术，否则可能会影响寿命。2000年，薛娟做了手术，腰上缝合了54针。直到现在，因为体内植入的钢板没有取出，导致她不能弯腰，只有胸部以上有运动功能。

即便这样，训练结束，薛娟还是和队友一起捡球，收纳到指定的地方。薛娟觉得别人能做的自己也能做，别人做不到的，自己也能做得特别好。

薛娟很懂事，与父母通电话，总是报喜不报忧。每当遇到困难或者心情不好的时候，她总是偷偷掉泪、独自解决，从不告诉别人。

　　本来自己身体条件就不好，在别人面前哭了，别人会觉得你好可怜，我不想要那种被可怜的感觉。

　　坐轮椅打乒乓球，需要一只手打球，另一只手控制轮椅，球来了，要操纵轮椅左右移动去够球。轮椅用来代步不难，可在运动场上，让它像"腿"一样跑起来，可真没那么容易。

　　轮椅不听使唤，就不可能打好球，这使薛娟没少费力气。为了避免摔跤，她常到草地上反复练习，有的动作很有难度，使蛮劲是不行的。比方说，她发现别人把轮椅前轮半腾空，左右转身就会更快。她试着练了几次，在抬起前轮的瞬间，因为没有掌握好尺度，整个轮椅向后仰翻了过去，她被摔在地上，疼得喘不上气来。反复练了好多次，她终于成功了。

　　2011年，薛娟参加了第八届全国残疾人运动会，拿到了单打第四的成绩。那时候整个队伍成绩都不好，乒乓球队解散了。不能打球了，能干什么呢？总不能待在家里，让父母养着吧！

　　薛娟在家里休息了一个月，又悄悄返回北京。她租了个小房子，白天在驾校学车，晚上去镇上摆地摊，卖自己手工编的小首饰。

　　一天晚上，队友逛夜市，看到地上摆着一些好看的小玩意儿，就上前打听价格，一抬头突然发现是薛娟，吓了一跳。此时她穿着厚厚的棉衣，戴着棉帽子，冻得缩成一团，不停地发抖。

　　队友很不理解。

　　"每天能挣多少钱？"

　　"能挣二十块左右。"

　　"值得吗？我给你二十，回去吧！别丢人了，遭这罪值得吗？"

薛娟笑了笑，摆摆手。

"我靠自己的劳动赚钱怎么会丢人呢？冷的话可以多穿衣服呀，我觉得挺好的。"

那段经历，锻炼了薛娟遇到困难不屈服的意志力，她更坚强了，也更懂得挣钱来之不易。

2012年，北京市残疾人乒乓球队恢复训练，薛娟归队。

2013年，薛娟入选国家队。同年，她参加了国际乒乓球联合会（ITTF）残疾人乒乓球亚洲锦标赛，荣获女子TT1-TT3级团体冠军、女子TT3级单打亚军。

第一次参加那么大的赛事又取得了优异成绩，坚定了她对乒乓球的热爱和追求，她不再迷茫，决定把自己的命运和乒乓球绑在一起，她要向着这个方向快速奔跑。

取得了好成绩，下一场比赛就是薛娟奋斗的目标。每天"自虐"似的训练又开始了，她自我加压，除了吃饭睡觉，时间几乎都用来训练了。

和薛娟握手的时候，我真吓了一跳，凭感觉这绝不是一个女孩的手，要不是有温度，都会觉得是块木板。摊开手掌，手心里布满茧子，还青一块紫一块的。她从不好意思和别人握手，觉得哪怕是男运动员的手都比她的柔软，仿佛自己的手掌是世界上最硬的。每到冬天，厚厚的茧子旁边就会裂出一些血口子，疼得握不住拍子，她就缠上胶布继续练。

乒乓球本身是个旋转强、速度快、变化多的体育项目，所以领悟力是进步的前提条件，不能盲目练。这个姑娘在调动自己的智慧打球。

打球一定要动脑子。我在平时训练前，首先要想想需要练习的技术，哪一点是自己的弱点，在练习中需要注意什么……诸多问题都要在脑子里过一遍，然后再努力去练习，假如在练习中有球失误了，一定要停下来想一想为什么会失误。等想清楚了，想明白了再去打下一个球，时刻提醒自己不要犯之前的错误。

薛娟认为，心动要靠行动来实现。她觉得每天到点去训练，不迟到不早退，遵守课堂纪律，教练安排什么训练计划就打什么，这只是个形式。她理解的行动就是聚精会神、知行合一、保证练球的质量。表面上看来，大家都在认真地练习，也许每一板球的回合也很多，但是如果开了小差，心思没有完全放在训练上，练了也是白练。

　　我自身就有很深的体会，在训练的时候偶尔走神，心思没有放在球台上，而是想着某件琐事了，虽然手上在打着球，但是心早就飞走了。有的时候球失误了都不知道什么原因，如果再接着打，就会造成重复犯错，自己并没有意识。如果这样长期下去的话，不但不会进步，还会把错误的技术动作巩固了，所以在平时的训练中，心动与行动一定要并用。

教练白刚督促她要多读书、多学习，拥有一流的球技，必须要调动自己的智慧，要做有文化和品质好的人。他要求队员每周写日记，薛娟的日记写得特别认真，已经手写了几大本。

走进薛娟的宿舍，床品的粉色主调预示着，这是个少女的房间，床上摆着各式各样可爱的玩偶，还有各种比赛的奖牌几十枚：

2014年斯洛伐克国际残疾人乒乓球公开赛、国际乒联世界锦标赛、韩国亚洲残疾人运动会，2015年德国国际残疾人乒乓球公开赛、约旦国际残疾人乒乓球公开赛、约旦亚洲残疾人乒乓球锦标赛，2016年斯洛文尼亚国际残疾人乒乓球公开赛……

当然，分量最重也最耀眼的当属2016年里约残疾人奥运会金牌。

四年磨一剑。残疾人奥运会是所有比赛里规格最高的，而临近的几天，薛娟突然全身过敏，奇痒难忍，为了体检不出问题，她强忍着不敢用药。说起里约之行，薛娟觉得特别坎坷曲折。验球拍的时候，平时最顺手的球拍也被检出不合格，她暗暗捏了一把汗。

然而，她又觉得自己是个"幸运儿"。虽然历尽艰险，但一路出人意料过关斩将：八进四时她1：2落后，最后却以3：2险胜；半决赛中她的对手是2012年英国伦敦残疾人奥运会单打冠军，在平时比赛中薛娟很少赢她。赛前薛娟就告诉自己，不管输赢打出自己的水平就行。最后竟以3：1取胜进入决赛。

如此一来，进入决赛以后薛娟的心态就完全放松了，毕竟是第一次参加残疾人奥运会，能走到决赛的位置自己就很满足了。决赛的对手是自己的队友，以前比赛薛娟也是几乎没有赢过的，所以没有负担，也不紧张，打得很放松，正是这种平常心让她发挥出了超常的水平，最后以3：0轻松击败了队友。

当时她真的是完全投入进去了，打完比赛的时候，就是感觉赢了一场比赛，赢了一个对手，还没意识到自己就是冠军了。

"比赛结束半小时我都没有缓过神来。直到站在领奖台上，看着国旗在赛场升起，突然抑制不住地激动。我是冠军了，我的梦想实现了！然后越想越激动，这可是奥运冠军啊！以至于激动到吃不下也睡不着了！"说到那个场面，薛娟兴奋得脸颊微微泛着红晕。

奥运会结束回到北京，还没倒过时差，薛娟又投入了正常的训练。她热爱乒乓球，迷恋那"乒乒乓乓"清脆的声音，一离开球场，她心里就空空的。

"打乒乓球最终的目的还真的不是拿冠军！"我们的新科双料冠军语出惊人。

如今她觉得打球以来最大的收获，就是找回了自信。她的童年几乎是在绝望和自卑中度过的。那时候她每天背着书包走进课堂，老师教育学生们要好好学习，成为一个有用的人。她感到特别迷茫：学习再好又有什么用呢，我都不能正常行走，都成为父母的包袱了，别人能做的事情我不能做，我的前途在哪里？

无论怎么努力，都难以逃脱先天缺失造成的悲惨困境，这使幼年时期的薛娟对未来感到毫无希望。乒乓球改变了她的生活，也给她带来了快乐。如今朋友们都很羡慕她去过那么多国家和城市，见过大世面，她感到很荣幸，也很骄傲。

以前最害怕出门，能躲就躲，也害怕和别人说话。现在的薛娟，开朗活泼，还很爱开玩笑。

"冬天我和队友们一起去颐和园，大家都滑着轮椅，穿着棉裤，嘻嘻哈哈，外人看不出我们是残疾人。于是就有不少路人问，你们是装的吧？看上去好好的呀。我就回答说，我们走累了，坐着歇会儿！"薛娟笑起来眼睛弯弯的。

薛娟最受不了别人"可怜"的眼神。这对要强的她来说甚至是残忍的。

"我希望人们跟我们相处时，在心理上不要把我们当成残疾人，让自己有特殊的感觉反而更不舒服。"薛娟说。

但无论说什么话题，笑容依然挂在她的嘴角。乐观、自信、对未来充满希望，是你见到这个姑娘的感觉。她说，笑其实很简单，就是把嘴角向上扬一扬。

"因为热爱乒乓球，我想把它当作一生的职业。没有什么原因让我放弃乒乓球，以后退役我还想从事与乒乓球有关的工作。还想做一些公益活动，帮助更多爱好乒乓球的残疾人。"薛娟又笑了。

每年放假回老家，薛娟都会去做义工。从小到大得到社会上那么多好心人的关爱，如今自己有能力了，就要尽己所能帮助别人。她在微博里写道：

> 只要人人都献出一点儿爱，世界将变成美好的人间……希望亲爱的朋友们在自己能力范围之内，多帮助一些贫困家庭，在这寒冷的冬天多给他们一些温暖！

在北京市残疾人体育训练与职业技能培训中心，从运动员公寓到餐厅，再到训练馆，全方位无障碍设施，公寓里的卫生间、淋浴都设置了扶手和小凳，感觉特别温馨。四层高的公寓楼整洁有序，门口的管理人员热情而严格，负责对作息时间严格把控，出入要询问、登记。

薛娟在此生活、训练已经十年了，这里是她的第二个家。只有在过年的时候，她才能回家探亲。一年四季的衣服、用品都在北京，她对这里的一切是那么熟悉而充满了感情。院子里种着各种植物，四季草木葱茏，见证着他们流淌过的汗水。公寓门口的侧面有个小斜坡，轮椅可以顺畅地通过，不远处就能看到餐厅了。薛娟说，在里约比赛期间，西餐吃不惯，常常怀念这里的早餐，烧饼和独有的炒咸菜，是她的最爱。

从里约回来，还没倒过时差，薛娟就投入了常规训练，她的下一个目标是东京残疾人奥运会。

薛娟在日记中这样写道：

第一次参加残疾人奥运会就拿到了单打和团体冠军是很幸运的，感谢一路陪伴我的教练和队友们，因为得到了大家的帮助，我才有了今天的成绩。走下领奖台一切从零开始，继续加油，奋斗东京！

第二章

折翼雏鹰，
振翅高飞

登峰造极源于自律

不服输的"手语翻译"

"大姐大""九死一生"的蜕变

不鸣则已，一鸣惊人

我的心永远和乒乓球在一起

登峰造极源于自律

2017年3月31日，残疾人奥运会乒乓球双料冠军刘静成为坐在轮椅上最美的新娘。

当神圣的婚礼进行曲奏响，新郎手捧鲜花迎向她，单膝跪地深情款款地亲吻她的手背，两人四目相视，刘静开心地笑了。当她看到来参加婚礼的亲朋好友中，有教练、有发小、有队友，她是那么兴奋。她和很多队友有着相同的遭遇，相同的小儿麻痹症，相同的"希望之家"，他们从小一起练球、一起长大、一起携手登上奥运会最高领奖台，他们见证了彼此的痛苦与欢乐，是患难与共的亲人。

残乒国家队领队陈亦新特地从福建赶来，见证一对新人的幸福时刻，祝福他们百年好合。

衡新教练走到台上，看到身披白色

婚纱、美丽的新娘刘静，他的眼眶湿润了，从陪她12岁启蒙练球到现在，他像看着自己的女儿渐渐长大，当年那个文静内秀的小姑娘，终于找到了幸福的归宿，嫁给了一个健全的小伙子，她的生活会得到更好的照顾。他从心里高兴，并送上长辈的嘱托：刘静从跟着我打球到现在17年了，今天走进婚姻的殿堂，希望你们恩恩爱爱，像打球一样认认真真，把小日子过得红红火火……

队友李倩和刘静是多年的室友，她在送上祝福的同时，还"扬言"：以后回队里，你还是属于我的！

她在微信里这样留言：

> 我的静静，咱俩认识这么多年，我一直把你当作亲姐妹。这么多年，我们笑过、闹过，也偶尔小生气过，也算风雨兼程了。现在你嫁人了，我也亲眼见证了这一切的发生，看到你们的爱情终于修成正果，真开心你找到了那个意中人！看着你这么幸福，我也就放心了，继续这么幸福下去，才不枉费我对你寄予那么大的希望！

刘静曾获2008年北京、2012年伦敦、2016年里约残疾人奥运会三届单打、团体冠军，是名副其实的"双料冠军"。这辉煌的成绩后面，又有谁知道，她的夺冠之路有多艰辛，她温柔美丽的外表下有着怎样一颗坚定勇敢的心。

在队里，刘静的身体情况是最严重的TT1级，2000年刚开始打球的时候，她右手功能不好，就用左手练球。但左手也没有力气，连球拍都握不住，胳膊经常撞到球台，撞出块块瘀青。但随着运动量的增大，她的身体机能发生了变化，上肢的运动能力明显改善了。

几年后，刘静的残疾程度减轻了，从TT1级到了TT2级。

> 乒乓球改变了我的人生。它使我更加自信、坚强和乐观。困难和挫

折激发了我做人的斗志和勇气。每当我站到最高领奖台上的时候，心里就感到无比的自豪！

1988年，刘静出生于邳州一个普通农民家庭。不幸的是，她10个月大时，竟然患上了小儿麻痹症。她年幼的记忆总是和针灸联系在一起的，连阴天下雨也要出门。

刘静小时候特别爱哭，妈妈心疼孩子，也时常掉泪。7岁那年，妈妈忍痛把女儿送去小儿麻痹症康复学校"希望之家"。妈妈一走，刘静就大哭不止。妈妈在学校陪读了三个月，等女儿渐渐适应了才回去。

"从小哥哥姐姐都很照顾我，很多事情都是他们包办，不舍得让我做，现在我的手臂很有力量，生活完全可以自理，有些重物都可以拿得动。"刘静挥了挥手臂。

"希望之家"校长张辅世爷爷偏爱这个恬静乖巧的女孩，鼓励她学习之余练书法、学绘画。刘静是个十足的乖乖女，性格内向，一开口脸就红，老师提问语气重了也会哭。

妈妈惠广荣夸女儿"最孝顺"，她从不提打球的苦，也从不说腰伤的痛，更不乱花钱，并且没有别家孩子的"青春叛逆期"。

2000年9月，刘静因腰椎严重侧弯，做了矫形手术。这使她在床上躺了整整10个月。

2002年，刘静需要接受第三次腰椎矫形手术，此时是手术的最佳时期，但临近升学考试仅有一个月了，妈妈犹豫了。最终刘静还是在镇江市359医院勇敢地接受了手术，术后她躺在床上一边接受康复治疗，一边复习功课，老师还专门来到医院给她辅导。刘静忍着术后的剧痛，靠着顽强的毅力参加了中考，并取得了优异的成绩。

手术使身体机能得到了改善，增强了刘静的自信心。她决定通过拼搏努力，去实施以前那些不敢想的愿望。

在完成学业之余，刘静把自己的大部分时间用在了打乒乓球上，她相信有朝一日，自己能够成为一名优秀的残疾人运动员。

2003年，刘静首次代表江苏省队征战第六届全国残疾人运动会，获得了单打第六名的好成绩，从而成为重点培养对象，被选入国家残疾人乒乓球队。

2003年11月，在新西兰举行的世界轮椅运动会上，刘静一鸣惊人，夺得一金一银。踏上国际赛场，首战告捷，增强了她的自信。她的出色表现，也为自己赢得了更多洲际和国际性残疾人乒乓球大赛的机会。

刘静将中国乒乓球队的王楠、张怡宁等世界冠军奉为偶像，她盼望着自己有朝一日也能像她们那样，登上世界之巅。

在教练的精心指导下，刘静刻苦训练，她的乒乓球水平有了长足的发展。2005年她先后在远南乒乓球锦标赛和全国乒乓球锦标赛上夺得冠军。

2005年底，刘静再一次做了腰椎手术，医生建议她停止训练，休养一段时间。然而，世界锦标赛在一天天临近，刘静克服伤痛坚持训练并参加了比赛，还和队友一起获得了团体冠军。

2007年，在远南残疾人运动会、斯洛伐克乒乓球公开赛、德国乒乓球公开赛、远南乒乓球锦标赛、克罗地亚乒乓球公开赛上，刘静将TT1-TT2级单打冠军，TT1-TT3级团体冠军悉数收入囊中。

2008年，刘静凭借优异的积分排名和自己的实力，当仁不让地跨进了北京残疾人奥运会的大门。

经过多年大赛的磨砺，刘静积累了丰富的国际比赛经验，多次与世界顶级运动员交锋，可以说对手的特点她都了如指掌。

残疾人奥运会半决赛中，刘静以3∶1战胜意大利选手克拉拉·波达，顺利进入决赛。

决赛中，她的对手是意大利运动员帕梅拉·佩祖托，第一局刘静以11∶3

轻松拿下；第二局对手强势反攻，每一分都争夺得非常激烈，刘静以9：11失掉一局；随后的比赛中，刘静沉下心来，认真遵从教练的战术指导，一鼓作气，以11：5和11：6的比分，赢得两局，最终以3：1取得了单打金牌。

在领奖台上，刘静手持颁奖花束，频频向观众挥手致意。此时她无法弯腰，脊柱还被两根半尺长的金属条支撑着。这美丽笑容背后的痛楚只有她自己最清楚。

"如果下辈子托生，希望我是个健全人，腿不好少了很多行动的自由，我想去爬山！"刘静的内心有着朴素的愿望。

2013年，由江苏省和镇江市残联牵头，爱心企业家谢玲对她伸出了援助之手，刘静落户镇江，成为镇江恒达塑料包装有限责任公司的一名员工，解除了生活上的后顾之忧。

刘静不仅收获了金牌，还以球为媒，收获了甜蜜的爱情。2015年，她结识了在北京残奥管理中心工作的男朋友。

走进位于江苏省训练中心的刘静的宿舍，房间里一股温馨的少女气息扑面而来，床上铺着漂亮的卡通床罩，平整洁净，一个皱褶都没有，桌子上的化妆品、书籍整齐收纳在可爱的小盒子里，连卫生间里的洗漱用品都像列队的士兵，甚至台面、镜子都毫无水渍，令人叹为观止。打开刘静的行李箱更是令人惊呆，衣服、物品一丝不苟地按种类排列，合上盖子绝对可以立即出发。

登峰造极的成就源于自律。严谨、自律的生活态度，造就了今天的世界冠军。在队里，刘静虽然残疾程度最高，但这么多年来，赶飞机、赶火车、集合时从未因迟到让别人等她一分钟。出发前，她总是在前一晚将所有东西准备好，而且当天还会早于别人半小时起床。

刘静的身体在队里是级别最重的，打球时反手没有进攻能力，衡教练就专门和她对练搓控和防守。夏天，教练和别的队员练球，还没轮到她时，她看到教练辛苦，就经常去给教练倒水，她的手握力不好，一手拿着水杯，一手转动轮椅，轮椅就会斜向一边，她就把杯子换一下手，再用另一只手转动轮椅，而她的右手握力不好，更吃力。所以倒一杯水端过来要反复转换好几次，对她来说很不容易。

刘静的性格比较内敛，很少表达对教练的感情，她用这样的行动默默表示对教练的心疼和关心，当她把杯子递到教练手上的时候，教练感动得说不出话来。

刘静平常不仅心细、懂得感恩，而且头脑清醒、思路敏捷、做事情很有章法。她话不多，研究球技打法时非常专注，每次比赛前一个小时，练什么内容，她都要和教练仔细沟通，并且认真执行。每次比赛，队员多，教练往往顾不过来。有时候教练刚下场，思维还沉浸在上一场比赛中，刘静会主动去找教练，针对自己比赛的战术，寻求教练及时的指导，打有把握之战。

2016年9月11日，在里约残疾人奥运会乒乓球女子单打比赛中，刘静经过五轮角逐，在决赛时分别以11：6、9：11、12：10和19：17，总比分3：1战胜韩国运动员获得金牌。

说到成绩，她有一腔肺腑之言：

十分感谢我的父母，是他们的不放弃让我走到了现在；十分感谢我的教练，是他们的辛勤培养让我冲出亚洲走向了世界；也非常感谢家乡和现在的单位对我的支持和厚爱；我不会忘记"希望之家"和所有关心帮助我成长进步的人。

不服输的"手语翻译"

"妈妈，太好了，我听到了风的声音！原来风还有声音！还有知了的声音，太好听了！"戴上助听器的那一刻，林焕兴奋得惊呼。

林焕从小吃饭很少，身体素质比较弱。她10岁那年，父母决定送她去打乒乓球，锻炼锻炼身体。

林焕的听力不好还是乒乓球启蒙教练发现的，教练对林焕妈妈说，讲课的时候，她很认真地听，频频点头，但做动作时却不到位，孩子反应好像有点儿迟钝，说了好几遍她都不懂，是不是耳朵有问题。

这引起了父母的高度重视，父母立即带她去上海大医院检查。医生发现她的听力有一些误差，"四"和"七"分不清，还把"z c s"说成"zhi chi shi"，"海豚"听成了"海唇"，并且音量小了根本听不到。林焕的听力情况属于重度听力损失。

妈妈非常难过，孩子可以说成了残疾人、聋人。她很自责，孩子的耳朵出现问题这么多年，竟然没有察觉，如果早点儿发现，可能到不了这种程度。听医生说配个助听器就能改善听力，父母的心里又有了一丝安慰。

林焕从小就很乖，妈妈要做饭了，把她放在阳台上，给几个玩具就能玩半天，从来不哭闹，也不缠人。可能是在她四五岁的时候，一场高烧用药损坏了听力神经。林焕性格比较内向，上学以后听力虽然不好，但坐在前排，还勉强可以听到，成绩也不错。听不清她自己不说，爸妈也没发现。但学乒乓球以后，有些术语平常接触不到，听不清就很难懂，动作自然也就做不到位了。

林焕刚戴助听器的时候，配的是个耳背式的，挂在耳朵上很明显，她怕别人笑话，难过得哭了。妈妈就带她去剪了个短发挡着。慢慢地，她发现别人也不怎么注意，就习惯了。

2003年，在郑州铁路系统工作的爸爸在一本杂志上看到潍坊鲁能乒乓球学校的招生信息，为了让女儿得到更好的教育，父母就把她送到潍坊住校，边打球边上学。一年上万元的费用，给这个普通工人的家庭带来了不小的压力，但是为了培养孩子，父母无怨无悔。

2004年，袁锋教练带着大学生去潍坊参加乒乓球比赛，与林焕相遇，发现了这匹"千里马"。这一年，她跟随袁锋教练来到济南训练，并与山东省残联签约，注册为山东省残疾人运动员，正式走上了专业运动员的道路。

12岁的林焕打球很有悟性，又很努力，当年就在福州第七届全国残疾人锦标赛上夺得了女子单打季军的好成绩，并拿到了第二十届听障奥运会的参赛资格。2005年她在澳大利亚墨尔本，获得了听障奥运会团体亚军、混双季军的好成绩。紧接着，13岁的林焕在南京举办的全国残疾人乒乓球锦标赛上，勇夺少年组女团、女双、女单三项冠军。

2007年5月，在云南举办的第七届全国残疾人运动会上，年仅15岁的林焕获得了三枚金牌，实现了她在全国残疾人运动会上夺金的梦想。

2008年5月，在保加利亚索菲特举行的首届聋人乒乓球锦标赛上，林焕取得了女子团体冠军并获得女子单打、双打两枚银牌。

2008年，袁锋教练带领队员去参加残疾人奥运会，林焕则作为听障奥运会的种子选手，被送到鲁能俱乐部进行集训。

在鲁能俱乐部集训的队员都是健全人，每天早晨6：10起床，10个小时高强度的训练，严峻地考验着她的身体，林焕却从不叫苦，也不搞特殊。

天有不测风云。有一天，林焕早上起床的时候，发现腰一阵阵剧痛，像断了一样，怎么也起不来了。医生诊断是腰椎间盘后突且带积水，可能是高强度运动造成的。教练袁锋非常着急，立即把她带回山东师范大学，要求她停止训练，抓紧治疗。

在听障奥运会上夺冠一直是林焕的梦想，四年磨一剑，不就是为了这一天吗？伤病这么严重，如果没法训练，只能退出比赛，这让她太不甘心了！

难道真的要与听障奥运会擦肩而过了吗？林焕告诉自己，不到最后一刻，决不放弃！

认识林焕的人都会觉得，她是个腼腆善良的姑娘，她的身上似乎柔软有余，而"杀气"不足，看林焕打球，也不由得替她捏把汗。林焕打削球，风格也很像她的性格，擅长以柔克刚，柔中取胜。

受伤后的林焕，我们看到了她的

"狠"。那时候，妈妈辞去了工作，专门来济南照顾她。她想：不能让自己每天躺在床上。虽然无法弯腰，也不能跑动训练，但她每天让妈妈把她抱下床，放在椅子上，练习手腕和手臂的力量。没法打球了，但是不能失去球感和握力。

经过医生的精心治疗，林焕可以下地了。腰伤还没痊愈，她就恢复了训练。因为疼痛，每天训练结束，她的衣服都会被汗水湿透。

比赛临近，林焕的训练状态让自己很不满意。在一次训练中，她终于忍受不住身体和心理的双重压力，把球拍甩出好远，抱头痛哭。妈妈看了特别心疼，此时安慰似乎很苍白，妈妈远远地看着她，不去打扰，想让她自己沉静一下。

袁教练天天与林焕沟通，进行心理疏导，使她的内心变得更强大。他耐心地给她分析打法，引导她做合理的训练。在经历了两次循环比赛之后，林焕凭着惊人的毅力，在2008年全国锦标赛上，以2金1银的好成绩成为听障奥运会的国家队队员。

看到林焕以不服输的倔强和顽强拼搏的精神为自己赢得了机会，袁锋教练很欣慰。

林焕喜欢这样一句话：成功的反义词不是"失败"，而是"放弃"！当全世界都不看好你的时候，别忘了还有你自己。

2009年在台北举办的第二十一届听障奥运会上，当女子团体冠军的姑娘们站上领奖台，五星红旗飘扬在听障运动员最高级别的赛场上，林焕流下了激动的泪水。

听障奥运会之后，林焕把训练以外的精力都用在了学习上，全力以赴备战高考。为了"恶补"功课，她每天只能睡两三个小时。有一次因为太困，她把自行车骑到了绿化带上，幸亏没有酿成大祸。

2010年9月，林焕顺利考入山东师范大学。进入高等学府学习，是她梦寐以求的事情。她以前交往的朋友很单一，大学里她所在的班是体育特长班，可以结交其他项目的运动员使林焕很开心。同学们在学习之余，经常组织一些短途旅游，她总是有训练、比赛任务，无法同行，觉得很遗憾。

因为成绩突出、表现优异，林焕被评为山东师范大学优秀学生、一等奖学金获得者、优秀共青团员、社会实践先进个人等。

2008年7月，林焕作为北京奥运会火炬手参加了济南站的奥运会火炬传递，同年8月被评为"山东省劳动模范"；2012年7月，获"交通银行残疾大学生励志奖一等奖"。

林焕认为，当你珍惜自己的过去、满意于自己的现在、乐观于自己的未来时，你就站在了人生的高处。如今的林焕历经大赛磨砺，已经出落成大姑娘了，她身材高挑、皮肤白皙，见到人总会露出腼腆的笑容，惹人喜欢。

在聋人国家队，林焕深受队友的欢迎。她的学习能力很强，和聋人接触得多了，就渐渐地学会了一些手语，每次集训或者外出比赛，她就充当队里的"手语翻译"，她的翻译很"接地气"，通俗易懂，别人比画半天都弄不明白，她一来，问题就解决了。

平日里在球馆训练了一天，别人都去休息了，林焕喜欢做"小教练"，教球馆里的残疾人少儿班打球，她感觉心里特别满足。

人生如同乒乓球，总在顺境与逆境中转换，在你来我往、你推我挡中循环往复。林焕相信，人生总会面对磨难，但不服输的人，就会赢得精彩的人生。

2013年，第二十二届听障奥运会在保加利亚举行，林焕和队友一起获得团体冠军后，在微信里写下这样的话：

经过七天的比赛，大家都筋疲力尽。奥运精神使我们在球场上展现飒爽英姿、呐喊助威，坚持到最后一刻！感谢陈亦新领队一直陪伴在我们的身边，感谢赵守礼教练和袁锋教练自始至终为我们指导，感谢家人的默默支持与鼓励，您们辛苦了！

北京奥运会的举办，国家提倡的"两个奥运，同样精彩"，使残运会、听障奥运会也逐渐得到了大家的认可和重视。如今不论是亚洲还是欧洲都有很多新选手，并且技术水平大有提高，越来越有看头了！中国乒乓球队这次超额完成任务：获女团、混双、女双、男单共四枚金牌！谢谢大家，共同度过了一段美好的时光！

战斗没有停止，生活还要继续，不管是训练、上学还是工作，大家都要吸取昨天的教训，干好今天的事业，迎接明天的生活，生活需要不停地战斗……

林焕觉得自己很幸运，在发现耳朵有残疾以后，感谢爸爸妈妈不离不弃，潜心培养。感谢恩师袁锋，训练、比赛、上学、工作，样样事情为她操心……善良的林焕想感谢的人很多，有的人曾经帮助过她，给过她温暖，看似人生中的过客，但她始终认为相识相知就是一种缘，也许这缘会慢慢消失，但她依然心怀感激，总能感受到曾经相伴的那份温暖。

2017年7月，是林焕打球生涯中第四次参加世界听障奥运会，因为护照的问题，一波三折，差点儿错失土耳其，还好最终只是虚惊一场。大雨滂沱中，林焕和队友们在机场候机，此时她虽然年龄不大，却已经是个久经沙场的老队员了，又是四年的备战，她感慨万千，想到祖国的使命、自己的职业生涯，她心怀感恩、心怀善意、怀揣梦想，希望幸运一点点靠拢……

比赛圆满结束，听障奥运会史上第一次七块金牌由一个国家包揽，那就是我们的中国。林焕和队友为此全力拼搏，她写下这样的话：

比赛全部结束，2017最强阵容，包揽七金，真的实现了小确幸！我没能同姐妹们在领奖台上完成四面国旗有些遗憾！不过努力了真的不后悔，赛场上的感觉真真被自己感动啦！你们是我的榜样力量！一金一银告别2017第四次奥运会！感谢姐妹们的陪伴与支持……超级聪也完成了奥运会的大满贯，还有等等加入我们乒乓大家庭的成员。愿我们今后再创佳绩！

"大姐大""九死一生"的蜕变

2002年春节之前，山东师范大学举办全国青少年乒乓球冬令营，经江苏省推荐，衡新带着他的轮椅队员来到济南。当中国残疾人联合会的张桂英老师看到八把轮椅一字排开时，非常吃惊，不同级别、不同打法，男女队员齐整，太好了！国家队正需要这样的补充。

听说邳州小儿麻痹症患者很多，春节之后，张桂英带着分级师王兰，与领队陈亦新、教练袁锋一起来到邳州选拔队员。果然不虚此行，这一批挑选了20多个队员，待训练三个月之后选拔，再决定去留。

一个月后，衡新教练发现队里年龄最大的张变，训练很刻苦，她身上有种锲而不舍的劲头，很令人感动。衡新就找她谈话："你17岁了，在打球方面算是起步很晚的，第一批队员已经打了三年，成绩也不错了，年龄上你不占优势，有被刷下去的可能。"

"教练，我喜欢打球，让我留下来吧，我会努力，不会让你失望的！相信我吧！"

"好！既然你有决心，我们就来个约定，咱们爷俩一起努力，创造一个17岁启蒙的世界冠军给他们看看！"

2004年雅典残疾人奥运会以后，为了备战2008年北京残疾人奥运会，残疾人乒乓球国家队需要补充一些有潜质的队员。经过两年的训练，江苏省选拔的第二批轮椅队员中有八人入队，张变位列其中。

然而接近冬训的时候，队里反复衡量，一个级别只能派出三名运动员参赛，TT5级队员中，已经有三名实力很强的队员，张变没有成绩，就没必要参加冬训了。教练衡新很着急，找领导谈，认为张变2003年才起步，球龄太短了，而且改长胶才一周，希望给她出成绩的机会。她很有潜质，训练刻苦，在队里也能起到表率作用，是个好苗子。并向领导保证：这次冬训过后她的成绩一定会提高的！

领导同意给张变一次机会，让她参加2005年5月在香港举办的残疾人公开赛，成绩不好就淘汰。

冬训时气温很低，常规训练之余，衡新专门给张变"开小灶"强化训练，看到教练在三九天累得大汗淋漓，张变哭着说："教练，你放弃我吧，你累成

这样，我心里很难受。"

衡教练坚定地说："知道吗，我这样陪你训练，是要让你拿冠军，我是保证过的。别忘了我们的约定，来吧！"

"好的，教练，我知道了！我会给你争气、给集体争光的！"张变哭着说。

衡教练一直陪着张变练到腊月二十九，过年休息了三天，正月初三又恢复训练了。

2005年3月底，衡新带着张变和

一些参赛队员去西安集训。这期间，他安排队员每天比赛，以实战为主。

5月上旬，西安集训一个月后，他们奔赴香港参加比赛。这场世界级别的公开赛，国家队参赛的基本是年轻轮椅队员，实力并不强。但凭着中国乒乓球霸主的地位，如果拿不到金牌，会遭人耻笑的，大家的压力都很大。而对于张变来说，形势更加严峻，也许成败在此一举，如果拿不到成绩，说不定就得打道回府了。

天无绝人之路。这场比赛，李倩获得了单打金牌，张变单打银牌，还获得了团体金牌，最终以2金1银完美收官。张变也顺理成章地留在国家队了。

从香港回来后，衡新安排老队员和张变打比赛，老队员显出不情愿的情绪，迟迟不动。衡新很奇怪，以前安排训练，队员都无条件服从，从没这样过。原来她们觉得张变水平太差了，去西安之前，每次和她打比赛，都不费吹灰之力胜出，她肯定是0∶3败阵，而且3局每局都过不了5分。在她们看来，陪她打球简直是浪费时间。

然而不情愿也得打，教练的安排要服从。结果没想到，张变竟然还赢了老将顾改一局！这使顾改感觉很惊奇，怎么一个多月进步这么快呀！

张变不负众望，节节胜出：2005年6月，获得远南乒乓球锦标赛（马来西亚）单打金牌、团体金牌；7月，获全国乒乓球锦标赛（南京）团体金牌、公开级银牌；2006年、2007年马不停蹄地参加了国际、国内大赛十几次，成绩斐然。大家欣喜地发现，张变的胜利绝非偶然，成绩已经很稳定了，似乎参加残疾人奥运会也是意料之中的事了。

但事实却没那么简单。当时TT5级里已经有任桂香、顾改、陈伟红，这三个队员都很强大，三人都是2004年雅典残疾人奥运会乒乓球女子TT4-TT5级团体冠军成员，顾改获得过全国残疾人运动会冠军，任桂香、陈伟红两人都获得过残疾人奥运会单打冠军。如今一个级别只能去三个人，张变要打败其中的一个，才能留在国家队，这谈何容易呢？

出人意料的是，最终张变打败了队友陈伟红，以全国比赛第三的成绩，取得了2008年北京残疾人奥运会的参赛资格。

然而，竞技体育也是残忍的。2008年北京残疾人奥运会上，张变未能如愿，八进四时输给了德国选手，单打名列第四。那天晚上大家都拿到了奖牌，只有她自己没有名次。

在回奥运村的时候，教练推着张变，她哭了半个多小时，她哭的不是没有拿到单项奖牌，而是"教练的辛苦白费了"，觉得对不起教练。

她想不通，为什么自己那么努力，却没有好的结果，吃的苦也不比别人少啊，为什么老天如此不公平！那一夜，所有的委屈都化作了泪水。她失眠了，过去的心酸痛楚在眼前一一闪过，她用"九死一生"来形容自己的命运：

张变2岁时患小儿麻痹症，无法站立行走。因为针灸，身体不知被扎过多少针眼，童年几乎是在疼痛和泪水中泡大的，她从未体会过走路是什么滋味，大部分时间都是在地上爬行。那时候父母要出去挣钱，没办法照顾她，所以她在6岁之前都没有出过自己家的大门。

6岁那年张变上小学了，为了不让她继续在地上爬行，父母借钱给她买了一辆小孩推车，姐姐每天推着她上学。张变学习很用心，整个小学时段她的学习成绩一直名列前茅。可是小学毕业后中学却不肯接收她，原因是初一教室在楼上，她腿不好，有诸多不便，也怕出问题。父亲差一点儿就要给校长跪下了，也无济于事。张变哭着说，爸，我不上学了，我们回家吧！

从那之后张变就打消了上学的念头。爸妈在家门口开了一家杂货店，让张变卖点儿东西来维持生计。当她卖出了第一包香烟时，收的钱竟然攥在手里整整一天，长那么大，她第一次感到了自己活着的价值。

为了不让自己太难过，她也极力想着脑海里值得高兴的事情：那年过年，爸爸买了肉，孩子们第一次吃上了肉饺子；爸爸给她买过一块糖，好几天都没舍得吃；妈妈亲手织的毛衣、做的棉衣那么温暖；姐弟三个去河边捉鱼、一起捅马蜂窝；一家人躺在凉席上看星星……

世上没有绝望的处境，只有对处境绝望的人。张变没有绝望。

    北京残疾人奥运会之后的两年，我再也没有出去参加任何一场比赛。一开始我是在老家自己拄着双拐走几里路去训练，每天要上下爬三楼好几遍，在那个时期我一边训练，一边磨炼自己。记得好多次走在路上，别人看我拄着双拐都投来异样的眼光。有的小孩不懂事，对他妈妈说，妈妈你看有个瘸子，孩子的妈妈说，你要听话，不听话就变成瘸子了！听了这种话心里太难过了，但转而也劝自己：这种事情是微不足道的，不应该伤心，因为我心中有个强大的梦想在支撑着，那就是早晚有一天我一定要拿冠军！

    那段时间，也特别感谢我们的衡教练。当时有两三个队员因为成绩不突出，被国家队停训。是改行还是继续，改行的话能干什么？继续的话前途又在哪里？当时我们觉得很迷茫。是教练组织大家继续练球，自己租场地，自己做饭吃，刻苦训练等待机会。

梅花香自苦寒来。2010年上半年，TT5级女队员因为级别的改动，国家队重新召唤张变回归，这使她燃起了新的希望，感觉终于有了出头之日。她庆幸自己一直没有放弃。

2012年伦敦残疾人奥运会，当时团体决赛中，她第一个上场，一开始就连输两局，第三局1:7落后时，再有几个球就要输了。如果她输了，队友就会很紧张，团体冠军就有泡汤的可能。此时情况发生了大逆转——

    当时我的心里很害怕，脑子里想了好多赢球的办法，可是都没有成功，眼看就要输了。这时对手发了一个边线球，这种球算无效，按规则应该重发，但是裁判没看清楚，却问我的对手，没想到对手竟然装作没看见。我用愤怒的眼光去看她，她心虚，不敢看我的眼睛。这反倒激发了我的斗志，在僵持了一会儿以后，我努力调整自己的心态，很专注地一分分去追，一个个球去打，不给对手任何机会。就是这种不认输的气势，让我反败为胜，拿下了关键的一场比赛。

作为队里的"大姐"，张变被无记名选为国家乒乓球轮椅女队队长。她也用成绩做出了榜样：成为2012年伦敦、2016年里约残疾人奥运会单打、团体双料冠军。同时也实现了师徒俩十年前冲金夺冠的约定，创造了残疾人乒乓球队员17岁启蒙夺冠的范例。

悲观的人，先被自己打败，然后才被生活打败；乐观的人，先战胜自己，然后再战胜生活。张变是个乐观的人。她在一次次失败中逐渐明白，前面的路将会有各种困难和挫折，要想不被它们打倒，那只有打倒它们。

壮志与毅力是成功的双翼。张变从一个被学校拒之门外的孩子，缘何成为残疾人奥运会五块金牌获得者？她说，天道酬勤吧！除了感谢帮助自己的人，也要感谢自己，感谢自己无论遇到多大的挫折，都没有丧失希望。这些挫折，使她明白成功的来之不易，为了获得每次稍纵即逝的机会，必须付出百倍的努力。

不鸣则已，一鸣惊人

曹宁宁受访视频

　　这一夜，曹宁宁失眠了。他一整天都在不断地喝水、不停地冒汗，11点熄了灯，躺在床上好像床下在烧着一把火，整个人都要着了一样。

　　明天就是2016年里约残疾人奥运会男子单打TT5级半决赛了，对手是上届冠军。2012年伦敦残疾人奥运会上，曹宁宁和他争夺冠亚军，最终败北屈居亚军。没想到这届，在半决赛就"狭路相逢"了，明天无论谁输，都会与金牌无缘了。

　　备战里约残疾人奥运会期间，曹宁宁对于训练计划、技术分析做出了深刻周密的思考，密密麻麻地写了足有六页A4纸。上场前曹宁宁反复观看15个对手的比赛录像，对于对手的打法特点、优势和劣势都做到了了如指掌，他知道，谁准备更充分，谁机会就更多。

　　第二天上午10点比赛，赛前45分钟检录，曹宁宁和队友提前两个小时就到场熟悉场地、平复心情。因为前一晚没有休息好，他明显感觉很累，但心里有股气顶着。他在心底里对自己说，这场比赛一定要赢，否则四年的心血就白费了，准备得那么充分，不要怵他，要有必胜的信念！

　　金牌在世界排名前列的对手之间展开，免不了一场恶战。曹宁宁不负众望，在半决赛中胜出，大步迈进决赛！决赛更加艰难，几乎是在平局中进行，比分一直咬得很紧，气氛相当紧张。最终曹宁宁以三局11：9拿下比赛，如愿成为里约残疾人奥运会单打冠军！

走下赛场，曹宁宁拿起毛巾擦汗，顺势捂住脸，他已经控制不住泪流满面了。而和自己的队友相比，这个冠军足足迟到了八年。那还得从2007年在斯洛伐克的比赛说起——

那是一次积分赛，也是一场公开级淘汰赛。按照常规，主管教练赛前要给队员开准备会议，宣布抽签情况和第二天的比赛对阵。曹宁宁不幸和世界一号种子选手挪威的托米分在同组，而且第二轮就会相遇，他可是个"神乎其技"的人物，这使曹宁宁压力很大。

教练看出了他的心思，对他说："优秀的运动员是不会惧怕任何对手的！无论他过去的战绩多么辉煌，都要有勇气去战胜他、超越他！"曹宁宁立刻生出一股可以战胜一切的力量，心中暗下决心……

第二轮赛前，曹宁宁准备活动做得很充分，整个人的精神状态也不错，比赛第一局开始他就以6：0领先，最终以11：5拿下首局；由于托米和曹宁宁是首次接触，可能对他的球路很不适应，很快曹宁宁又拿下了第二局，以局数2：0暂时领先；第三局托米依靠经验扳回一局。中局比赛结束有场外指导时间，教练嘱咐：不要急于求成，要耐心地对待每个球，理智地处理每个球。

就这样曹宁宁依靠教练的精心指

导和自己稳定的发挥，最终以3∶1战胜世界一号种子选手托米，他一路猛冲最终和队友胜利会师，捧起了胜利的奖杯……

曹宁宁进入了残疾人奥运会国际排名的名单。然而，一个国家同级别只有三张入场券，当时曹宁宁所在的男子TT4级的运动员一共有四人，另外三人实力也很强大，他面临着残酷的竞争。作为曹宁宁来说，在国家队，TT4级比赛他从未打过第四，那么国际赛场的积分就显得尤为重要了。他参加了三场欧洲积分赛，成绩显赫。但国际比赛取六站最好成绩，接下来至少三站，他是不能去的，那么他的积分肯定就不够了。

但在乒乓球赛事中，洲际比赛冠军拥有直接获得残疾人奥运会入场券的"特权"。那接下来的这场亚洲残疾人乒乓球锦标赛，就是曹宁宁入选2008年残疾人奥运会的最后机会了。

回忆起2007年11月韩国首尔的这场比赛，曹宁宁依然心有余悸：

比赛分为三个阶段：公开级、单打和团体比赛，我在第一阶段公开级比赛中顺利拿到冠军，接下来的单打比赛对我来说至关重要……比赛开始了，我和被誉为"远南王"的韩国选手金兵勇分在一个小组，小组中我们同时出线进入八强。八进四、四进二的比赛也在奋战中艰难度过了，我进入"生死攸关"的时刻——冠亚军决赛，对手是国家队一起训练的队友。当裁判员叫了我的名字进入比赛准备室后，我的心情久久不能平静，过去的一切都历历在目……由于种种原因，想赢怕输的心理逐渐强烈起来，比赛刚开始我的手紧张得直出冷汗，也没了战术意识，脑子一片空白，可以说这次比赛是我参加的所有的比赛中打得最紧张、最糟糕的一次，因为我知道比赛结果对我来说太重要了，我不能输，打个亚军就没有任何意义了……不幸的是，最终我还是以1∶3输了这场比赛，失去了最后的一丝希望，我不得面对这个残酷的现实。当最后一个球落下时，我的心碎了，泪水沾湿了双眼……

不能参加残疾人奥运会，训练似乎也失去了意义。曹宁宁沦为陪练，继续给队里做贡献。在"希望之家"一起长大的队友，唯独自己没有参赛资格。自己的球路何去何从？是放弃还是坚持？他已经找不到方向了。从小到大吃了那么多苦，放弃了实在不忍心哪！他难过极了，想到了自己的童年——

曹宁宁1987年出生在徐州市邳州县。会跑了，妈妈就带着他去放羊了，他学着妈妈的样子，拿着小杆子学着赶羊，在原野里快乐地飞跑。

可是天有不测风云。那天傍晚，曹宁宁突然发起高烧，整个身体瘫软无力，抱都抱不住了，父母连夜把他送去医院。看到诊断书上"小儿麻痹症"几个字，妈妈差点儿晕倒，邳州小儿麻痹症大爆发，怎么也没想到，儿子已经会走了，也会遭此劫难。

倾家荡产也要治！从此父母带着他开始了漫漫寻医路，山东、河南……然而，此病无法治愈，再高明的医术也回天乏力。

那个年代，农村人的观念落后，他们看待残疾人的眼光特别让人受不了，说话也不注意。亲戚们经常对他说，你要好好学习，你看你身体条件这样，不好好学习以后怎么生活啊！言外之意就是，学习不好，没有出路，将来就要靠家里养着。这些"好意"，在曹宁宁看来都是种种伤害，他心里难过，但也说不出。在普通学校上学时，有的同学也会恶作剧，推他一把就跑了，曹宁宁追不上，只能干着急。他暗暗告诉自己，用成绩说话吧，我要让你们看看，我能行，而且我会更优秀！

1996年，曹宁宁二年级转学去了"希望之家"，从一年级开始上。当时他的身体情况是比较严重的，挂两个拐杖，脚腕只能上下活动，踩到不平的东西，甚至一粒小石子，就有可能摔倒。但经过康复训练，他的状况得到了很大的改善。

曹宁宁在学校学习成绩非常好，小学升初中，在邳州一千人中考了第七名。那时候他就立志一定要考上名牌大学。

曹宁宁是个特别聪明的孩子，从小爱好广泛、多才多艺，学什么就什么像样。

"希望之家"当时开设了很多兴趣小组，他选学了电脑、二胡和乒乓球。他喜欢拉二胡，每天早读课前都会晨练一个小时，拿起琴来，他的心就立刻变得安静了。几年后，他就考过了南京艺术学院的八级二胡考试，还获得过省残疾人器乐大赛特别奖；每周两三个晚上要上电脑课，同学中他的盲打速度是最快的；他的绘画曾经获得了全国金秋画展金奖……他也特别钟爱打乒乓球，一放学就去训练，打球使他变得更有活力，日子也欢快起来。

学校有个近30人组成的乐队，曹宁宁在乐队担任队长的职务，也算是乐队主力。每年乐队会参加学校组织的不少演出活动，他们这个乐队还举办过一次专场音乐会。

然而次数多了，乒乓球和乐队在训练时间上就产生了冲突，一次两次老师没说什么，次数多了，乐器老师给教练就提出来了，训练时间保证不了，什么也干不好，让他在两者之间做出选择。曹宁宁感到为难了，两者都难以割舍。他觉得乒乓球教练只有那一个时间段来上课，乐器课余时间都可以练习。最重要的是，之前看了残疾人奥运会冠军的乒乓球表演赛，使他心里萌发了当奥运冠军的念头，他最终还是选择了乒乓球。

当时父母觉得，乒乓球只能当作一个爱好，唯一的出路就是好好读书，将来考上大学，找一份医生或者教师这样的工作，能够自食其力。令他们万万没想到的是，身有残疾的曹宁宁，最终还是选择了乒乓球，把不被人看好的爱好当成了职业，走上了职业球员的道路，成了为国争光的体育健儿。

2003年10月，曹宁宁在上海第一次参加了国际级别的比赛，他说当时的心情只能用相当紧张来形容：

记得很清楚，第一场比赛的对手是香港选手，比赛采取五局三胜制，我大比分0：2落后，第三局又以5：10落后。因为是淘汰赛，输了后面就没戏了，这时我就尽快调整心态，放开去搏一把，最后居然被我3：2大翻盘了，呵呵！如今当年的对手成为香港队的领队了，不过见面他还会提及那场比赛，现在对我们来说也是个话题吧，成了小时候共同的回忆。

2008年北京残疾人奥运会，队友们凯旋，国家队26名队员中，当年从"希望之家"一起走出来的队员，一共8人，7个金牌，1个银牌，皆大欢喜。

而曹宁宁没有参加比赛，自然没有成绩。

接踵而来的是残疾人奥运会庆功、表彰、演讲、分享等一系列活动。逢有活动，衡新教练就来喊他参加，教练理解他的心情，不想让曹宁宁感觉连教练也放弃他了。

可是曹宁宁不想去，也不能去。他对教练说，活动上要介绍运动员，可是您怎么介绍我呢？我们都会很尴尬的，别为难了。

他的心情跌到了低谷，一年没摸球拍。

衡教练找曹宁宁谈话了："曹宁宁，真不想打了？"

"不想打了，看不到希望。"

"你的基础那么好，练了这么多年，已经进入世界排名了，放弃的话太可惜了！我都没有放弃你，你自己倒先放弃了，不应该吧！我很看好你的，你肯定能行，你有这个实力改变现状！希望你能再尝试一下。"

"嗯！"曹宁宁想了一会儿，使劲点了点头。

"既然答应了，就重新振作起来，干什么都要干好，在哪儿摔倒要在哪儿爬起来！"曹宁宁与衡教练相约：重新开始，朝着2012年奥运冠军加油！

曹宁宁是个对自己挺"狠"的人，从小到大，他不怕吃苦，不达目的决不罢休，如今，那股劲头又被调动起来了。他把"不鸣则已，一鸣惊人"当作自己的座右铭。

2009年年底开始，曹宁宁就在衡教练朋友开的俱乐部训练了，每天骑着电动三轮车往返，风雨无阻。有时候下雪路滑，教练很不放心，不让他来了，但他还是如期而至。他从来不休周末，周末人多，更是练球的好机会。春节也只休息了三天，每天至少训练五个小时。他相信，付出了不一定有回报，但不付出就一定没有回报！曹宁宁渐渐把状态调整到了最好。

只有平时在训练中付出比别人多，熟能生巧，才能在打比赛时收放自如，得心应手。

2010年在首都北京举行的国际残疾人乒乓球公开赛，是他"蛰伏"后迎来的第一个国际公开赛。他在这次比赛中取得了男子TT4级单打比赛的冠军，也摘得了公开级比赛的冠军。曹宁宁颇有感慨：

> 这两个冠军拿得也不是那么顺利，对我是一个很好的锻炼。公开级决赛和TT4级单打决赛，我都是在大比分落后的情况下翻盘扳回来的，承受住了心理上的巨大考验，我也能感觉到自己的心理和球技都比以前成熟了，再次见到以前的球友，他们也说我成长了。

曹宁宁心智成熟了，打球融入了更多自己的思考：

> 打球上手命中率是一个进攻型选手的关键所在。要想在比赛中打出自己的特点，就要在平时的训练中有保障，击球做到稳、准、狠，出手有数才行，不能盲目乱打。要想提高上手命中率就要在平常训练中加强自我严格要求的意识，把每个球都当成是比赛来打，重视每一个球，打好每一板球。当然，一个好的选手要会控制赛场上的局面，当自己进攻受阻时要采取措施，强攻不行可以智取。上手失误与得分不成正比的话不妨过渡一

下，伺机再次进攻，这才是聪明人的选择。

曹宁宁从这里第二次起飞了，一直走向了自己的辉煌。2010年到2011年，他打了五站国际赛事，拿到了五个冠军，位列世界排名第一。

当鲜艳的五星红旗在嘹亮的国歌声中缓缓升起，鲜花与掌声随之而来，曹宁宁觉得他的座右铭实现了！

2013年正月初八，曹宁宁在邳州教堂与自己的韩国新娘文盛慧喜结良缘，她是韩国残疾人乒乓球国家队的队员，他们的结合，引得韩国媒体蜂拥报道，一时传为佳话。从此以后，在球场上，曹宁宁除了拥有大量中国"粉丝"的呐喊助威，作为韩国女婿，他的输赢还牵动着韩国观众的心，看台上时时发出阵阵尖叫。

2006年，在马来西亚打比赛时，韩国女队出现了一个水平较高的新手，她就是文盛慧。鉴于她对中国队夺冠造成的威胁，队里开始研究她的打法。之后每年国际比赛，总能遇到几次，和她见面的频率越来越高。曹宁宁也因他不凡的球技，成为韩国队的"劲敌"。但赛后，友谊也会跨越国界，一群年轻人经常用英语互相交流。潇洒帅气、球技高超的曹宁宁也得到了韩国女孩们的追捧。渐渐地，曹宁宁和文盛慧"惺惺相惜"，越走越近。

2012年4月，在北京打完比赛。曹宁宁开门见山地提出：跟我回家见见我的父母吧！文盛慧欣然同意。

而曹宁宁去韩国见家长，文盛慧教了他一句韩语：请多关照。这给老人留下了不错的印象。

如今，曹宁宁已经是三个女儿的父亲了。孩子们聪明极了，和妈妈说韩语，和外婆说韩语方言，和爸爸说普通话，和奶奶说邳州话。曹宁宁9岁离开家上学、打球，很多家乡的方言都不太熟悉了，听到女儿随口说出地道的邳州方言，感觉特别有趣。

曹宁宁训练、比赛常年不在家，刚结婚不久，就要归队备战世界锦标赛，妻子生宝宝的时候，曹宁宁也没能赶回来陪在身边，只能通过视频送上牵挂与祝福。同样是运动员出身的妻子则给了他巨大的理解和支持。

成为中国媳妇的文盛慧，努力学习汉语，虽然腿部残疾，身体也不方便，但是带孩子一点儿也不在话下。因为语言不通，有时候也会和老人产生小误会，她总能耐心沟通，绝不会面露不悦。

曹宁宁给予妻子的评价是：温柔贤惠、知书达理、自强独立。

打球改变了曹宁宁的一生，他夺得了残疾人奥运会冠军，拥有了美满的爱情，实现了人生的梦想。我们看到的是他的辉煌，我们更应该看到他的顽强拼搏和坚持不懈，正如他的教练衡新所言，只有经历过才知道其中的酸甜苦辣。

里约奥运夺冠之际，他作了一首打油诗送给自己：

里约残奥落下帷幕，摘得个人单打桂冠。

本有机会夺得双冠，无奈团体留下遗憾。

相约新人东京再战，狭路相逢敢于亮剑。

感恩之心时时相伴，平常心态世事看淡。

我的心永远和乒乓球在一起

顾改是家里的第六个女儿。家里已经有了五个女儿以后，父母希望能有个儿子，期盼的儿子没有来，又多了个小闺女，父母给她起名"改"，是希望她能改出一个弟弟来。

家里孩子多，生活又紧巴了一些，为了不让小女儿受委屈，爸妈就把她送到姥姥家住。年幼的顾改住在姥姥家，父母依然呵护有加，定期去看望，并送去奶粉、米、面等生活用品。

顾改5个月时生了一场大病，持续腹泻、高烧。姥姥家的村子高发小儿麻痹症，每天医院里都抱出不少救治起来回天无力的孩子，父母没敢在乡下耽误，赶紧将孩子转往大医院。

然而，令父母最担心的事情还是发生了！顾改不幸患上了小儿麻痹症。妈妈当时已经怀上了弟弟，难过得想去流产。

时光转眼到了1994年，妈妈背着顾改去幼儿园，好多小朋友都围过来看，指指点点地说怎么来了个瘸子。看到别人异样的眼光，听着他们不停地说那些难听的话，小顾改伤心地哭了，妈妈也难过地流下眼泪。这一幕，她永远也忘不了。

冯攀峰、顾改和衡新教练在伦敦残奥会闭幕式上的合影

在学校，她拄拐走路，调皮的同学有时候故意把她绊倒，然后做着鬼脸说，来追我呀！顾改就愤怒地盯着他看，一直盯到他不敢对视了才罢休。

每当此时顾改就心如刀绞，她无法忍受被人嘲笑的耻辱，但面对命运的捉弄，又有什么办法呢？她下定决心，要靠自己的努力改变这一切，长大了一定要让别人把嘲笑的眼光收回去，变成羡慕的眼光。

顾改懂事早，小小年纪就懂得体谅别人，把苦水独自咽下。这一年，她做了第一次腿部手术，左腿动了两刀。做完手术后高烧不退，刀口疼得睡不着，她也忍着从不喊疼。为了不让父母难过，爸妈每次问她疼不疼，她都笑着摇摇头。

1997年，顾改有幸进入邳州"希望之家"进行康复治疗和学习。2000年，残疾人世界冠军刘美丽和任桂香到学校来打表演赛，顾改第一次接触到乒乓球，就一下子喜欢上了！她觉得那两位大姐姐也是残疾人，却可以坐飞机去好多国家，可以拿世界冠军为祖国争光，真的羡慕极了！她对自己说，我要像她们那样，我也要为国争光！

学校组织乒乓球队，顾改毫不犹豫地报了名，没想到父母却不同意。父母觉得她腿残疾了，将来要想养活自己，必须要考上大学才会有出路。她就哭个不停，家里人实在拗不过，只好勉强答应，前提是不能影响学习。

当时有很多人都说我个子矮不适合打球，但是我感觉我可以的，个子矮算什么！奥运冠军里也有个子不高的，为什么我就不行呢？我可以努力，我要登上世界最高领奖台！

顾改身上有股拼劲，而竞技赛场上恰恰就是这股拼劲成就了她。由于她的个子矮，前后左右移动起来很吃力，为了让自己的轮椅移动得快一些，她就不停地练习轮椅步伐，右手持拍，左手在轮椅圈上不停地摩擦，磨出了一个个血泡和茧子。可她从没想过放弃，因为她知道，要想登上最高领奖台，这仅仅只是开始而已，如果连这点儿苦都吃不了，还怎么为国争光啊！

顾改打球正手稳健又凶悍，反手长胶旋转、球速变化令对手难以捉摸，她渐渐形成了自己稳健而又多变的球风。

2003年顾改通过选拔参加了全国第六届残疾人运动会，这是她训练三年来第一次参加重要比赛。这次比赛她打得不错，获得了第四名。此时她才知道，这是个四年一次的全国比赛，有着特殊的意义，打好了可以进入国家队，教练没有告诉她，是怕她有压力。

顾改当时年龄小，虽然心中的目标是奥运冠军，但她并不知道真正的冠军意味着什么，只知道至少进入国家队，就向着自己的目标迈进了一步，就有机会代表国家出国比赛了，这使她很兴奋。

2005年4月，顾改在训练时，因患感冒引发肺炎，必须住院治疗。此时正值大赛前的训练，顾改作为国家队队员要参加两个月后在马来西亚举办的亚洲乒乓球锦标赛。比赛很重要，训练不能终止，病也要治。于是她上午在医院输液，下午到"希望之家"练球。妈妈顾芳玲不放心，一直陪伴在身边照顾，看到女儿在球场上边打球边剧烈地咳嗽，妈妈的眼泪就止不住。训练了半个月，妈妈也流了半个月的泪。顾改对球友说，妈妈的裙子前襟都湿透了，我哪有理由打不好球。

顾改喜欢一句话：坚韧的品格，可以赢得一切。她的坚韧，也使她赢得了一场场比赛。

年龄在增长，球技在提高，顾改也在成长。2008年北京残疾人奥运会单打四进二这场比赛，使顾改真正领悟了，做事要有坚定的意志和永不放弃的精神——

那是顾改和世界排名第一的德国选手碰面。对手打削球，水平很高。在2008年之前的积分赛时，实力很强的队友任桂香、张变都输给过她。顾改对这场比赛印象非常深刻：

赛前，衡教练曾经模仿对手的打法给我训练过，倒也不陌生。我们的水平很接近，交手几次互有胜负。想到赢了这场球我就能进入决赛了，心情还是很紧张的，所以在上场之前我就给自己暗示：一定要打败她，要相信自己，我一定做得到！

比赛中我先输一局，教练立刻给我布置了技战术，告诉我一定要多上手进攻，这增加了我的自信。在第二局一上场我便果断上手，很快赢下了第二局。第三局时对手又在旋转上起了变化，一上来我就0∶4落后，心里有些急了，回头看了看教练，教练给我做了一个主动进攻的手势，让我不要急，动动脑子。我很快冷静下来了，反败为胜拿下了这一局。第四局一路也很紧张，但是我和教练都没有放弃，凭着坚定的意志，我取得了胜利。

然而，冠亚军争夺战产生在顾改与队友之间，她败北屈居亚军，最终与冠军失之交臂。

顾改心里很难受，残疾人奥运会虽然夺得团体金牌，但是拿不到至关重要的单打金牌，她感觉自己的梦想破灭了，在回来的车上一直哭。

队友冯攀峰一路安慰她。冯攀峰是"希望之家"长她一年的师哥，他俩自小青梅竹马，从"希望之家"一路走到赛场，见证了彼此成长的点点滴滴。队里不允许谈恋爱，怕影响训练，俩人就像中学生早恋一样，达成一种"地下"保密的默契。队里男队员比女队员的水平高，冯攀峰就给她陪练，帮她提高。

顾改觉得，如果连前三都进不了也许不会那么难受，一毫之差的遗憾使她难以承受。冯攀峰就反复安慰她，讲一些开心的事情分散她的注意力。

在冯攀峰的心里，他特别欣赏也佩服顾改的韧劲，输了球就彻底地哭，擦干眼泪就玩命练，再打！他调侃地说她是"打不死的小强"。

残疾人奥运会后，顾改写下这样的话：

今天我收获了一枚银牌——残疾人奥运会女子单打TT5级单打亚军。按理说我该很高兴的，但恰恰相反我的心情很复杂、很乱。与冠军仅仅一步之遥，感觉特别后悔和遗憾，后悔自己当时为什么没有在连续输球时要暂停，后悔自己为什么没有改变战术，后悔自己为什么意志不坚定。心里如刀割一般痛。辛苦了这些年就是为了能够登上最高领奖台，而我今天完全有机会的，两局都领先四五分，却都没有拿下那最后一分。不知为什么每次到最后一分就特别特别难赢，想赢那一分真的是太困难了，证明我的努力是不够的。我要继续加倍努力，不断总结，不断创新，不断地积累比赛经验。

虽然这次没能登上最高领奖台，不过没关系，成功的背后总要经历失败的嘛！我相信坚韧的品格一定可以赢得一切的！

过去的八年我笑过、哭过，成功过、失败过，遗憾过、后悔过！不管过去是成功的还是失败的，现在一切从零开始。昨天的光环已经成为过去了，今天又是新的开始了，我要为了新的人生目标奋斗，为了让我的人生没有遗憾、更加圆满而努力，为了完成我最初的梦想，挑战自己、完善自己！

然而，顾改有个"死穴"，也成为她多年过不去的坎儿。她不怕和国外队员抗衡，哪怕是强手，也毫无惧怕，因为她知道身后有个坚强的后盾，那是我们强大的祖国，还有陪伴左右的教练，自己不是一个人在奋战。但每次和队友打，她就像被下了迷咒一样，感觉孤军作战，因为是队友之间的较量，教练不能点评，心里总是七上八下的，没底。每逢冠亚军赛和队友PK，顾改胜算都很小，哪怕三局大比分领先，一领先就憷了，一到9分就卡住了，最终往往以失利告终。队友称她为队里的"千年老二"。

2010年残疾人亚洲运动会在广州举行，决赛对手依然是队友，而且是她小时候的偶像任桂香。2008年残疾人奥运会时，顾改就是在每局大比分领先的情况下，终没顶住压力，被她反超输掉了比赛。两年后再次相遇，顾改心里还是有顾虑的。

教练反复鼓励她：依现在的水平完全可以赢的，要敢想才能赢。不要怕，不要想太多，按照自己的战术打，创造机会进攻。打好每一个球，打出自己的水平！

比赛开始了，第一局顾改9：11输了，她告诫自己不要着急，先稳住，找机会再进攻。第二、三局她打得很有耐心，失误少了，而且落点也控制得很到位，连赢两局。第四局，开局打得不错，但没有稳住心态，8：8时，连续三个球失误输掉。决胜局，开局顾改就2：5落后，她要了一个暂停，平复了一下心态，告诉自己：现在从零开始，耐下心来，要一板板地打，减少无谓的失误。

很快我把比分追平了，就这样我俩的比分交替上升，一直打到10：10。11：10她领先，这时她叫了一个暂停，我就不断地告诉自己，比赛还没有结束，不要放弃，相信自己，接好发球，要耐心、果断！接下来我发球接得很好，形成相持，她下网了，11∶11；我发球，她接了半高，我打失误了，12∶11。就样一分一分地咬，我不断告诉自己，要相信自己，要果断！14∶13我领先，她发了一个反手球到我反手，我直接打到她正手，她下网了，我赢了！15∶13，我终于赢了！

领奖的时候，国旗升起的那一瞬间，我突然好想哭，2008年的时候我是站在第二的位子上的，那时候我就暗暗地发誓，总有一天我要让国旗挂在最高处，让国歌因我而奏！今天我终于实现了！

一直以来大家嘴里的"千年老二"，以这场比赛的胜利而暂时平反了。

女子TT5级中，顾改和张变组成的"改变"组合，所向披靡，传为佳话。她们从小一起长大，一起练球，对彼此的打法和特点都很了解，在国际赛场上她们互相信任、配合默契，可谓珠联璧合。

然而，团体赛中她们是战友，中国队的水平很高，单打比赛时队友往往成为竞争对手。生活中她们是好朋友，但在赛场上，她们往往板着脸一争输赢，毫不留情。

2012年残疾人奥运会，顾改输给了队友张变，拿到了银牌。

在教练衡新眼里，顾改是个乖乖女，打球应该说天赋不算很高，她性格也不是很开朗，有些倔强，但练球相当认真、刻苦，加班会比别人多，练不好就一直逼着自己苦练。

顾改和队友天天在一起训练，技术上没什么差距，她觉得自己缺少变通，心态太紧了，有时候球打不好就硬练，往往把球练僵了。银牌对于她来说，简直成了一座高山，难以逾越，每次大赛内心都会产生畏惧感，越怕输，越赢不了。

2012年11月，顾改与队友冯攀峰走进婚姻的殿堂，成为一家人。

之后做了母亲的顾改，生了宝宝后归队集训，备战2016年里约残疾人奥运会。

不幸的是，在里约顾改又把单打输给了队友。

俗话说，再一再二不再三。顾改参加的这三届残疾人奥运会的单打比赛，无论怎样努力，都是银牌，这使她非常沮丧。

打球那么多年，顾改获得了无数个冠军，唯独没有拿过残疾人奥运会单打冠军，这是她的心结，也是衡新教练的愿望，因为他带出的弟子都拿到了残疾人奥运会单打冠军的金牌。

"那一刻，衡教练过来看着我，拍了拍我的肩膀，表情很复杂，为我惋惜。"

冯攀峰安慰顾改说，你的成绩在队里是最稳定的，参加残疾人奥运会的300多个运动员中，大约50人有奖牌，30人拿到了2块，而你每届奥运会都是一金一银，谁也没有你稳定，好多人都羡慕你呀，换作别人肯定很知足了。

此时，别人的安慰都是那么苍白无力。顾改难过、懊悔完了，认真考虑未来何去何从。她慢慢有了退役的念头。

聊天的时候，她跟教练交流了自己的想法，衡新以为她没拿到冠军，心里难过，过一段时间就能调整过来，也没当真。

其实退役也不是顾改一时的想法。自从有了孩子，她就明显感觉打球很难专注了。她想念孩子，每天训练结束回到宿舍，她都会和儿子视频，看看他好不好。每次她和冯攀峰探亲后归队，离开家的那一刻都是那么揪心。孩子知道爸爸妈妈又要离开家去打球，就大哭不止。孩子撕心裂肺的哭喊滞重了她的脚步。孩子慢慢长大了，上学需要辅导。想到儿子，顾改就会分心，她觉得退役是早晚的事情。

冯攀峰亲眼看见顾改的痛苦和煎熬，心疼不已。顾改心事重又要强，比赛打不好就会哭，比赛总有输赢的，每次看她输球后纠结和痛苦成那样，觉得能替她就好了。他支持顾改的想法，希望她能拥有无忧无虑、轻松快乐、没有泪水的生活。

每年过年，教练衡新都会在邳州老家召集爱徒们吃新年团圆饭。2017年春节聚会，顾改郑重其事地给教练敬酒，感谢多年的呵护与培养，并说，教练对不起，没能完成你的心愿，让你操碎了心，不能在你需要我的时候出现了。喝完这一杯，两人都泪流满面，个中滋味再也无法用语言表达。顾改是正式宣布退役了！

顾改自幼遭受病痛的折磨和生活的诸多不便，但她觉得自己也是幸运的，虽然命运不公，但她却获得了世间的至爱。

爱人冯攀峰是个非常稳重而善良的人，对父母也极其孝顺。有时候父母身体出点儿状况，他特别着急，忙前忙后买药、带父母去医院。一家人一起吃饭时，剩的馒头他和哥哥都一起抢着吃。和顾改发生了小矛盾，冯攀峰也会让着她，从不舍得和她争吵，有时候急了，就会调侃着说，你的嘴怎么那么厉害呀！矛盾一下子就化解了。

顾改从小跟着姥姥，和妈妈相处得少，非常渴望母爱，如今婆婆也待她视如己出，百般疼爱，娘俩很亲，说话也会掏心掏肺的。

她想对冯攀峰说：谢谢你使我成为世界上最幸福的女人，感谢你一直陪伴、理解我！事业上虽然有缺憾，嫁给你才是最幸运的事情！

顾改小时候肢体残疾，有幸进入"希望之家"学习，接受良好的教育，应该感谢校长张爷爷，自不用言说。之后她的生命中出现了两个最重要的人，一个是丈夫冯攀峰，给了她一个美满的家庭，另一个就是教练衡新，把她送到了世界最高领奖台上。

从启蒙到退役，17个春秋的朝夕相处，教练像带自己的女儿一样，耐心地教导她、陪伴她，在顾改心里，衡新是老师、教练，更像慈爱的父亲。

2017年，顾改又怀孕了，医生检查说有点儿异常。冯攀峰很着急，去向教练请假想回去看看。

衡新不放心，给顾改打电话询问情况，嘱咐她卧床休息，注意观察。听到教练的声音，得到亲人的问候，顾改一下子就哭了，她很委屈，又很踏实，就像之前的十几年一样，教练在，她就会增添无穷的力量。

记得教练刚进队带我们的时候，还以为教练没有结婚呢！清瘦的身材，英俊的面孔，显得那么年轻，30岁出头的年龄看起来只有20多岁。如今教练50多岁了，我们目睹着他一点点变老，都是让我们给累老了！

教练为我们操碎了心，费尽了心思，平时不光为我们的球技提高绞尽脑汁，还要操心我们的生活饮食，担心我们有没有吃饱，害怕我们会摔倒！每一次出远门都让教练最费心、费力，我们眼睁睁看着也帮不上忙。

最初"希望之家"的队友中，只有我一人获得了2004年残疾人奥运会的参赛资格，教练每天下午骑着摩托车到"希望之家"，等我一下课，专门给我"开小灶"，陪我加班训练。

教练给我定的打法是长胶，生孩子以后我对教练提出了想把长胶改生胶的想法。教练支持我的选择。为了冲击奥运，我提出换各种胶皮、换套路，教练都同意，并且帮助我实现。可以说，没有教练的支持，我就没有胆量走下去。拿不到金牌跟我的技术真没关系，我觉得还是心态。就是再换打法，我还是走到这里。

顾改留恋这个团结向上的队伍，从感情上难以割舍。

衡教练把整个队伍全部带出来了，人人都是世界冠军，除了球技精湛，靠的是团结，多年以后，顾改越来越这么认为。

一开始女队发展得好，教练说不行，要先抓男队，男队技术高了，会带动女队。实际上来说，男队水平确实高，力量大、速度快，对女队的发展真的起到了促进的作用。

教练给我们设计了各种打法，搓控严谨、战术多变，平日里不同水平、不同打法的队友可以互相切磋。比赛中，对手出现各种各样的打法，我们平时都见过而且很熟悉，所以胜券在握。

衡新不无感慨，他认为顾改多年来成绩很稳定，没有很大的失误。但打球不仅要技术好，还要有好的心态，更不可或缺一股杀气，顾改缺少的恰恰是这股狠劲。

顾改不仅内心柔软，而且是个敏感、善良而心细的姑娘。2016年里约残疾人奥运会期间，衡教练黑眼圈很严重，他整夜睡不好。从晚上10点到深夜，七个女队员，教练挨个疏导。刘静即将面临曾经输给过的韩国对手；李倩、薛娟恰逢瑞典的强对手；周影也出师不利……顾改和张变的目标是要冲团体金牌，天天想着战术，也非常焦虑。可以说，每个人面临的形势都非常严峻。

衡新对顾改说，最近大家心态不稳，我相信你的实力和技术。顾改非常懂事，她说，教练放心吧，我心里有数。她心疼也理解教练，占用教练的时间最短。

教练为了我们付出了他人生最好的年华，我无以回报，唯独用好成绩来报答教练，把金灿灿沉甸甸的金牌挂在教练脖子上，我才会感觉心里好过些，才会感觉对得起教练！

顾改心疼儿子，更心疼爱人冯攀峰，她多么希望夫唱妇随，陪伴左右，共同作战。

但是她在，也使冯攀峰多了一些心事。每次她有比赛，冯攀峰都会来观战，哪怕下一站自己也有比赛，有一点儿空还会过来看。2006年在瑞士打世界锦标赛时，顾改输球了，冯攀峰为了陪伴和安慰顾改，差点儿耽误了自己的比赛，结果八进四时失利。那时候冯攀峰也是出道不久，每一场比赛对他来说都是至关重要的。顾改感到非常内疚。2012年归队以后，顾改成熟多了，自己比赛的时候不让冯攀峰观看，让他安心准备自己的比赛，不要两边跑。但每次比赛间隙，顾改都会收到冯攀峰发来的短信，鼓励她、祝福她。

顾改最终选择了家庭，离开心爱的赛场，这需要付出巨大的勇气和决心，她顾全大局、急流勇退，尽显贤惠本色，以自己的全身而退来让冯攀峰没有后顾之忧。她在心里经常默念：老公安心练球吧，家里有我在，放心打球。

如今，顾改有时候也逗逗儿子，爸爸去打球了，妈妈也去吧？"不要不要！不让妈妈走。"儿子会扑到她怀里，紧紧抱着不放。每每此时，顾改都会认为自己的决定还是正确的。丈夫需要后方的安定，儿子需要陪伴成长。

但在顾改的心里，久久无法释怀的，是一份深深的抱歉，这甚至成了她的心结。

此时，顾改还有心里话要对教练说：

教练，您从"希望之家"带出来的队友们都拿到残疾人奥运会单打冠军了，我是出成绩最早的，却始终没有拿到，也永远拿不到了，我的遗憾也成为您执教生涯的遗憾了，内心觉得最最对不起的人就是您。队里缺五级队员，双打也搭档不了，而我说退就退了，没考虑您的感受，辜负了您那么多年的付出。其实回归家庭也没那么难受，运动员总要退役的，但是想到教练就受不了内心的谴责。我想说，教练您辛苦了！对不起，让您失望了！虽然我暂时离开了队伍，但是我的工作在残联，还是和残疾人有关联的，我会用我的微薄之力为残疾人、为乒乓球做一点儿贡献。我的心会永远和乒乓球在一起！和大家在一起！

第三章

功崇惟志，
业广惟勤

从"钢琴王子"到"独臂球王"

一波三折"的奥运梦

"倒板奇人"的幸福生活

宝剑锋从磨砺出

一封信成就的"乒坛皇后"

　　1957年，张小玲出生在广西钦州一个偏远的小县城。不久，父亲因为画了一幅讽刺社会现象的漫画，被下放到青海劳改，他们一家也受到了牵连，她随着母亲一起去农村下放劳动。

　　母亲文化程度不高，张小玲从会写字起，就给未曾谋面的父亲写信。父亲很有智慧，也很博学，但凡她学习、生活中遇到的问题，到了父亲那里都会迎刃而解。所以在张小玲心目中，身材瘦小的父亲是那么英俊、高大而魁梧。父亲虽然不在身边，但她依然把父亲当作这个家的顶梁柱。

　　那时候农村经常放电影，而在电影之前往往会有一段纪录片。那天她在纪录片中看到一个乒乓球运动员登上领奖台，五星红旗伴着激昂的国歌缓缓升起。张小玲暗下决心：我要打乒乓球，我也要通过自己的努力，拿冠军、奏国歌、升国旗！

　　一个偶然的机会，张小玲捡到一个瘪掉的乒乓球，她兴奋得拿回家用开水烫回了原形，又找来一块木板用菜刀削成球拍的形状。每天放学回家，对着墙壁打球成了她最喜欢干的事。

　　1972年，张小玲在县少年乒乓球比赛中获得第一名。自治区下通知，让她代表广西参加乒乓球比赛，张小玲高兴得手舞足蹈。然而公社却以家庭成分不好为由不让她去，当老师告知这个"噩耗"的时候，她哭了一个晚上，觉得前途没了，拿冠军的梦也破碎了。

1973年，张小玲16岁初中毕业考上了高中，因为家里成分不好，她被取消了继续上学的资格。她和同样情况的十几个同学被安排到平银农村专业队种果树。种果树需要挖坑，土地自然不平整，张小玲在铲土的时候不小心踩空，脚崴了一下，整个脚踝立刻肿得老高。

年轻的张小玲觉得只是皮外伤，当时家境贫寒，农村医疗条件又差，也没治，忍痛继续劳动。可谁知这样一来，却惹出了滔天大祸，使她的命运产生了天翻地覆的变化。

两年后，张小玲脚踝病情恶化，疼得不能走路。有人推荐她去做按摩复位，可她按摩回来却感觉更不能动了。于是有人推荐找中医偏方，用醋泡了多味中药做成药膏敷腿。那个晚上，她疼得痛不欲生，几次都想撕下来，但想着也许天亮了就好了，就强忍到天亮。谁知揭下来时发现腿上的皮肤和肌肉组织都发黑了。

张小玲被火速送入广西医学院治疗，她的病脚因为拖延治疗，坏死组织已经恶性病变。医生建议：截肢。

张小玲的天塌了！她回忆起那些往事，觉得自己是世界上最不幸的人：从小就没有父爱，饱受凌辱；打球打得好，却不让参加比赛；学习好考上高中不让上，去种果树。如今她连腿也要被夺走，成为一个残缺不全的人……此时，她感觉叫天天不应。上帝啊，你为

什么要把这么多磨难加到我一个人身上！

手术后，她看着残余三分之一的右腿，绝望极了，没有腿的人生怎么办？接下来的路又该怎么走？难道我就是来世上受苦的吗？活着真没意思啊！

张小玲一个人度过了那些苦苦挣扎的日子。后来她想到了父母，父母含辛茹苦把自己养大，自己却从没为父母做点儿什么，没有尽孝是多么大的遗憾。最重要的是，她觉得自己还有很重要的事情没做，她的梦想还没实现。

"不行，我要活着，而且要活出尊严来！"她拿定了主意。

于是在那些灰暗的日子里，病房里时常传出张小玲悦耳的歌声，《红梅赞》《大海航行靠舵手》《洪湖水浪打浪》《下定决心不怕牺牲》……她乐观的生活态度，得到所有病友的赞赏。

出院后第二年，张小玲在镇上开了一家小卖部，慢慢还清了治腿欠下的外债。当装上假肢可以行走的时候，她觉得自己又可以打球了。

她花30元钱买了些木头，让会木工活儿的同学帮忙做了个乒乓球台子。每天清晨她都会把台子从2000米外的宿舍扛到小卖部门口，打烊时再扛回去。张小玲一边经营着小店一边练球，她常常邀请别人一起打，没人的时候就自己对着墙打。时间久了，她就名声在外了，但凡"会两下子"的球友都会跑来与她对战。

张小玲喜欢读书，但农村闭塞没书读，她就捡一些废品卖了钱订阅书报，有时候还捡别人丢弃的报纸来读。

1984年的一天，她捡到一张残缺不全的《羊城晚报》，在报纸角落看到一则消息：全国第一届残疾人运动会10月将在安徽省合肥市举行。当她看到"乒乓球"三个字时，她的眼睛瞪得老大，心脏在狂跳。她想，我也是残疾人，我也会打乒乓球啊！

当天晚上张小玲失眠了，她似乎远远地听到赛场上传来的国歌声，看到了火红的五星红旗冉冉升起。她激动万分，隐隐约约觉得机会来了。

她所在的地区以前曾归广东省，后来划给广西壮族自治区管辖。她写了两封自我推荐信。为保证万无一失，一封寄给了广东省体育局群体处，另一封寄给了广西壮族自治区体育局群体处。张小玲的信写得很好，兴许是从小给爸爸写信练出来的吧。她真诚地表达了对乒乓球的热爱，详细介绍了自己的乒乓球练习情况，诉说了自己要打球、参加比赛、为国争光的迫切愿望。

不久后，她竟然收到了两封回信，内容大体是，全国第一届残疾人运动会已过了报名的时间，这次不能参赛了，只要好好练，不放弃，以后肯定会有机会的。

当年，广西壮族自治区体育运动委员会来选残乒苗子，张小玲被录取了。

小卖部生意红火，每天能有50元的进账，很可观。要放下小卖部的生意去打球，有些人很不理解，甚至笑话她。而当时的农村，200元都能盖间房子了。乒乓球作为爱好打打也就罢了，有必要放着钱不赚，舍家撇业去打球吗？

是成为专业球员去打球，实现梦想，还是继续开小卖部，赚钱养家？张小玲没有纠结也没有犹豫，选择了前者。

她卖掉了小卖部，义无反顾地走上球台，从此走上了辉煌的冠军之路，实现梦想之路。

1985年，张小玲第一次参加广西壮族自治区的省级比赛。赛前她感冒发烧40度，吃退烧药也不降。比赛机会难得，只能带病上场了。谁知当打到决赛第三局的时候，她的耳朵突然听不见了！她没有停止，暗暗告诉自己，一定要挺住。这是第一步，如果走不出来，就没有第二步了。是命运又在考验我吧？她咬紧牙关，凭着顽强的意志力，拿到了第一个冠军。

同年，在杭州举办的全国残疾人锦标赛上，张小玲取得了第三名的好成绩。两年后，她参加在河北省唐山市举办的全国残疾人运动会，登上了冠军的宝座。

1988年，张小玲首次代表中国参加了在韩国汉城举行的第八届世界残疾人奥运会。这是她第一次出国打比赛，一举将女子TT8级乒乓球单打和TT8-TT10级团体两枚金牌收入囊中。

在巴塞罗那、亚特兰大、悉尼和雅典残疾人奥运会上，她又成功卫冕了单打和团体冠军，成为叱咤风云的五连冠"乒坛皇后"。

然而，最使张小玲难忘的要数在雅典获得的女单冠军。那是47岁的张小玲对阵瑞典17岁的选手格森·科瓦斯。年龄相差30岁，科瓦斯年轻体力好，两腿略有麻痹，在移动方面占有明显优势。张小玲认为这场比赛不仅是技术的较量，更是心理的较量。当时在9∶10落后的情况下，她鼓励自己要大胆一些，要使自己兴奋起来。当赢了一个球后，她跳起来大喊"好！"给自己鼓劲，这一喊真的把对手的底气给喊没了！张小玲在气势上占了上风，乘胜追击，顺利摘下了残疾人奥运会的桂冠。

世上没有无缘无故的成功。在30多年的运动生涯中，张小玲每天坚持早起出操，从未间断。下肢残疾的人搞体育运动，最大的痛苦就是残肢与假肢之间的碰撞。她近乎玩命地苦练，右腿残端经常磨破出血，还曾因训练太猛将一条钛合金的假肢练断成两截。30多年来，张小玲换过的假肢接受腔多达13条，每次更换接受腔，都要因重新磨合而出血。仅存的三分之一右腿被假肢磨得破了又好，好了又破。可张小玲从没请假休息过，她知道乒乓球训练要有连贯性，一放松成绩就会下滑。

1988年汉城残疾人奥运会时，张小玲经济条件还不好，假肢足足有8斤重。早上6时起床训练，到半夜返回住地，残腿磨起了很多血泡，疼得钻心，她就把创可贴贴满伤口，以隔离假肢与皮肉，减少摩擦。然而由于白天训练时间太长，伤口和创可贴黏合得太紧，晚上回到住处撕下创可贴时，皮肉也跟着被一片片撕了下来，痛得根本没法睡。于是，她只好擦一些万花油止痛，然后再粘上一些药棉。可两天后换药时，发现药棉与伤口又长在了一起，她又咬着牙把药棉一点点从血肉模糊的伤口里撕扯出来。由于假肢和肌肉摩擦太剧烈，连骨头也被磨损掉了一角，伤上加伤，打完比赛，张小玲的腿疼得寸步难行了。

2008年汶川大地震期间，香港某机构为地震中致残的人免费安装假肢，可伤残者不但不配合，而且不吃不睡，整日以泪洗面。心理干预也没什么效果。

有人从网上看到了张小玲的事迹，觉得她是后天遭到意外截肢的，又是"乒坛皇后"，肯定过了心理关，请她来现身说法，做做报告吧！张小玲欣然前往。

医院几百人的礼堂坐满了伤残者和家属。张小玲讲了自己的惨痛遭遇后，接着说："其实活着就是幸运的。我们既然死里逃生就要珍惜生存的机会，为了那么多爱我们的人，要好好活，活出我们的精彩人生！我们身体残缺了，但我们的意志不能残缺，精神更不能残缺！残疾人通过努力一样可以成功。当年我截肢，根本没钱安装假肢，而通过努力，我现在照样成为世界冠军！现在国家越来越重视残疾人事业的发展，政府和社会大力资助，残疾人政策越来越好，你们只要努力一定会比我还好，要面对现实，前途一定是光明的！"

随后她与健全人世界冠军陈龙灿打了一场表演赛，伴着阵阵掌声，病房里终于有了笑声。之后，中国香港地区和马来西亚邀请她做报告，她也尽量满足。她愿意用自己不屈的精神和对生活的热情感染更多的人。

60岁的张小玲，还没有退役，是国家队里年龄最大的队员。她球风硬朗、球速快、战术灵活，在国际赛场上"杀气"十足，依然是颇具实力的"冷面杀手"，令人惧怕。她觉得只要祖国需要我，我的身体条件允许，能打多久就打多久，直到打不动为止。

运动生命的延长，要有健康做保障。张小玲的妈妈和外婆患有糖尿病、高血压，家族病史提高了她的患病概率，这使她格外注意。她从30多岁就开始保健，自学针灸，把人体穴位背个溜熟，每周她都会自己扎针。如今张小玲头发乌黑、面色红润，根本不像个60岁的人。

张小玲兴趣广泛，喜欢在业余时间画水彩画，她的画如今已经遍布北京、西藏、兰州、云南、天津等很多地方，一些外资企业也纷纷来收购。

张小玲是三届全国政协委员，15年来，她的多项提案被采纳，涉及国家人口、体育、经济等多个领域，但大都与残疾人康复、就业有关。

我请张小玲用一句话评价自己，她很认真地说：我觉得我是个很优秀的人。我活出了自己精彩的人生，此生无憾了！

从"钢琴王子"到"独臂球王"

2014年1月11日晚,中国残疾人乒乓球冠军马麟远赴阿联酋迪拜,参加国际乒乓球联合会年度颁奖典礼,并领取了最佳年度残疾人男运动员奖。

马麟很看重这个奖项,他是登上这个代表至高荣誉的领奖台的中国残疾运动员第一人,这个奖不仅是对运动员卓越的体育成绩的肯定,更是对运动员各个方面的综合认可和褒奖。

作为一个失去右臂的年轻人,马麟是怎样走到今天的呢?

马麟从小热爱音乐,有着极高的艺术天赋,父母也潜心培养他。3岁时,小马麟就进入少年宫学弹钢琴,他乐感极好,天资聪颖,练琴又刻苦,很快展现出过人的悟性,不到半年就能弹奏出一些有难度的曲目了。马麟因此成为父母的骄傲,他们似乎看到了儿子将来会成为"钢琴王子",在硕大的舞台上弹奏,拥有亿万观众。

然而,一场意外的灾祸,令他的音乐之路戛然而止——

马麟出生在黑龙江省牡丹江市,那时候他经常跟着父母到外地去做生意。5岁时,他们一家搬到了大连旅顺,家斜对面有个动物园,他很想去,可是父母忙,没空常带他去,他就和邻居小朋友商量好结伴自己去,可动物园的售票员发现孩子太小没有监护人带，就不卖给他们票。他们看了看围墙不算高，几个人就合计了一下，想办法翻过围墙！当他们费尽周折进入园子的时候，那个开心哪！一路打闹着，笑着、跳着、奔跑着。不久他们就来到了棕熊馆，两只硕大的俄罗斯棕熊，在悠闲地散着步，憨态可掬的样子太招人喜欢了！马麟最喜欢动画片里的棕熊了，它们对人类非常友好，从来不咬人。他很轻松地穿过外层不到1米高的防护栏杆，进入里道，里道的栏杆更稀疏，他顺手抓了一把草，伸进手去喂给熊吃。可是刹那间可怕的事情发生了！棕熊一口吞进了马麟的手掌，旁边另一只棕熊奔过来顺势咬住了马麟的上臂！这一幕被旁边的游客看到，人们惊叫着迅速将他救下并火速送往医院，另一个小孩飞跑着回家报信。

马麟的生命脱离了危险，但失去了整个右臂。年幼的他并不清楚这意味着什么，他的父母亲难过到近乎崩溃。孩子失去了右臂，还怎么弹钢琴呢？身体残缺了，他的人生会平添多少磨难和坎坷啊！

马麟聪明极了，也很好学，他不仅钢琴弹得好，而且很喜欢写字，学龄前就已经认识很多汉字了。上学以后，失去了功能手，只能用左手写字，所有的笔画都是反的，他写得很慢，每天作业都要写到11点以后。

父母觉得儿子残疾了，即便不能为社会创造多少财富，至少要能够自食其力，要活出自己的精彩，他们决定培养适合孩子身体状况的特长。马麟从小就很勇敢，也很好动，4岁的时候，他就能把两个轮子的小自行车玩出花样，经常被摔出好远，从不吭一声。父母觉得找个适合他的体育项目也行。

那天，一家人正在看亚特兰大奥运会电视直播，当看到刘国梁获得了乒乓球男单冠军时，父母一下子受到了启发：乒乓球比较安全，又是国球，而且只用一只手打，孩子可以打乒乓球啊！

1997年年末，8岁的马麟进入乒乓球馆，走上了打球之路。也许命运就是这么安排的，把马麟这个天生打乒乓球的好料，放到了刀刃上。

由于没有右臂，马麟很容易摔倒，身体的转动和平衡也受到很大的影响。刚开始不明显，越练感觉对身体动作的影响越大。健全人很容易做的动作，对他来说却是难上加难。但他不服，苦练腰和腿的力量去弥补身体的不灵活。那时候，从家到训练馆大约有5000米，父亲骑着单车，马麟跟着跑，经常每天跑4个来回。

远大的志向是马麟奋斗的动力。他告诉自己，要么不打，要么就争第一。

一年半以后，10岁的马麟获得了牡丹江市少儿乒乓球比赛冠军；同年，在黑龙江省少儿乒乓球比赛中获得第三名。往后全省每年打循环赛，八九十人中马麟每次都是第一。他一直和健全人打比赛，以健全运动员的标准要求自己，他喜欢那种公平竞争的感觉。

按照规定，全省调赛前十名可以参加省体育工作大队集训，但是一直名列前茅的马麟因为少一条胳膊，没有获得这样的机会，他感到非常难过。

2001年，12岁的马麟在黑龙江省少年乒乓球比赛中和健全人比赛夺得亚军，并第一次参加了全国残疾人乒乓球选拔赛，以单打第三的好成绩入选国家队。

为了得到更高水平的训练，2002年冬天，马麟乘坐6个小时的火车，赶赴绥化市体校。马麟认为自己的运动天赋并不高，但协调性还可以，算是综合指数比较平均的。他觉得，无论做什么，无论有没有天赋，无论是残疾人还是健全人，运动员出成绩就一定要付出艰辛的代价。

人生没有白捡的成功。马麟训练刻苦是出了名的，他每天5点半出早操，和健全的队友一样跑足5000米，即便冬天到了零下30摄氏度，也从没有间断过。

2003年，马麟参加了上海远南残疾人乒乓球锦标赛，拿到了公开级单打、团体两块金牌，他从这里走上了世界的舞台。

马麟的级别TT9级是队里残疾程度比较轻的，因此也是水平比较高的。为了找到更好的训练对手，国家队集训时，他被送去陕西银河乒乓球俱乐部和健全人一起训练，那个阶段他认为最该感谢的人是蒋毅教练。马麟在俱乐部的角色相当于学校里的旁听生，出了成绩和教练没有任何关系，但蒋毅教练把他当作自己的种子选手对待，每天给他发多球，重点培养。这使马麟多年后还念念不忘。

马麟觉得自己是比赛型的运动员，一进赛场，就能找到自我，遇到多大的困难都抱着不服输、不放弃的信念。有了这样的精神，马麟在国际赛场上越走越远。

2006年，马麟获得了世界残疾人乒乓球锦标赛单打、团体两枚金牌。

然而，运动员从选择了竞技体育这条路开始，就同时选择了伤痛和折磨，无一例外。2008年，马麟的右腿受伤，软骨碎裂。他坚强地拖着一条病腿参加残疾人奥运会。意外的是，这一届奥运会将TT9级与TT10级合级了。TT9级的马麟获得了单打亚军。有人说合级对马麟不公平，因为TT10级残疾程度轻，马麟却不以为然。他认为，第一才是胜利，第二和第五的代名词都是失败，没什么区别。他的志向是要赢健全人，他不给自己的失败找借口。

他和队友葛杨搭档，从那一年开始拿团体冠军，之后的每一届世界大赛都没有丢过。他俩约定，绝对不输给外国人。

看台上的妈妈看到儿子夺冠，眼泪怎么也止不住，孩子这么多年太不容易了，艰苦的付出总算有了回报，没有白遭那些罪。

奥运会之后，马麟右腿做了手术，在膝盖处取出蚕豆大的一块碎骨。医生唏嘘不已：这样的情况连走路都会疼得钻心，他是怎样熬过每天数小时的剧烈训练，打完比赛的？

手术之后，持续的伤病依然干扰着马麟，他很清楚这样下去会更加痛苦，但他还是告诉自己得咬牙走下去，他没有退路。

马麟右腿有伤不能用力，训练时他就下意识把重心放在左腿。祸不单行，左腿终因过度负重发生了水肿，马麟被迫停止了训练，接受康复治疗。接下来一年多的时间里，马麟的体重从140斤猛增到了185斤。

2015年6月，马麟的儿子出生了。他在家里待了七天就归队训练了。赵守礼指导说，媳妇刚生了孩子，再回家看看吧！马麟说不行，我回去待一周，回来就要恢复一个月，好不容易找回的状态又要前功尽弃了。

赵指导很认真地说："马麟，现在练球不重要，最重要的是先减体重，负重40斤怎么打球？"

说到马麟减肥，赵守礼指导直竖大拇指："这孩子太有毅力了，真让人佩服！他白天练球，晚上练器械减脂。3节课，2节基础训练，1节体能，天天跑步一个小时，第一个月就减了20多斤，奥运会前3个月减了40多斤，练出了马甲线和六块腹肌。"

我在马麟的微博里看到这样的话：

2016年2月10日：不要愁，十年后，所有的事都是下酒菜。

2016年3月16日：现在不折腾自己，比赛的时候就得让对手折腾你。

这也许不算是什么豪言壮语，但却是他面对困难时不屈服的宣言。2016年9月，马麟与队友葛杨、连浩一起夺得了里约残疾人奥运会团体冠军。他参加了三届残疾人奥运会，蝉联了三届团体冠军。比赛结束，从看台上飘过来一面五星红旗，马麟和葛杨顺势用自己仅有的左手，扯起国旗围着赛场奔跑，面对看台上此起彼伏的欢呼，他俩激动得频频挥手向观众致谢。

奥运会结束，马麟的媳妇抱着孩子去机场接他，孩子都会叫爸爸了，马麟抱起孩子亲了又亲。

媳妇开玩笑地说："赵指导您太狠心了，马麟去了就不让回来了。"

赵指导说："不是我狠，他是真的豁出去了，让他回来，他自己都舍不得，怕自己的训练半途而废了。你骄傲吧，找了个好老公啊。"

马麟常年不在家，邻居老太太说："媳妇生了孩子，丈夫就不见了。就算是出差，中间也要回来看看哪！"

马麟爱好广泛，钟爱户外运动，尤其痴迷单板滑雪，他觉得滑雪的最大的乐趣是回归人类追求自由的本能。滑雪的时候身心自由自在，可以把所有社会上的条条框框都抛在脑后。每个滑雪的人都有一颗童心，这颗童心一旦释放，就很难收回来了。

马麟还喜欢滑旱冰，他初学四五回就比别人练了一年滑得还好。他还想学学冲浪、潜水，他对水底世界抱有极大的好奇。

马麟依然热爱音乐，偶尔也会单手弹弹钢琴，走到哪儿都要带着便携式小音响。心情好或不好的时候，他都要听听音乐，音乐能给他带来不一样的感受。

如今的马麟，对未来充满了美好的期许，崭新的人生向他敞开了怀抱。

"一波三折"的奥运梦

闫硕受访视频

6岁的小闫硕昏睡了三天三夜，醒来的时候，他闻到浓重的消毒水的气味，阳光透过窗户洒进来，一切都是那么耀眼，雪白的天花板，雪白的墙……

爸爸妈妈坐在床边的凳子上，怜爱地看着他。屋里静极了。

"醒了！醒了！孩子醒了！"妈妈激动地叫着，爸爸立即跑去告诉医生。

到底发生了什么？我怎么会在这里？这是在哪？小闫硕皱着眉头，揉了揉眼睛。

他动了动手臂，身体很重，睡了很久，好累啊！他慢慢坐起来，妈妈连忙过来扶住他。他想下床活动活动，感觉自己的腿似乎不听使唤，掀起被子的一瞬间，他惊呆了！

"妈妈，我的腿呢？妈妈——！啊——啊——怎么回事——怎么回事呀——妈妈——我的腿呢！"小闫硕受了惊吓，他的声音越来越大，以至于变成了撕心裂肺的哭喊。

妈妈紧紧抱着孩子，痛哭流涕。这两天妈妈早已想好了，不在孩子面前流泪，但此刻她的心像被千百个锥子扎过，心痛到不能自已，孩子把妈妈的心都哭碎了！她用紧紧的拥抱告诉孩子：儿子，妈妈在，别怕！

一切都来得太突然了，小闫硕闭上眼睛，感觉一阵眩晕，眼前闪过一道刺眼的强光——

爸妈在外面打工，闫硕跟着爷爷奶奶。那天傍晚，小闫硕自己去村附近诊所打预防针，出诊所没走几步，一道强光突然刺过来，小闫硕感觉眼前发黑，不由往后倒退了几步，被后面的一块石头绊倒了，刹那间，不幸的事情发生了！

一辆拖拉机"噗哒噗哒"驶过，由于天已擦黑，道路狭窄，闫硕个子小，又绊倒在地上，形成驾驶视线死角，拖拉机无情地从闫硕的腿上碾过，然后扬长而去。

小闫硕不知道被车撞了，只是感觉一个黑影闪过，就失去了意识。

孩子被迅速送到邳州中铁二处医院抢救，他右小腿被碾轧，情况非常严重，膝盖以下已经轧成了碎块，保不住了，只能截肢。在外打工的父母得知后，火速赶回。考虑到怕感染危及生命，医生建议，孩子的右腿要截肢到膝盖以上。

这几天，小闫硕始终处于半昏迷状态，麻醉、手术、清创、包扎，任人摆布。医生的嘱托，父母、爷爷奶奶的悲恸，年幼的孩子一概不知。

有目击者称，肇事车辆是个拖拉机，那天驶过的是个拖拉机车队，一共有八辆，车队过后，发现孩子受伤了，肯定是其中一辆所为。司机知道轧到人了，也听到孩子的尖叫，后面的司机也看到了，还是逃逸了。司机们立下了攻守同盟，谁也不承认，死不认账。

祸不单行。不到半年，父亲开车出了事故，撞伤了路人，无奈，把贷款20多万元买的车卖了，赔偿伤者。家里一时陷入窘境。

闫硕的官司从2001年一直打到2009年，后来拖拉机车队内部产生了纠纷，有人检举了肇事者，他才拿回了几万元的赔偿。

我在邳州见到闫硕的时候，他和冯攀峰远远地向我打招呼，两个英俊帅气、充满朝气的小伙子！闫硕腼腆地笑着，露出好看的酒窝。他穿着军绿色的呢子外套，藏蓝色的牛仔裤，右裤腿剪到和残肢一样长，完美地包住了尚余的一截大腿。我的心猛地被什么东西撞击了一下。

闫硕的右手臂拄着木质的拐杖，和左腿互相协调配合着，大步流星，一转眼就走到我面前了。我们找了个小饭店说话，他个头儿足足有1.85米，进门的时候，还低着头弯了一下腰。

小闫硕出院后，急着下地，学着拄拐走路，因为重心不稳，第一天就摔倒了无数次，倔强的他爬起来继续练习，时间一久，就慢慢好起来。

闫硕想学乒乓球，奶奶听说"希望之家"的衡新教练很厉害，能培养出世界冠军，就登门拜访。而"希望之家"是挪威资助的专为小儿麻痹症设立的学校，对于闫硕这种情况，吃住安排不了，所以不能收。

2005年暑假的时候，奶奶又找到衡新教练，请求他无论如何要收下孩子，孩子喜欢打球，但家里是乡下的，没有训练环境。

衡教练替孩子发愁了，跟着打球倒没啥，关键孩子还小，暑假之后要转学，附近的小学都不愿意收残疾学生，声称没带过这样的孩子，孩子行动不方便，体育课没法上，也没有考核标准。孩子上学怎么办？衡新找到当地残联反映情况，残联找到教育局，教育局找到运河镇领导，镇里又找到校长，闫硕才有学上了。

2006年上半年，闫硕白天上学，晚上到衡新自己开的俱乐部训练。国家队集训的时候，衡新去国家队做教练顾不上他，就安排闫硕到朋友开的俱乐部练球。为了让朋友对闫硕上点儿心，衡新还把自己俱乐部的球台送给那个朋友，结果教练对闫硕很好，每天还给他开小灶，让他加班多练半个小时。

2008年，闫硕练了两年以后，得以进队训练。按照当时的规则，他的身体情况可以坐着轮椅打，闫硕从站立改坐轮椅，相当于TT5级。在球队，他的师哥师姐们好多已经成了世界冠军，有这样高水平的队友，他的球技突飞猛进。

闫硕的身体条件特别好，虽然没了右腿，但他个子高，手臂长，身体上半身没有损伤，转体也很灵活，而且左腿力量很强，可以起到很好的平衡支撑作用。他的一些动作，使教练衡新看了非常惊奇。

有一次闫硕和冯攀峰交手，冯攀峰压他反手，又吊一个正手，闫硕反扑到正手打回去，又一个反手大角，他瞬间调一下轮椅，顺手又打过去了。

好球！衡新看呆了！他带了八年轮椅运动员，从来没见过这样的，队里其他轮椅队员因为身体条件所限，都无法完成这样的两面转换。闫硕打球的时候，轮椅、腰、手能够成为一体，非常难得。这使衡教练喜出望外。

2010年7月，闫硕以TT5级参加广州测试赛，和一个国家队运动员打球时，有一局对方竟然只得了2分，虽然最终还是输了，但已经凸显出他无可限量的潜力。闫硕和高手可以对抗了，假以时日，不可小觑。

然而不幸的事情发生了，闫硕的"坎坷球路"就此拉开了帷幕。

2010年9月，北京有个公开赛，国际分级师公布了国际新的分级标准，一条腿截肢的运动员不能再坐轮椅打球了，必须站起来打。按照闫硕的身体情况，要求安装假肢，穿假肢打，可当时安个假肢怎么也要十几万元，经济条件不允许，而闫硕生活中从不穿假肢。

对手换成了站立运动员，打法完全不同了，如何能在短时间内适应呢？紧接着困难又来了，由于站立打球需要右手挂拐，闫硕只好又换成不习惯的左手打球，一切都要从头再来。

11月，闫硕以TT7级站立组报名参赛在广州举行的亚洲运动会，当时闫硕和吕晓磊配合双打，还好赢了两场球，获得了团体冠军。

2011年，浙江嘉兴第八届全国残疾人运动会，闫硕在TT7级获得了亚军。

接连的国内国际赛事，使闫硕在TT7级积累了大赛经验，也获得了一些积分。

故事似乎可以顺利往前推进，然而，局势的变化给他带来了新的考验。

2013年，闫硕参加在河北正定举办的全国残疾人乒乓球锦标赛，这场比赛如果进入前二，他就可以参加接下来的韩国公开赛，闫硕在TT7级打进前二很有把握。

没想到，命运又一次给了他严峻的考验。国际分级标准做了一些调整，他的这种情况在新标准中没有明确说明，国内分级师把他分到了TT8级。

残疾人乒乓球比赛按照身体残疾程度，共分为10级，即TT1到TT10级。其中TT1至TT5级是坐轮椅的运动员，TT6至TT10级为站姿运动员。

按照分级规则，数字越大，伤残程度越轻，那么TT8就比TT7级要轻，也就是说TT8级运动员身体条件更好，双下肢健全的也在这个级别，他们跑动灵活、速度快。闫硕一条腿，在移动方面自然失去了优势。

这场比赛，他在TT8级打了个第三，与韩国公开赛失之交臂了。

闫硕回来后思想斗争很激烈，打乒乓球如果被分到TT8级，他明显处于劣势，是没有前途的，国家队也不缺这个级别的运动员。省里动员他改行练击剑，可闫硕从小就对乒乓球有着很深的感情，他不舍得放弃。

2013年9月，北京举办亚洲乒乓球锦标赛，国际验级师都来了，还在北京开了个讲座。中国TT8级优秀运动员比较多，国内验级作为TT8级的闫硕没法参加比赛，跟随队伍前去北京确定分级。

当时衡新教练在旁边，验级过程气氛很紧张，闫硕的命运似乎就在"7"和"8"之间。中国人最喜欢的数字"8"，此时是多么不吉祥啊！

结果公布TT7级！这真是个天大的好消息！大家以为闫硕能欢呼，谁知他一脸的委屈，心里像打翻了五味瓶。

闫硕打球可谓"一波三折"：启蒙时拄拐打，后来改坐轮椅，轮椅刚出成绩又要改回站立，功能手是右手，因为右手要拄拐，不得已换了左手，而改回站立又遇到验级分歧，导致他前几年的好成绩不算数，还失去了好多比赛的机会。

如今验级终于尘埃落定，闫硕再也没有后顾之忧，可以安心打球了。2013年10月他参加在马来西亚吉隆坡举办的亚洲青少年残疾人运动会，获得单打、团体冠军。之后，闫硕进入残疾人乒乓球国家队。

残疾人奥运会是世界最高级别的赛事，别说获得残疾人奥运会冠军，哪怕是进入奥运会赛场，都是每个残疾人运动员的终极梦想。

然而，按照乒乓球国际规则，要参加2016年里约残疾人奥运会，必须具备两个条件：一是国际排名积分要够，二是必须打满了规定的站数。闫硕缺席了好多比赛，这两项都是不够的。

而当时，亚洲欧洲已经没有国际赛事了。2014年年底，国家队专门安排他们去阿根廷、哥斯达黎加打了两站，当时同去的还有高延明、赵平、周影、顾改等运动员。

2015年，闫硕又去德国打比赛，基本上都能进入冠亚军赛，每一站都能取得100多分，他一鼓作气，从世界排名四五十位一举打到排名第六，为他奔向2016里约残疾人奥运会奠定了关键的基础。

2015年的每一场比赛，成败都很关键，直接关系到闫硕的世界排名和积分。10月，他随队参加在约旦举办的"2015国际乒联残疾人乒乓球亚洲锦标赛"，这场比赛至关重要，闫硕如果获得单打冠军可以直接入选残疾人奥运会的参赛名单。

约旦亚洲锦标赛之前先举行了一场公开赛。此时又上演了惊险一幕！这场公开赛，闫硕意外地输给了一个泰国TT7级队员，由于对手排名低，他失去了32分，致使排名下滑到世界第九。只有进入世界前七名，才有资格参加2016年里约残疾人奥运会，这意味着接下来的亚洲锦标赛闫硕必须赢。

约旦公开赛和亚洲锦标赛之间有两天的间隔，教练衡新仔细分析对手的特点：那个泰国队员用左手打球，因手掌缺失，拍子绑在手臂上。他的打法是反手长胶，正手反胶，正手很稳连续拉球，但力量小，力矩短，对方发的近网短上旋球，闫硕很不适应，合不上节奏。

接下来的两天里，衡新教练就用右手模仿左手发相同旋转的球，每天让闫硕练接发球。他告诉闫硕，对方正手比较软，要注意迎前，放慢节奏，与对手节奏合上就好办了。

锦标赛半决赛时，闫硕与那个泰国选手又相遇了，每一局比分都咬得很紧，往往打到10：10，最终以3：0获胜。

决赛时，闫硕打败了队友，获得亚洲锦标赛TT7级冠军。

里约残疾人奥运会期间，半决赛时闫硕遇到巴西主场的运动员。巴西人对体育的狂热世界闻名，球迷非常专业，打球过程中鸦雀无声，巴西队员一旦赢了球，全场立刻沸腾，拼命欢呼！从头到尾，欢呼声一浪高过一浪。闫硕的心态受到了一些影响。

半决赛打了五局，打得非常艰难，每一局比分都很胶着，第五局闫硕在5：10落后的情况下，一路追到9：10，全场观众屏住了呼吸，胜负也许在此一举。此时对方发球，闫硕没接好，出界了。

我看到了这段视频，闫硕把球打飞了的一瞬，对方球员把拍子扔了，躺在地上。这五局打得太累了，压力实在是太大了。

闫硕获得了2016年里约残疾人奥运会男子乒乓球TT7级单打季军。

"竞技体育本身就是残酷的，第一次参加奥运会，大赛经验不足，心态不够坚定吧！我还有机会，我会努力的！"闫硕坚定地说。

"倒板奇人"的幸福生活

"残疾人奥运会，是一个洒满生命阳光的宏大舞台，在这里，整个社会为残疾人拥有的娴熟运动技能所惊叹，更为我们展现的不屈与乐观的生活态度所折服。对健康人来说，残疾人奥运会只不过是一场残疾人的比赛，而对于我们来说，这里上演的每一段故事，都闪亮着我们生命的价值，让我们呈现出一个真正意义上完整的人生……"

在山东蓬莱的济南大学泉城学院大礼堂里，张岩离开轮椅，拄着拐杖，步履蹒跚地走向舞台，他一级级缓慢地登上台阶，礼堂里鸦雀无声。在大家的注视中，他终于站上了讲台，还没开口，台下就响起了雷鸣般的掌声。

他笑着朝大家挥手致意，和大学生们讲述自己的坎坷经历，分享自己的精彩人生。

张岩参加过四届残疾人奥运会。2004年雅典残疾人奥运会，中国代表团拿到了63块金牌，其中有3块落入了张岩和妻子任桂香手中，被人称作"金牌夫妻"。而演讲的这一天，2016年12月3日，是世界残疾人日，也是他们的结婚纪念日。

张岩从小酷爱打球，7岁进入郑州体校训练，他的梦想是有一天登上世界冠军的领奖台，为国争光。

无奈，9岁时他得了一种病，从偶尔腿疼发展到持续疼痛，连晚上睡觉都能疼醒。上高二那年，路都不能走了，他被迫退学。乒乓梦也随之破碎了。

经多家医院检查，张岩患上了一种免疫系统疾病造成的特殊关节炎。在接下来的十年里，他做过三次大手术，双腿还是落下了终身残疾。

手术后的康复训练特别艰难，每动一下伤口就疼痛钻心，张岩顽强地坚持着。一年半后，他终于能够依靠拐杖站起来走路了。至今他身上遗留的一道道深深的疤痕，似乎还在诉说着当年他是如何被剧痛折磨，又是怎样熬过了那些艰难的岁月。

张岩的好多同学考上了大学以后来看望他，这使他更加难过了。自己学习成绩本来也不错，如果不生病的话，也应该能考上大学的。可这一切都化成了泡影，他觉得自己的人生好像遭到了愚弄。

他每天很无望地趴在窗台上看着外面的世界。连路都不能走了，又谈何未来？为了治病，已经花光了家里所有的钱，以后不成为家里的包袱就不错了。

张岩家住三楼，三年来他看外面世界的所有景象都是俯视的，当他再次走出家门的时候，站在地上，他觉得地面都变得很高，非常不习惯。

什么都干不了，不是白来世上一回吗？他觉得这样下去不行，决心靠自己的双手养活自己。

双腿残疾，生存就更加艰难。几年来，张岩学过铅字排版、机器织毛衣、刻章等各种谋生的活计。后来，他好不容易找到了一份在郑州科技馆卖票的工作。那时，张岩拄着拐杖，每天从郑州东风路等公交车去西郊上班，可是因为行动不便，经常一连几趟车从他面前驶过，他一辆也挤不上去，这些经历在他心里成了永远的痛。

人生如行路，一路艰辛一路风景。张岩喜欢弹吉他、拉手风琴，以此来调

剂自己的业余生活，但是他最大的爱好依然是乒乓球。他经常看电视上的乒乓球比赛，关注有关乒乓球的打法和相关的动态。

机会终于来了！1996年，为迎战大连全国残疾人运动会，河南省残疾人乒乓球队公开招收运动员。张岩看到这个消息，热血沸腾，原来残疾人也可以打乒乓球，我要去报名！

29岁的张岩很幸运，被破格招入省队集训。重回乒乓台前，他激动得彻夜难眠，觉得简直像做梦一样，非常珍惜这来之不易的机会。

训练刻苦，就难免受伤。有一次训练时，张岩的大腿被轮椅磨出了血，刚好被来探班的妈妈看到，心疼得流下了眼泪。

仅仅训练了一年多，张岩就在这次全国残疾人运动会上获得了乒乓球一金一银的好成绩。

这使他看到了希望，也更加坚定了信心。在接下来的1998年和2000年乒乓球比赛上，张岩相继获得了全国第一的好成绩。

2002年，中国残疾人联合会组织残疾人乒乓球选手集训，以备战2004年的雅典残疾人奥运会，张岩以全国比赛冠军的身份进入国家队。在这里，他见到了大名鼎鼎的队友任桂香。

在这之前，他就有所耳闻：任桂香从15岁取得第一个冠军开始，大大小小的比赛就从未失手过，还曾创下了四年没输一场球的纪录，成为残乒赛场上的一个传奇。在2000年第十一届残疾人奥运会上，她曾获TT4–TT5级团体金牌和1枚银牌；2001年，在第三届远南残疾人乒乓球锦标赛上，获得4枚金牌……

张岩了解到，任桂香出生于安徽省萧县，10个月大时，因患小儿麻痹落下后遗症，致右下肢残疾。13岁时被教练王笛发现开始打球。她和刘美丽等同乡十几个残疾人队友吃住在教练家，生活和训练条件极其艰苦。听说她从小家境不好，家里半年吃不上一次肉，菜里放的油也很少……

而如今，在残奥国家队的男女公开组循环比赛中，任桂香稳拿第一名。他觉得，这个小姑娘出身贫寒，却那么有志气，小小年纪成绩竟然这么好，不禁心生钦佩。

张岩在男子TT4级里身体条件算是很差的，他的腰不能转动，不能扑球，只能接打落到面前的球。针对自己的身体条件，他慢慢研究出"快、变、狠"的球路，收效甚佳。任桂香腰没问题，但腿没有力气，善于守，进攻稍弱，张岩就毫无保留地和她分享自己的经验。同样都是轮椅乒乓球运动员，两个人有着更多的共同语言。她欣赏他打球有想法，他敬佩她年轻却球技精湛。渐渐地，他俩在训练之余主动加班，互相练球。在这样的切磋和鼓励中，两人越走越近。

2003年冬天，从新西兰打完比赛有几天假，张岩带着女朋友任桂香回老家郑州。当时刚好河南省在筹备残疾人集体婚礼，得知张岩回来了，就劝他俩参加，张岩和阿香商量，善解人意的阿香爽快地同意了。

2003年12月3日，36岁的张岩手捧红玫瑰，迎娶了自己22岁的新娘任桂香。于是河南八对残疾人集体婚礼中，就有了一对"金牌"夫妻。这消息不胫而走，他们还上了中央电视台的午间新闻。

大赛将近，婚后他俩立即归队，住进各自的运动员公寓潜心练球，训练更加卖力了。他们相约一起在雅典残疾人奥运会上夺金。

张岩身体移动比较困难，对手往往容易攻击他的弱点，这使他下决心用技术弥补，他琢磨出了用直板倒板打球的"绝活儿"，其实这个技术并不罕见，而能做到翻转灵活、运用自如就要下很多功夫了。

在雅典奥运赛场上，张岩在比赛，阿香就安静地在场外观看，为他助阵。这样默默的关注，给了张岩最坚定的支持，为他增添了无穷的力量。他最终以令人眼花缭乱、难以捉摸的"倒板绝活儿"勇夺单打金牌。这不仅是他个人的第一块奥运金牌，还填补了中国残疾人男子乒乓球史上金牌的空白。

而任桂香的表现更是不负众望，一路过关斩将，成为女子TT5级单打金牌的获得者。

一场意外在不经意间发生。

张岩在上午离开赛场的时候，想带走喝了一半的水，他弯腰拿水的一瞬间，轮椅一下子翻过去了，整个扣在他的身上，他的腰是不会弯的，当时头先着地，摔得当场不省人事。

当他醒过来的时候，听到教练和队友在叫他。张岩跟教练说，不要给任桂香说，她接下来的比赛很重要，不能让她分心。

任桂香在去公交车站的路上，遇见一个韩国队员，跟她说了一件事，虽然语言也不通，但通过她的表情和肢体语言，她大体明白了，一个戴眼镜的运动员摔倒了，好像挺严重的，还比画了一个担架，被抬走了。阿香心里一紧，摔倒的该不会是张岩吧！

她一下车就看见领队了，着急地问是不是张岩摔倒了，领队也不正面回答，只是说没事，说他好了，已经回去休息了。阿香说不可能，人家都说了很严重，还用了担架，你别骗我了。

女子团体半决赛马上就要开始了，见不到张岩，任桂香感到心慌，一直无法安心。

张岩摔得挺狠，还好没有骨折，只是肋骨软组织挫伤。在医院检查完队友立即把他送回酒店休息。但不久一个队友回来了，说任桂香可能知道你受伤了，很着急，会影响她比赛的，你必须到赛场去。

张岩忍着剧痛来到赛场，他要给阿香助威。他在看台上朝任桂香招了招手。看到张岩精神面貌挺好，阿香笑了，也放心了，觉得可能没啥大事。

张岩的出现，给了任桂香无声的支持，她在爱人的注视中，越战越勇，和队友赢下了这场关键的比赛，并最终赢得了女子团体冠军。

"那次受伤使我特别感动，睁开眼睛的时候，发现袁老师和队友都在喊我，平常我们天天在一起嘻嘻哈哈，没感觉那么强烈，他们像亲人那样为我着急，所以也感谢乒乓球，如果不打球，在大街上摔倒了，可能也会有人相助，但哪有亲人的感觉呢？"张岩多少年后回忆起来，依然觉得很温暖。

雅典残疾人奥运会之后，这对金牌夫妻有了一个健康、可爱的女儿。面对比自己小14岁的妻子，张岩给了她无限的包容和理解。

阿香生完孩子，体能下降，想退役。张岩鼓励她说，下一届2008年奥运在

北京举办，百年奥运是所有中国人的梦想，运动生涯能赶上在家门口打比赛，是多么幸运的事，一定要珍惜！阿香在张岩的鼓励下决定重拾球拍。

从小患小儿麻痹症的阿香，产后恢复很慢，那些旧病新伤时常折磨着她，练完一天，到第二天浑身都疼。但阿香是个要强的女子，有时候一个动作重复上百遍，不练好决不罢休。张岩看在眼里，疼在心里。阿香每每觉得熬不下去的时候，都能得到丈夫的鼓励。

我发现张岩的两只手都变形了，还布满了厚厚的茧子，他说："因为两只手要同时发力，一只手打球，另一只手要调整轮椅的方向。一天至少训练五六个小时。不光是我，我的队友都这样。"

同样是轮椅运动员，张岩的轮椅和别人的还不一样，他的轮椅多了一个后背和底部支撑。他的腰椎吃不住劲，如果往后坐，会受轮椅的禁锢，腰椎往前伸不了，上身根本没法活动，他必须要靠近轮椅的外缘坐，并且把一条腿放到底座后面蹬着底架，腰离开椅背，才能顾及左右方向的球。可以想象，训练时腰长时间保持这个姿势，很快就累到酸麻了，实在受不了了，他就扶着台子慢慢站起来，放松一下，然后再接着练。

训练辛苦的时候，张岩也会觉得枯燥，身体疼痛得使人崩溃，也有不想打的时候，阿香同样也会给他打气。

他们夫妻俩有个约定：比赛时不想冠军的事，一场场比赛扎实打好，要努力争取，不留遗憾。作为业余选手，他们最希望打完比赛，哪儿也不去，回家带带孩子。

张岩这样和大学生们分享自己用血和泪换来的宝贵体验：

以前我觉得命运挺黑暗的，想不通，我怎么好端端地就成了残疾人了呢？怎么是我？为什么是我？感觉命运太不公平了，活得太绝望了！后来打乒乓球以后，接触了很多残疾人，他们都很乐观，也影响了我。残疾人可以通过运动体现自己的价值。有了价值感就看到了生活的希望，就会快乐起来。

"生活"这两个字，得好好品味，遇到问题怨天尤人也没用，要想办法把自己的潜能挖掘出来，活出精彩的人生。以前我坐轮椅出门，好多人看我那眼神真无法形容，好像说你不在家待着，怎么出来了？那时候我不够强大，现在我就看淡了，不在乎了。以前与其说是做给别人看，怕别人嘲笑，现在心态完全变了，是做我自己。残疾人身体残缺了，但尊严和人格一点儿也不能少，首先不能自己看轻了自己。

我认为残疾人奥运会的"唤醒"作用不可替代，它能唤醒人们对生命尊严的重视，唤醒对人生意义的追问，唤醒对平等观念的理解。无论哪种体育项目，对残疾人来说，最重要的是以生命为本，以人为本，重在参与。最关键的是要享受体育带来的快乐。

同学们，作为运动员，常年参加训练，是艰苦和枯燥的。我打球20多年，作为老队员，如果想和队友卫冕残疾人奥运会团体冠军，就要比别人练得多，练得精，要做充分的准备。有时候觉得也是够了，身体特别疲劳的时候，或者即使努力了还要面临失败的时候，也会觉得厌倦、沮丧，也有想放弃的时候。但我们之所以走到了今天，能站在世界最高级别的领奖台上，靠的就是坚持。也许你们以后也会遇到很多迷茫的时候，请不要退缩，要树立目标，把近期的目标和远大的目标结合起来看，就能坚持下来。只要坚持，就有成功的希望！勇敢地跨出一步，就能看到更广阔的人生！

话音刚落，礼堂里就响起了经久不衰的掌声。
张岩很欣赏中国残疾人联合会主席张海迪的观点：

体育展示的是一种精神，尤其是残疾人，要有一种勇往直前、不怕艰苦、志在必得的精神。有了这种精神，就一定会做到很多人认为不可能的事情。希望全社会能更深刻地认识到残疾人的存在，理解他们生命的意义，帮助他们唤起生活的热情，与此同时，残疾人的生活热情也会影响所有人。通过残疾人从事体育运动，让健康人感受到生命如此美好，如此有力量。比赛终有落幕的时候，但是残疾人事业还要不断地发展！

宝剑锋从磨砺出

1981年，对于李铁合来说，可谓"双喜临门"。他考上了驻马店师专英语系，吃上了"皇粮"。这一年，他还得了一个宝贝儿子，起名李满洲。

然而造化弄人，小满洲不到一岁时，被医院诊断为小儿麻痹症，这犹如一个晴天霹雳，给整个家庭笼罩上了愁云。

为了给儿子治病，李铁合夫妇带着儿子去北京、武汉等城市十多家大医院，在历经四次大手术后，小满洲才勉强站起来，然而不幸的是，小满洲的左臂和双腿还是留下了残疾。

因为小满洲行走不便，做高中教师的爸爸就在家里教小满洲，三年级的时候，才把他送到村小学上学。

那时候爸爸调到外村任教。每

天爸爸骑自行车送小满洲去学校，然后再去自己的学校上班。他们所在的河南省上蔡县城西绳李村的家，离村小学有三公里路，其中有两公里都是土路。刮风的时候，爸爸带着小满洲路经这里，扬起的沙尘让人睁不开眼，呛得不敢呼吸。逢到雨天，就更糟糕了。

那天早上，一场大雨过后，爸爸骑车带着小满洲，前面就是那段土路了，土路和着雨水混合变成了泥巴路，汽车驶过，留下深深的车辙。自行车根本没法骑，爸爸就把自行车停在路边，背着他走。爸爸每落脚一步鞋底都会沾上厚厚的泥，重得抬不起腿，这样的路，一个人走都很艰难，何况，背上还有个70多斤的孩子。

趴在爸爸后背上的小满洲，感觉到爸爸的衣服被汗水湿透了，他心里很难过，觉得爸爸太累了，要求下来自己走，但爸爸不同意。实际上，他的腿也真走不了。

以前，爸爸骑车驮着小满洲每天必经此地，他觉得一溜烟就到了，从来没觉得两公里是如此漫长。爸爸的后背、漫长的泥巴路、爸爸的汗水，永远留在小满洲的记忆中了。

父亲的良苦用心使小满洲早早地懂事了。他学习特别刻苦，各门功课在学校里都名列前茅，年年被评为"三好学生"。

1989年，李满洲去上蔡县县城读书。他觉得自己长大了，腿也有了一些力气，坚决不让父母接送了。

平时小满洲放学后半个小时就能到家，可连续几天，天黑透了还不见孩子回来，爸爸急了，便去了学校，想看个究竟。

原来小满洲正在和同学们打乒乓球。乒乓球台子边围满了健全的孩子，看着小满洲一瘸一拐地跑动，接发球极其吃力，为了接到一个近台球，他奋力向前扑去，球救起来了，引得一片喝彩，他却摔倒在球台边，爸爸心疼地流泪了。

李铁合劝满洲，不要再打乒乓球了，四肢健全的人想打出成绩都很难，何况咱们腿脚不灵便。还是好好学习，考个好大学是正路子，以后你能自食其力，父母也就放心了。

但小满洲已经迷恋上了乒乓球，放了学依然背着父母打球，他的学习成绩下滑了。

爸爸生气了，没收了他的乒乓球和球拍，他偷偷地攒点儿零花钱再买；新买的又被没收了，他向同学借；借不到球拍，他就用刀把一块木板削成球拍；这样的"球拍"也被没收，他就用半截儿砖、大块瓦片当球拍。

爸爸看儿子实在太喜欢乒乓球了，而且打乒乓球还真有潜质，就同意他练球了，但要求他把学习与练球的时间合理安排好。聪明的小满洲提高了学习效率，把时间省出来练球。在学校举办的运动会上，他获得了乒乓球赛的冠军。没过多久，他的球技就在上蔡县闻名遐迩了。

1995年，省残疾人乒乓球教练到上蔡县选拔苗子，李满洲有幸被选中。当年，他在杭州举行的全国残疾人青少年乒乓球锦标赛中获得了第五名。

那时候李满洲上初三，学习成绩很好，爸爸是他的班主任，按照他当时的成绩，考县重点高中没什么问题。为了参加比赛，备战中考的他因为集训落下了三个月的功课，回来摸底考试，分数竟然还接近重点高中分数线。爸爸坚决不让他打球了，要求他在接下来的时间里，全力以赴复习准备中考。

可是李满洲却铁了心要打球，他想把打乒乓球当作自己一生的事业，这使父亲感觉很痛心。

这一年，他固执地离开家，踏上了自费打球之路。

那时候，李满洲每年打球至少要花费5000元，这对于一个普通工薪家庭来说，压力很大。李满洲体谅父母的难处，兼职做陪练挣学费供自己打球，他以超出常人的毅力，克服了难以想象的困难。

1997年到2000年，李满洲先后到漯河体校、许昌体校、开封体校、濮阳国家乒乓球训练基地自费练球。那时候李满洲一天伙食费不足2元钱，早上买一张大饼，节省着能吃一天；曾经连续三个月吃自来水泡面，至今闻到泡面味就想吐；在开封西瓜便宜，就吃个西瓜充饥；他在许昌打地铺、睡干草；在漯河睡球台，义务为体校看门……

那年夏天，李满洲在开封和老乡两个人合租了一间在垃圾堆、厕所旁边的房子。晚上睡觉的时候，腥臭难闻的气味熏得他难以入睡。一个月30元的房租他不舍得，但一个月800元钱找专业陪练他舍得。那个阶段他进步飞快。

1999年，李满洲获得了河南省第五届残疾人运动会乒乓球冠军。2000年，通过省里的选拔，李满洲代表河南队参加了第五届全国残疾人运动会，摘得银牌，他也在全国比赛上拿到了第一笔奖金。当把6680元交给爸爸的时候，爸爸完全出乎意料，他对这个"不争气"的儿子终于有点儿信心了。

那时候李满洲在郑州铁一小做陪练。每天三个小时，一个月挣400元钱，100元付房租，300元做生活费。节省着花也勉强够了。

自费练球这三年，李满洲收获了很多。他觉得不光是乒乓球打出了成绩，这三年的经历对他后半生的成长也起到了决定性的作用。

那时候爸爸两个月去看他一次，给他带两块钱一斤的蛋糕。爸爸每次离开，他都会站在原地不动，紧紧地盯着爸爸的背影渐行渐远，直至消失。爸爸刚来过，明明知道近期不会再来了，可每到周末满洲都会坐在体校门口等他，直到看得眼睛发酸，产生幻觉，看到爸爸笑着朝他走来，然后泪流满面。满洲实在是太想家了！

"感觉人生没有吃不了的苦，咬着牙总能挺过去，最难熬的就是想家，那时候特别怀念一家人围坐在一起吃饭的日子，在家里不管条件好坏，心是暖的。这样的经历一辈子都忘不了。没有这三年，我的人生什么也不是。打球终归要退役，但人生的路还很长。吃的那些苦使我能够做到无怨无悔、随遇而安、加倍珍惜。"满洲说不下去了。

2004年，李满洲参加雅典残疾人奥运会，获得乒乓球团体第四名、单打第五名，与奖牌擦肩而过。当时雅典去了13人，只有2人没挂牌。当天晚上他喝了一斤半白酒，直到喝得不省人事。他心里太难受了，欲哭无泪。他不断地反思，是否自己综合素质不高、心态不成熟、经验不足，还是付出的确实不够。他懊悔极了。

雅典残疾人奥运会失利是李满洲最大的遗憾，但是他身上不服输的劲儿又来了，他劝自己：失败了不怕，可以从头再来！经历过，就更加珍惜，他练得更刻苦了。为了备战北京残疾人奥运会，李满洲几乎天天泡在球房里，很少回蔡县老家。

2008年北京残疾人奥运会在即，李满洲随国家队在济南训练，队里春节不放假，他没有回家过年。初四晚上，爸爸打来电话说，妈妈病重，速归。他听到这个消息，心一下子就提到了嗓子眼儿，他飞奔到火车站去买票，但车票全部售罄，他急得团团转。当时刚好一个队友的父母来看孩子，他们是老乡。正月初五一大早，他们一起急匆匆返回家乡。

一进家门，他就吓傻了，客厅变成了灵堂，正中挂着一张妈妈的大照片，满屋子的人都在哭。他扑通一下子就跪下了：妈妈，你看我一眼，儿子回来了，妈妈！好好的怎么走得这么突然哪！妈妈！你是不是想把儿子疼死呀！妈——

李满洲趴在妈妈的遗像前哭得死去活来，这真的是太意外了，太接受不了了！

其实早在半年前妈妈就检查出了食道癌，满洲在国家队集训，大家怕他的情绪影响训练，约好残疾人奥运会之后再说。所以满洲压根儿就不知道妈妈生病了，没想到病情恶化得这么快。

满洲在心里对妈妈说："妈，儿子会好好打球，一定要让您看看奥运会金牌是个啥样子！"

打乒乓球是一项重体力、高技能的体育活动，健全的乒乓球专业运动员尚需有足够的体力和意志，何况是残疾人了。李满洲只有右臂正常，左臂和双腿都有残疾。为了将乒乓球打出高水平，李满洲每天练球八个小时以上，几乎达到了疯狂的程度，付出了超常的代价。

然而，大赛前两个月，不幸的事情还是发生了！

李满洲的坏脚没有力量，打球的时候靠惯性带动，因为练的时间太长，强度太大，脚上的韧带突然揉到了一起，一步都不能走，更不用说打球了。李满洲万念俱灰。为了参加残疾人奥运会，他玩命练了四年，付出太多了，人生能有几个四年呢！他仿佛看到自己的奥运梦粉身碎骨了。

天无绝人之路。经武警部队军医治疗了一个月，李满洲竟然康复了。

北京残疾人奥运会上，李满洲和队友覃小俊、叶超群、陈刚一起登上了男子TT6-TT8级团体冠军的领奖台。

2016年，在郑州市残联工作的李满洲和一位健全姑娘结婚了。他很珍惜眼前的生活。他认为自己的人生还很长，对生活充满了信心。

这辈子，我没有偶像，父亲对我这一生起到了关键性的作用，是我内心最尊重的人。打球近二十年不在家，亏欠家里太多了，以后回家要好好尽尽孝。现在我最大的愿望是回老家守在亲人身边，想天天给爸爸做饭吃。

第四章

闲门向山路，
深柳读书堂

我的世界向右倾斜

大难不死的 双满贯

残兵杀出来一匹黑马

踮起脚尖更接近白云

人如其名，载入史册

我的世界向右倾斜

吕晓磊受访视频

"一说起奥运冠军，好多人都觉得遥不可及，感觉非常了不起，有的人甚至只在电视上看到过，今天我们就坐在你们中间。冠军也是有血有肉的人，也有童年与少年，也有痛苦与欢乐，让我们共同分享冠军们的成长故事。

我们这个代表团由四位帅哥、三位美女组成，我们从小因为各种各样的原因造成了肢体残疾，但是我们并没有怨天尤人、自暴自弃。命运的不幸降临，并没有击垮我们的意志，我们凭着顽强的意志力和信心，活出了精彩而富有魅力的人生。

我们用汗水换来对自己命运的主宰，在众多的'不可能'中创造了可能。我们用坚忍谱写了一曲曲自强不息的赞歌，成为青年人顽强拼搏的榜样。可有谁知道，在这条冠军之路上，我们忍受了超过常人多少倍的精神煎熬和疼痛的折磨，今天就让我们来揭开这个谜底。"

"独臂英雄"吕晓磊精彩的开场白，赢得了雷鸣般的掌声。流畅、幽默的语言风格，尽显大学教师的风采。

2016年12月3日是第25个国际残疾人日，位于蓬莱的济南大学泉城学院里，一场以"全国残健同行，等您来挑战"为主题的乒乓球残奥冠军挑战赛精彩上演。

赛前，几百人的大礼堂座无虚席，残疾人世界冠军张岩、茅经典和柳萌分别上台与泉城学院的师生们分享了他们身残志坚、顽强拼搏的感人故事。

到了与学生互动的环节，有人问：当升起五星红旗时，你最先想到的是谁？

"首先想到的当然是教练袁锋，我的荣誉属于教练。这么多年来，真正陪伴我、教育我，无私付出的人是我的教练。那一刻，我在心中说，教练，我成功了，对得起你这么多年的付出，我成了你的骄傲，感谢你！"吕晓磊动情地说。

吕晓磊是个死里逃生，捡回半条命的人。

1982年，吕晓磊生于山东省东明县沙沃乡六合村。父亲在外贸局工作，小时候住大院，他经常在仓库、厂房顶上"飞檐走壁"。因为调皮，他成为当地有名的"孩子王"。他好胜勇敢，经常带着村里的孩子打架，记忆中从来都没输过，号称"常胜将军"。

7岁那年，一天晚饭后，吕晓磊和小伙伴们约好翻墙去看电影。当翻过去的那一瞬间，他不幸触到了高压电，身体被一个巨大的力量弹出去，撞到电线杆上，立刻昏死过去。小伙伴吓傻了，飞快地跑回去找家长。幸亏当时变压器还有保护装置，自动断电了。

救护车把吕晓磊送到县医院的时候，他右臂的皮肉全翻开了，惨不忍睹。情况紧急，最好连夜转到菏泽医院，可从县医院到菏泽医院路上要跑7个小时，怕是人没到就不行了。

在县医院里，因为伤口感染，肌肉坏死，经常是烂一点儿截一点儿，吕晓磊持续高烧、生命垂危。为了捡回这条命，医生为他做了右臂截肢手术。

医生说，幸亏高压电流经过的是右臂、右腿、头的右侧，如果击中的是左侧，肯定没救了。

那时候妈妈愁得夜夜失眠，有时候去厨房拿东西，到了厨房都忘了要干什么，呆呆地站着出神。

出院后，一向争强好胜的吕晓磊变得很自卑，他一年多没出门，少了一条胳膊，面对别人异样的眼光他受不了。

小学三年级暑假，父母把他送到山西太原的大爷家散散心。大爷的孩子和晓磊年龄相仿，那时候院子里有个水泥球台，每天孩子们都去打着玩，没想到这一打竟使他与乒乓球结下了不解之缘。

命运在关闭一扇门的同时，又为他打开了一扇窗。任何不幸、失败与挫折，都有可能成为人生的转机。

回东明县以后，因为有了基础，他顺利进入体育运动委员会业余体校接受乒乓球专业训练。那时他每天早上5点多起床，骑自行车去体校练到7点上学，放学后继续练。吕晓磊打球似乎有与生俱来的天赋，他悟性好，再加上自己刻苦练习，很快在同龄孩子中脱颖而出。1994年他代表菏泽地区参加了山东省"希望杯"乒乓球男子少年组比赛。

可好景不长，刚练了两年，东明县体校就解散了。看到晓磊那么热爱打球，爸爸就买了张球台放在家里，又把原来县体校的教练请到家中教球。这在当时可是不小的一笔开销，可为了培养孩子的兴趣，父母愿意倾尽所有。

付出总有回报。1995年，吕晓磊13岁，初出茅庐便一举夺得山东省第四届残疾人运动会单打亚军。这使他有资格代表山东参加全国残疾人运动会。时任山东师范大学乒乓球老师、山东省残疾人乒乓球集训队教练的袁锋，一眼就看上了这棵好苗子。

为了培养吕晓磊，袁锋做出了承诺：我带他，我管吃住，不要一分钱。

从此以后，晓磊就与袁锋形影不离了。在一个男孩青少年时期最需要父亲的时候，袁锋给了他无私的父爱。那段时间为了专心训练，袁锋和吕晓磊两个人单独住在山东师范大学对面的筒子楼里。每天训练回来，袁锋亲自下厨做饭。处于生长发育期的吕晓磊需要营养，袁锋还经常带他去饭店，和朋友吃饭也常带着他。周末还带着他去看奶奶，奶奶也视晓磊如亲孙子一样。

在吕晓磊的记忆中，四年来几乎没有星期天，每天下午下了课，从3：00练到5：00，吃完饭再练到晚上9：00，周末就会从早练到晚。他每天练球，袁锋亲自陪练，关键时候还会自己掏腰包给他找更好的陪练。

梅花香自苦寒来。2000年至2004年，吕晓磊共参加国内、国际大型比赛八次，都取得了优异的成绩。

吕晓磊初中在山师二附中读书，家长会都是由"家长"袁锋去开。初一那年第一次开家长会，因为从东明转学到济南不久，吕晓磊很不适应，落下了不少功课，考试有一科不及格，调皮的晓磊就用刀片把成绩刮掉，想"蒙混过关"，被袁锋一眼识破，遭到了严厉的批评。

从那以后，吕晓磊就不敢再调皮了。2002年高考时，他凭借着高中时期获得的一系列运动成绩，作为体育特招生，以高于分数线50分的好成绩，进入山东师范大学中文系学习。2007年，他又被学校保送读体育教育训练学研究生。

2004年9月，他作为中国男单头号种子选手，参加了雅典残疾人奥运会，他和队友一道力挫群雄，夺得了男子TT10级团体金牌，他个人获TT9级男单亚军。

吕晓磊是个心怀感恩的人，他说，一生中遇到过几个很关键的人，在他心中视为"贵人"，袁锋教练是第一大贵人自不言说，还有一个，就是山东省残联负责残疾人体育的王晶，后任中国残疾人艺术团副团长。刚到济南的时候，吕晓磊遇到一些困难，王晶知道了，不遗余力地提供帮助，来给晓磊洗衣服、做饭，还给零花钱，经常做了好吃的让晓磊去吃。

2009年，汶川地震一周年之际，应电视台之邀，吕晓磊前往汶川看望地震中致残的孩子们。相同的经历使孩子们更容易接纳他、喜欢他。

"希望通过自己的经历能够传达给他们一种信息，鼓励他们不要自卑，虽然身体残疾了，但精神上不能把自己当残疾人，要乐观向上、积极进取，终有一天会找到自己的位置，残疾人同样能为社会做贡献。"他认真地说。

命运让晓磊失去了一只胳膊，磨砺却让他生长出乐观、自信的精神，他无所畏惧地为自己迎来了辉煌的人生。

2010年，吕晓磊研究生毕业后，得知山东政法学院招聘一位教乒乓球的体育老师，于是他参加了应聘考试。

报名的研究生有50多位，通过"体育教育训练学"的笔试后，只有三人进入了最后的测试——打比赛，这可是吕晓磊的强项，他轻松击败两位对手，拿到了这个珍贵的名额，成为山东政法学院的一名大学老师，从事公共体育乒乓球课教学。

如何做一名合格的大学老师，他心中有个模板，那就是恩师袁锋。晓磊的教学风格很像袁锋，他尊重学生的想法，倡导愉快教学，很有亲和力。

学校对吕晓磊的训练和比赛给予了大力的支持，给他安排的课时不多，只要有比赛有集训，他随时可以请假。

山东政法学院的党委书记是他心目中的另一位"贵人"。广州2010年亚洲运动会晓磊没打好，他给书记发了短信，书记很快回复了：要为金牌努力，但不为金牌所束缚，快乐就行。向前看，只是一场比赛而已，你的人生路还很长。

在晓磊心中，书记既是领导，又是长辈，在自己的关键时期，他说的话对于自己人生观、爱情观、为人处事等方面都起到了积极正面的引导，是值得感激的人。

在学校，吕晓磊的课非常受欢迎，课余他会和学生们分享他的训练和比赛经历，他的性格开朗幽默，有时候还会讲一些笑话。这个世界冠军老师，成为学校的骄傲、学生们的偶像，深受学生们的追捧和喜爱。

2012年残疾人奥运会期间，伦敦传来捷报，山东政法学院沸腾了，当年的帖子是这样的：

北京时间2012年9月9日凌晨，在伦敦举办的残疾人奥运会乒乓球男子团体比赛中，我校体育教师吕晓磊与队友密切合作，经过艰苦的比赛，一路过关斩将，一举夺得男子TT10级团体金牌，为祖国争得了荣誉。这是他第三次代表中国残疾人乒乓球队出征残疾人奥运会，也是我校创建至今产生的第一位奥运会冠军……

2016年，吕晓磊因工作需要，调到齐鲁工业大学任教，山东政法学院的学生们纷纷给吕晓磊微博留言，以表不舍：

天哪！老师我好想你啊啊啊啊！平时虽然不太多交流，但是当时选课就是冲着老师去的，唉，说多了都是泪啊！

今天下午去上乒乓球课，才知道我们的奥运冠军老师@吕晓磊你调走

了，于是上了一节过程很坑爹、结果也很坑爹的课，然后无比怀念吕老师给我们上课……🍵

回复@FFFFFrances：希望以后你更喜欢乒乓球这项运动。

回复@伊布拉西莫维奇12138：把眼泪化为动力。

吕晓磊爱乒乓球，爱学生也爱自己的家庭。他曾经在博客中写道：

谢谢我的父母，是你们给我生命；谢谢我的教练，是你让我的生命更辉煌；谢谢我的静静，是你让我的生命更完整。

静静是吕晓磊的妻子，全名叫胡静静。两人相识七八年后走到了一起。谈恋爱的时候，吕晓磊还不是冠军，什么都没有，可是静静就是喜欢他，这使他非常感动。一个美丽、健康的姑娘要嫁给一个残疾人，静静的家人不同意，吕晓磊便给静静的妈妈写了一封信，他的真诚终于打动了妈妈。

静静曾写过一篇博客叫《瑕疵上有美玉》，可以听到静静的心声：

他算是有点儿成绩了吧，但我从来就没见他骄傲过。每次看电视乒乓球比赛他总是不错过，我开玩笑说：别看了，充当什么球迷啊？他却一脸认真地说：这个谁谁的打法和我一样，我要学习学习。虽然我都是一笑而过，但其实很佩服他。他对待亲人、朋友甚至我的一些同学都很好，能帮忙绝对没有二话，总是把别人的事情当作自己的做，这点是有口皆碑的，也一直是我的骄傲。

和他走在街上，别人并不知道他是干什么的，有什么辉煌的成就，但牵着他的手是我最幸福的时刻。说起手，他那是一只什么样子的手啊！上面布满了一层叠一层厚厚的茧子，每次我用剪刀给他剪的时候都很心疼。

那都是他辛苦训练的真实记录，让我感到自豪。

如今，吕晓磊已经当爸爸了。每次出征，几日不见，儿子都会对着手机屏幕大声喊："爸爸，我想你了，我给你打一百分！"看到儿子，这位征战沙场多年的"老将"心都化了。这就是最平实安稳的幸福吧！

大难不死的"双满贯"

赵帅受访视频

2016年12月15日,"2016 CCTV体坛风云人物"年度颁奖盛典在北京举行。残疾人乒乓球运动员赵帅盛装出席,获得残疾人体育精神奖提名奖。

1994年11月28日,赵帅出生在河北省张家口蔚县富家堡村。

1997年农历正月十六,随着一声刺耳的刹车声,一个孩子被卷入车轮下。

3岁的赵帅被一辆东风车撞倒在马路中间,大家急忙把血肉模糊的孩子抱上车送到县医院。医生告知:孩子四肢粉碎性骨折,伤势太重,需要立即转到大医院处置。次日一早一家人抱着奄奄一息的孩子动身前往北京,然而跑了几家医院都不收。中午时分,当他们把孩子送到北京儿童医院时,几近绝望,如果再不收,孩子就没命了,时间耽误不起啊!没想到该院立刻全力以赴地组织抢救,赵帅的命保住了,但他失去了左臂,右手也伤残了。

孩子的前途在哪里?父母不能跟着孩子一生,他总要有谋生的技能,要有自己的人生才行,他们为孩子担忧。

一次偶然的机会,赵帅的父亲赵中宝看到电视上有很多残疾人在打乒乓球,他想,自己家有这么多人都会打乒乓球,何不让赵帅也来试一试。

赵帅可以说生在"乒乓世家",爷爷、大爷、爸爸和堂哥都会打球,而且在当地非常有名。听说父亲要带自己打乒乓球了，赵帅喜出望外。可是，植皮使他腿部、腹部留下大片大片凸凹不平的疤痕，残存的右手扭曲变形，拇指没有功能，中指和无名指缺失了指尖。连球拍都握不住，球怎么打呢！

2004年夏天，父亲用带子把球拍绑在赵帅右手上，开始教儿子打球，成为赵帅的启蒙教练。

没想到，赵帅用这样的身体条件，第一次打球竟然与父亲打了二十多个回合，第五天，就把练了三年的同龄孩子打败了。父亲大喜，这孩子绝对是一块好料，球感太好了，简直就是为乒乓球而生的啊！

赵帅开始对这个小白球着迷了，每天吃过晚饭后就去和父亲练球，周末全天都泡在球馆里。最初练基本功很枯燥，经常一个动作重复成千上万次，赵帅也决不偷懒。父亲不在场时，他就在堂屋对着墙打。

健全人打球五指并用，拇指和食指共掌拍面，握拍可以横握也可以直握，而赵帅拇指没有知觉，靠四根残缺不全的手指发力，只能选择横握，将球拍控制在手腕上打球。接球、发球需要肢体高度协调，而对于独臂少年赵帅来说重心不稳，尤其艰难。

"右手横握球板，弧圈结合快攻"，这是父亲给他量身定做的打法。

三个月后，赵帅一个球和父亲持续对练了25分钟1050个回合。那一刻，父子俩泪流满面，激动地紧紧拥抱在一起。

赵帅手术后，右臂靠近肩膀处遗留了一处骨头尖，每一次挥拍都会钻心地疼，但他从不对父母说。十指连

心，母亲早已察觉，夏天就给他在那里敷块布，冬天衬个棉垫。

父亲是个严格的教练，对于训练计划要高质量地执行。每天训练前的50圈跑步，500个空拍动作，变换100个角度和方位的操练……做好了才能开始训练。那时候，赵帅每天训练回来身上都有伤，手指握肿了，额头磕破了，腿划伤了……旧伤还没好，新伤又添上了，母亲心疼得暗地里直掉泪。

赵帅安慰妈妈："妈，别难过，没事，我不累。"

父亲为儿子寻找到一条康庄大道，但这条路对于独臂的赵帅来说却不是坦途，路上一定布满了各种障碍。但他认准了，绝不后悔。

严师出高徒。赵帅的球技在父亲的教导下突飞猛进，不到一年，附近的所谓"高手"都不是他的对手了。

2009年，河北省残联在全省范围内选拔各类体育项目的运动员，赵帅在海选中脱颖而出，被河北省残联体育培训中心录取，赴省里接受全面正规的训练。

年仅15岁的赵帅第一次离开父母远行。刚到正定时，他特别想家。训练的艰苦、环境的不适应、生活的不方便，时时考验着他，遇到身体不舒服，就更加想念父母。他每隔两三天，就给家里打一个电话。赵帅从小身体不方便，父母格外疼爱他，衣服从来都是母亲给洗。在正定期间，他学会了用一只手洗衣服、系鞋带、系扣子，自理能力增强了，他的球技也在一天天提高，性格也跟着开朗起来。

入省队训练一个月后，赵帅来到武夷山代表河北省残联参加全国青少年乒乓球锦标赛，获得男子TT7级单打第一名、TT6-TT7级团体第二名的好成绩。这是他拿的第一个全国级别的冠军。

三个月后，赵帅参加了约旦亚洲残疾人乒乓球锦标赛，获得男子TT8级单打第五名，团体第二名。

初到正定的时候，竞争非常激烈，赵帅的精神几近达到崩溃的边缘。他所在的专业俱乐部水平很高，在全国都很有名。教练把150多人按照成绩排名分成三个小组，每个小组50多人。一组最好，三组最差。俱乐部里每周、每月都会按照成绩重新排名，实行末位淘汰。这就意味着队员们每天都要接受严峻的挑战。

赵帅刚来的时候，分在三组，一天连着打了六场比赛，一场都没赢，再打不好就有被淘汰的危险了！那时候，他的精神高度紧张，走路、吃饭的时候都在想旋球的弧线，连做梦都是球。赵帅忍受着内心的煎熬，没有退缩，他咬紧牙关、刻苦练习、用心领悟。终于，他打到了三组第一，可以和二组最后一名PK了！

进入二组后，赵帅在二组中游难熬地待了一年多，度过了瓶颈期，他的成绩就直线上升了。他觉得打好了才会信心十足，势在必得。

乒乓球不同于别的运动，它不仅要求运动员反应快，还需要用巧劲，要会算球。这一年的强化训练、频繁的比赛、残酷的竞争，不仅使赵帅球技大增，而且还培养了他的王者气度，树立了必胜的决心。

赵帅在日记中这样写道：

我始终没有偷懒没有退缩，没有忘记自己的使命，因为我知道奋力进取的前方有多少温暖的手掌在一路托着我起飞。

赵帅成为国家队的重点培养对象，在各项比赛中捷报频传：2010年全国残疾人乒乓球锦标赛上，赵帅获得男子TT8级单打第一名；广州2010年亚洲残疾人运动会上，获得单打第一名、团体第一名；2011年5月，在斯洛文尼亚世界残疾人乒乓球公开赛上，获得单打第一、团体第一。

2011年之后，赵帅更是屡战屡胜：荷兰鹿特丹世界残疾人乒乓球公开赛、北京世界残疾人乒乓球公开赛、第八届全国残疾人运动会、韩国残疾人乒乓球锦标赛、斯洛伐克世界残疾人乒乓球公开赛……TT8级单打冠军，赵帅从来就没有失手过。

2012年，赵帅又摘得伦敦残疾人奥运会乒乓球男子TT8级单打桂冠。

家乡出了个世界冠军，赵帅的家乡张家口市蔚县沸腾了！赵帅在蔚县蔚州镇下车的时候，小巷里张灯结彩、锣鼓喧天，比过节还热闹。他胸前戴着大红花，除了挂着金灿灿的冠军奖牌，还有沉甸甸的全国"五一劳动奖章"。他被前来欢迎的父老乡亲簇拥着送到家中。

为国家争了光，为家乡争了光，也为家族争了光，赵帅激动不已。拿到金牌，他第一时间想见的是自己的家人，那是他奋斗的动力所在，赵帅在心里说了无数遍：为了我的成长，父母辛苦了！亲人们费心了！

他在日记中写下：

乒乓球带给我自信，心有多大，舞台就有多大！人的信念很重要，当你奔着一个目标前进的时候，就一定会拼尽全力去实现这个目标。

看到孩子荣归故里，爸爸百感交集，为儿子高兴，想到当年训练时对孩子太狠了，也真是无奈，儿子打球受了太多的苦，太不容易了。

赵帅过年回家，想学着炒几个菜给父母吃，他炖了一锅鸡汤，爸爸直说好喝，还要再来一碗。

每次回家，赵帅都要陪爸爸打几局球。没离开家时，都是爸爸赢，渐渐地就青胜于蓝了，2009年之后爸爸就赢不了了，2010年开始，爸爸只能得0分了。这些年，不断地参加国际比赛，赵帅更深地理解了要尊重对手，心态放松了，会做出礼貌的谦让。

赵帅生活特别自律，早睡早起，从来不玩游戏。训练、比赛压力再大，他对文化课的学习也丝毫不会放松，每次外出比赛包里都装着书。他每天坚持学英语，现在他的口语已

赵帅在宁波诺丁汉大学与校长合影

经非常流畅了。2015年7月，赵帅被北京体育大学破格录取，同年，他被中国残奥委员会推荐提名为国际残奥委的运动员委员。

赵帅认为，成为一个真正优秀的人，不仅仅要会打球，必须实现体育和学业的"双满贯"。他大学毕业以后还想考研，如果可能，他还想上博士。有了厚重的文化做积淀，退役后才能更好地为残疾人事业做出贡献。

外出比赛间隙，赵帅因为长相清秀，潇洒帅气，好多粉丝都跑来和冠军合影，他腼腆地说，也没觉得自己有多好看哪！

23岁的赵帅，蝉联残奥会冠军，名牌大学在读，他实现了自己的"双满贯"。他用顽强不屈击退了厄运，他自信、刚毅和无往不胜的精神成为当代年轻人的楷模。

有一次，我很好奇他是怎样用一只手系鞋带的，他笑了笑，迅速解开右脚的鞋带，用手掌的四个手指，配合左腿，转眼就系好了，速度之快让人眼花缭乱。

广州亚洲运动会之前，在西安集训时赵帅写下这样的诗句：

醒在陌生的地方，球拍变成了刀枪

孤独拼搏在运动场，那天告别了家乡

带着内心的理想，我开始在乒坛闯荡

幸运的孩子，爬上了殿堂

付出、代价、成果、都要品尝

单纯的孩子是否变了模样

跟着比赛规则顽强地成长

轰轰烈烈的竞争，沸沸扬扬的颁奖

追着节奏，我常迷茫

抚摸着创伤，回望着家乡

我心怀理想，我自信倔强

奋起或原谅，安逸与辉煌

不只是词汇的差异，还临界着暗淡和曙光

每个孤单天亮，我都一个人闯

默默地让喘息声，和我的心交响

就算会有一天，没人为我鼓掌

至少在我心中，还有希望

残乒杀出来一匹黑马

"吱——"随着一声尖锐刺耳的刹车声，有人大喊："出事了！出事了！快来救救孩子！"

地上躺着的是一个漂亮的小姑娘，因为剧烈的疼痛，她蜷缩成一团，紧蹙着眉头。

一个男人不由分说把孩子抱起，钻进一辆车里，直奔医院。

这个救人的男人是女孩爸爸的朋友。途中他给女孩的爸爸拨通了电话："柳萌出车祸了，我带着孩子正在去医院的路上，马上到医院来！"

爸爸妈妈赶到医院的时候，医生拿来一份手术协议，需要父母签字。当爸爸看到"截肢"两个字的时候，"扑通！"一下就瘫软在地，他哭着哀求医生："求求你救救我的女儿，她才6岁，她的人生刚刚开始，她不能没有腿。求求你了，有没有办法保住孩子的腿，我给你跪下了！医生！孩子不能没有腿啊！"

医生过来扶他："没有别的办法了，孩子的腿保不住了，如果不尽快截肢，就会感染，危及生命，保命要紧哪！"

柳萌1996年出生在湖北武汉，她生性活泼好动，喜欢跑跳，平衡能力特别好。有人说，这孩子不送运动队都可惜了。

柳萌6岁就上学了，因为对运动有着极大的热情，作为班里年龄最小的女生她还当上了体育委员。

每天早上学校的班车会来接孩子去上学。

这天清晨，柳萌吃完早饭对妈妈说："妈妈，今天我想自己下楼，我长大了，不用妈妈送了。"妈妈不同意，孩子毕竟才6岁，而且楼下车来车往，很不放心。

"妈妈，车就停在路边，我下楼就上车，我想尝一尝自己下楼的滋味。"妈妈拗不过她，柳萌在妈妈千叮咛万嘱咐中下了楼。

远远地，柳萌就看见校车了。她稳稳当当地上了车。

事情到这里，应该有个圆满的结局。然而，命运却跟她开了个天大的玩笑，从此她的人生被涂上了悲剧的色彩。

柳萌上车后，车半天也没开，车上人很少，她觉得无聊，想下去看看，顺便玩会儿再上来。

她完全忘了妈妈的嘱咐，连蹦带跳下了车，好奇地绕到车子的另一面看看。

没想到，此时悲剧发生了！她脚下突然一滑，一条香蕉皮把她滑倒，跌了个仰面朝天，还没等爬起来，就感觉一个黑影呼啸着扑过来，她下意识地在地上打了几个滚儿，还是没有逃脱厄运——一辆大货车从她的左腿碾过！

瞬间，这个鲜活的小生命便倒在了血泊里。大货车速度比较快，柳萌突然闯出，刹不住了。

年幼的小女孩根本无法预知这车祸意味着什么，将来会遇到多么巨大的困难，需要跨越多少沟沟坎坎，一切的一切对她来说都还是个未知数。

病房里很安静。下雪了，透过病房的窗户，外面白茫茫的一片，太美了！以前每逢下雪爸爸都会带她去堆雪人。

"我要出去看雪，我要堆雪人！"

失去了左小腿的柳萌在妈妈的搀扶下，单脚跳着出去看雪。

手术还没拆线，柳萌就吵着："我想上学，我要读书，我不能把学习落下，我要和老师同学们在一起！我要上学！"

爸妈不忍心，毕竟伤口还没有完全愈合。但在她的强烈要求下，父母还是做出了让步。

柳萌说自己好像就是天生穿假肢的，刚穿上假肢的人需要经过培训才能走，但是她一穿上就跑了。

同学们都知道柳萌受伤了，却很少有人知道她小腿被截肢的事，要强的柳萌也决定只字不提，并且希望老师给她保密。她向老师提出，回到学校要继续当班上的体育委员，失去了一条小腿，照样能干好！老师被感动了。

柳萌每天为同学们领操，课余时间带领同学们到操场上打乒乓球，把班级体育活动搞得风生水起。

一天上体育课，柳萌在双杠上翻了个跟头摔下来，假肢脱落了从裤腿里掉出来，老师被吓坏了，以为她腿断了，抱起她就往医务室跑。柳萌大笑着叫道："放我下来，我的腿没有断，是假肢掉了！"大家这才知道了真相。

柳萌不只喜欢体育运动，而且各方面都很优秀。小学期间，她一直都是学校的三好学生，还被评为武汉市第十三届"十佳少年"。她的励志故事，成了同学们的榜样。

柳萌缺失了一条小腿，但从没有自卑过，每年夏天她都会穿短裤，爸妈看不下去，让她注意形象。柳萌却不以为然，觉得舒服就好，谁想看就看吧，不管那么多。

如果说残疾人是一个折翼天使，那么命运为柳萌插上了勇于飞翔的新翼。

处于生长发育期的柳萌，骨头长得很快，但截肢处的肌肉和皮肤已经不能生长了，新长出来的骨头势如破竹般地呈现出要撑破皮肤的架势，所以要去医院做手术，把骨头磨平，然后再缝合。

视生长发育情况，这样的手术大约需要一年做一次，柳萌8岁那年，是她第三次手术。这么算起来，到16岁还有8次手术，爸妈心疼极了，觉得女儿太可怜了。

然而比较幸运的是，柳萌遇到了一个好医生。他建议可以把刚长出来的骨头敲断了，横挡在截面，也许能挡住残肢的生长。父母同意了。

手术获得了成功。从那以后，柳萌再也没做过类似的手术。

手术后，原来的假肢就不合适了，要更换。在病房里，柳萌认识了程喻，她是1988年汉城残疾人奥运会乒乓球女子双打TT9级冠军，退役后在假肢厂工作。柳萌从程喻那里真正了解了乒乓球。

柳萌和爸妈说，要找程喻换假肢，还要打球，要当世界冠军!

程喻听说湖北省残疾人乒乓球队招队员，介绍柳萌去面试。

柳萌从小就泼辣，从不挑食，人长得结实，走起路来又风风火火。还时不时有人问她，是运动员吧!

教练魏祖武一眼就相中了这个生龙活虎的孩子，他教过很多孩子，但柳萌那股不服输的劲头最使他难忘。

不久后，8岁的柳萌到武汉市体校进行集训，开始正式接受专业乒乓球训练，而且是和健全运动员一样的训练。

长跑训练是对柳萌最大的考验。那时候，每天的早训首先要围着训练场跑10圈。4000米的距离对于健全人来说也并不轻松，对于失去一条小腿、穿着假肢的残疾人更是难以完成的任务。每天跑到800米时，柳萌就一步都不想跑了，假肢把残肢碰撞得疼痛难忍，但她告诉自己坚决不能掉队。

残肢磨起了很多血泡，使她每跑一步都如万箭钻心，每次坚持跑完4000米后，她都会躺在地上起不来，那样的痛苦只有她自己最清楚。不仅如此，柳萌接下来还要练习蛙跳、滑步，还有成千上万次的挥拍。

"这么大的运动量对于我的残肢来说无疑是很大的摧残，也是对我小小年纪意志力最大的挑战。"柳萌说。

运动中假肢磨合比正常走路磨合要痛苦好多倍。但是，为了保持最佳的竞技状态，柳萌要求自己跟健全球员一起练球，绝不搞特殊。而且除了吃饭睡觉，其余时间都泡在球馆里。训练时，戴假肢的地方经常还没长好就又磨破流血，柳萌总是瞒着教练，忍痛坚持，从不请假休息，也从不对父母叫苦。

这种挥汗如雨的训练日子，在许多人看来是苦不堪言的，但她为了心中的梦想，却觉得苦中有乐。她的每一个脚印似乎都在向着冠军的目标前行，心底总是流淌着一丝兴奋。

与乒乓球结缘，使我有了人生目标，是乒乓球使童年的我更加坚强和自信。有了这份不屈不挠的执着和战胜困难的乐观精神，就有了冲破逆境的勇气和快乐，也有了一股奋发向上的精神追求。

因为有着几年校园水泥台子的"球技"，柳萌打球手感很好，再加上教练的悉心教导、自己的玩命训练，她进步飞快。

一年后，柳萌参加省运会，与健全人比赛，当她出现在乒乓球单打冠军的领奖台上时，人们得知这是个9岁的小姑娘，还缺失了一条小腿，不禁赞叹唏嘘。大家认为柳萌绝对是乒乓界一匹不可多得的"黑马"，日后潜力一定不可限量。

2008年，柳萌从电视上看奥运转播，当看到那些残疾人运动员胸前挂着金灿灿的奖牌，国歌奏响时，她暗自给自己定下了目标：希望和他们一样有一天能代表祖国参加世界比赛，要用自己的努力，在异域奏起我们的国歌！她坚信只要肯吃苦努力，这一切都不会太远，梦想一定会成真的。

2009年柳萌13岁时，她第一次打全国比赛，就夺得了第三名的好成绩。就在别人为她高兴的时候，她却在为自己感到遗憾，因为打到前二就可以进国家队，就能参加世界比赛了。

然而，命运又在关键时刻青睐了这个要强的孩子，机会再次向她抛出了橄榄枝。教练看完整场比赛，觉得柳萌身体素质好、反应快，很有打球的天赋，并且为她的"玩命"精神打动了：她不管输赢，都会咬牙拼到最后一分钟，决不放弃，这是竞技体育多么需要的宝贵品质啊！

柳萌以第三的成绩奇迹般地进入了国家队。

然而，柳萌毕竟是个孩子，比赛是残酷的，有成功也有失败，她也有失意

和沮丧的时候。

2011年，柳萌去荷兰、斯洛文尼亚打比赛，这是她第一次出国比赛。成绩很不理想，因为小错误多、表现不好，遭到了领队的批评。她难过极了，给爸爸打电话，怀疑自己可能不适合打球，产生了放弃的念头。爸爸心疼女儿，说想打就好好打，不想打就回来好好读书，不要难过。

正是爸爸的话刺激了她，她自己想通了：打球是我自己的选择，是我的最爱，这些年出了那么多力，吃了那么多苦，怎么能说放弃就放弃呢，我的梦想还没实现呢，遇到挫折才更要坚持啊！

2012年，16岁的柳萌获得伦敦残疾人奥运会乒乓球比赛单打第五的好成绩。然而，她觉得没什么可骄傲的，只是离残奥冠军领奖台更近了一步而已。

伦敦残疾人奥运会后，柳萌进入湖北省奥体中心与省队一线运动员一同训练。在这里，她接受了更高强度的力量和技战术训练，也比之前更加专注了。

为了自己的残奥冠军梦，再苦再难也无法阻挡我追求梦想的激情。

2015年8月，第九届全国残疾人运动会前夕，柳萌的妈妈高烧住院，不久被确诊为恶性淋巴瘤，但妈妈没有告诉她。柳萌打完全国残疾人运动会直接去济南封闭训练，争分夺秒地备战残疾人奥运会。细心的柳萌听到妈妈在电话里说些奇怪的话，经常会说以后如果没有妈了，要好好照顾自己之类，好像在交代后事，有时候还欲言又止或重重地叹气，柳萌感觉不对头。

她拨通了爸爸的电话："爸爸，我感觉我妈出问题了，你说实话吧！你们也不能瞒我一辈子，我长大了，你有事应该和我商量。"

爸爸沉默了半天，才说："你妈得了恶性T细胞淋巴瘤。"

什么？我妈得了癌症？我是不是快没妈了？柳萌难过得大哭起来。

她立即向教练请假，买了火车票回家看妈妈。

妈妈长得特别漂亮，平时也很注意自己的形象，人人都说妈妈显得很年轻。一进病房，柳萌就被眼前的一幕惊呆了：才几个月没见，美丽的妈妈已经被病魔折腾得不成样子，妈妈已经在做第二个疗程的化疗了，她面容枯槁蜡黄，失去了往日的光彩，头发掉了好多，露出一块块没有头发的头皮。

她扑向妈妈的怀抱，紧紧拥抱她、依偎她："妈妈！你看上去还是那么美，你会很快好起来的！"她强忍着不哭，心里却难过极了。妈妈轻轻点点头，看见女儿回来了，心情好极了。

柳萌答应爸爸不在妈妈面前哭。女儿伤心，妈妈会更难过，心态不好，不利于康复。当妈妈望向柳萌眼睛的时候，她避开了，借机跑出去，在走廊上大哭起来：可怜的妈妈，我的好妈妈，我不能失去你！你要快点儿好起来啊！

柳萌多想守在妈妈身边，安慰她、照顾她，和她一起与病魔斗争啊！然而，残疾人奥运会迫在眉睫，备战的号角已经吹响，不能在家久留。

妈妈了解女儿的心思，她说："你现在打球不是纯粹为了自己，国家把你培养到今天，花费了多少心血，你还背负着为国争光的重任。家里还有爸爸，不用担心，去实现心中的梦想吧！"

爸爸不上班了，专门照顾妈妈，让柳萌安心打球。

父母的理解和支持，给她注入了巨大的能量。陪着妈妈做完这个疗程的化疗，她就归队了。

我肩负着亲人的嘱托，领导的期望，义无反顾地踏上北上的旅程，回到济南全心投入备战中。

为了打球，父母也没少操心。柳萌从小被送到体校，为了出成绩，收入不高的父母还给她找过150元一个小时的陪练。她和爸爸虽然感情很好，但他们父女却有个约定：不允许爸爸去现场观摩比赛。这事出有因：

有一次爸爸来看比赛，当时柳萌发挥得不好，连连输球，没想到爸爸直接冲到台边训她，她哭得稀里哗啦，哭完擦干眼泪还得回到场上继续打。

爸爸学历不高，希望女儿好好读书，做个有学问的人，他怕打球会荒废了孩子的学业。可女儿偏偏要打球，所以打得不好，爸爸就会气不打一处来。

柳萌觉得爸爸冲进赛场，中断了比赛，而自己当着那么多人受到训斥，很丢人，也影响接下来的心情，心里有了阴影。柳萌也就此下了"逐客令"。从那以后，爸爸就被剥夺当观众的权利了。

广州2010年亚洲运动会，妈妈来看比赛了，来之前还格外说明，你爸爸不会来的。那场球柳萌开始以8：2领先，一个高球打到看台上时，她突然看到了爸爸！看到女儿往这边看，爸爸连忙藏在人群中，不让她看见，柳萌还是一眼认出了爸爸。

那场球她输了，对手是奥运冠军，本就没有胜算的可能，但她对自己的表现很不满意，觉得不应该输得那么惨，她沮丧地回到休息室，心情很复杂，泪如雨下。

妈妈打电话让柳萌到看台来。爸爸见到女儿，爱怜地拍了拍柳萌的肩膀说："萌萌今天表现挺好的，已经很了不起了，尽力了就好啊！"

记忆中这是打球以来爸爸第一次安慰她。爸爸用行动挽回了在女儿心里的影响，从此以后他就被"解禁"了。

2017年全国残疾人乒乓球锦标赛在河北辛集举行，我赶去采访。我在去找王睿的电梯上偶遇柳萌，她高兴地带我去找王睿。

王睿说："我俩一个悲情，一个笑话。"我不解，她接着说："我悲情，她笑话。"

"对啊，我的人生简直是个大笑话，是一根香蕉皮造成的。"柳萌善于自嘲，笑起来露出深深的酒窝。

多年的球友，使王睿和柳萌结下了深厚的友谊。

"我刚入队时性格特别内向，话也很少。现在简直成了话痨，也是受柳萌的影响。和她在一起太欢乐了，好像就没有难事。"王睿朝着柳萌笑。

柳萌性格豪爽，也爱交朋友。在正定集训时她每天都强迫自己加班，自己练发球，也找高手朋友练球。同时她也知道自己的弱点，就是沉不住气，比分一落后就容易失去信心，就想放弃。

她努力提高自己的心理素质，经常对自己说：比赛有赢有输，要有平常心。要专心分析失败的原因，努力改进技术。能够进入奥运决赛的运动员，往往技术水平都很成熟了，谁内心坚定谁就能坚持到最后。要有意志力，再怎么都不能放弃，要坚持到最后一分钟。

2016年奥运冠军争夺赛，柳萌遇到的是世界上最强大的对手，所以每一场都打得很艰难，每一场都在落后的情况下反胜，毫无运气的成分。她在四分之一和半决赛中都是以3∶2险胜对手的。尤其半决赛四进二时，在大比分2∶2的情况下，小比分5∶9落后，她很崩溃地看着林秀炳教练。按规则教练没有喊暂停，是不准说话的。她看到了教练的嘴型"别放弃，加油"，内心立刻增加了力量。最终连赢6个球追到了11∶9。决赛时也是处于比分落后境地，两局都以7∶10最后反败为胜。看似3∶0，但都是开始下风之后扳回的。柳萌越来越沉稳了。

柳萌实现了梦想。她失去了一条小腿，却在冠军之路上跑得更快，成为第一个冲刺的人。

柳萌相信，这一切不光是个人的努力，更是承载着父母、亲人和教练员、工作人员的默默付出；是团结一致的力量，使她内心变得如此强大，创造出一次次奇迹。

作为北京体育大学的学生，她在一次演讲中，说出了心声：

当巨大的体育馆响起中国国歌，升起五星红旗时，站在冠军领奖台上的我，心一下子像回到了太平洋彼岸，我要告诉祖国，告诉领导，告诉教练：你们辛勤培育的孩子，她的冠军梦终于实现了！我更想告诉父母：这是你们无私与伟大的教育得到的最棒的礼物！

"90后"的一代与前辈们有着一样的情怀、一样的追求、一样的梦想。我会坚持自己的乒乓之梦，让青春勇往直前，让五星红旗再次冉冉升起，高高飘扬！

踮起脚尖更接近白云

高低不平正是人生前后路，左右逢源恰当岁月夏秋时。

雷丽娜1988年出生在甘肃兰州，生下来的时候右腿不慎骨折，到快走路的时候父母才发现，可惜为时已晚。随着生长发育，她受过伤的右腿日渐纤细，生长缓慢，两条腿不能同步发育，长度也产生了落差。

爸爸是个不折不扣的乒乓球迷。从记事起，雷丽娜就常常跟着爸爸去球馆，爸爸在打球，她就安静地坐在旁边看。在她的记忆中，父亲对于乒乓球的喜爱到了痴狂的程度，经常看到爸爸在家里空练动作，还天天对着墙练习发球。

雷丽娜腿不好，妈妈觉得她活动不方便，就给她报了特长班，学钢琴和绘画。

8岁那年，雷丽娜又跟爸爸去球馆，突然萌生了打球的念头，结果一摸到球，就喜欢得不得了，索性把别的特长班都退了，一心打球。

看到女儿爱上了打球，球迷爸爸开心极了。从此以后，爸爸就成了她的启蒙教练，她也成了爸爸的小球友。

平日里，学习之余，雷丽娜就跟着爸爸去俱乐部打球，周末还会和球友们打打比赛。

不到一年，雷丽娜就参加了当地中小学生乒乓球比赛。这使她产生了更大的兴趣。她认为成功靠的是持之以恒的坚持，而最初的兴趣是她坚持下去的动力。

雷丽娜的父母很疼她，几乎到了溺爱的程度，生活上简直是有求必应。但在打球方面，爸爸是特别认真的，虽然她年龄小，腿又不好，但绝对不让打着玩，要打就必须不含糊。

这个后来被雷丽娜称作"半专业"的教练，刚开始练基本功的时候，要求她一个动作反复练习几百次，手酸了，腿疼了，胳膊也抬不起来了，枯燥的重复使她觉得乒乓球一点儿也不好玩，终于有一天，她甩了拍子不想干了。

妈妈是学机械的工程师，做事情更加严谨认真，她最大的特点就是能坚持。妈妈说，打球是你自己的选择，不能得过且过，半途而废就会一事无成，做什么事情都要经过艰苦的过程才能成功。雷丽娜有时候觉得太累了，撒个娇，妈妈便不接茬了。她又悄悄地拿起了拍子。

良好的氛围、扎实的基础、坚定的信念，使雷丽娜10岁开始就包揽了甘肃省内健全人中小学乒乓球比赛冠军。

那时候只要出去比赛，爸爸都会跟着。作为教练，关键时候爸爸也会喊暂停，给予指导。

1998年，兰州市残联选拔残疾人运动员，雷丽娜被选中。2000年她参加了第五届全国残疾人乒乓球比赛，获得了第一名的好成绩。2001年进入国家队。

2003年，在江苏省举办的第六届全国残疾人乒乓球比赛上，雷丽娜因为表现优异，被常州市残疾人联合会文宣处谢潜处长一眼相中，作为特殊人才引入了江苏省体工队，成为当时省级体工队正式队员里唯一的残疾人。

雷丽娜当时在江苏省体工队二组，国家队的一些队友有时会来一起训练，水平都很高。她虽然年龄小，在队里的水平却不是最差的。那时候，她非常感谢父亲，正因为小时候练就了扎实的基本功，才可以和众多高水平的健全运动员一起训练，一起参加健全运动员的乒乓球比赛。她拉出的弧圈球冲力大，速度快，很快就成了体工队里的佼佼者。

一直融入健全人的训练和比赛，使雷丽娜参加残疾人比赛的时候优势更加突出。2004年她第一次参加残疾人奥运会，在雅典一举夺得女子TT9级团体冠军、单打亚军的好成绩；在2008年北京残疾人奥运会上，雷丽娜又将团体、单打两块金牌收入囊中。

雷丽娜在夺金后，第一个电话打给了恩师谢潜，平日里不善言辞的小丽娜哽咽着致谢，"伯乐"谢潜流着泪感叹：当年那个小姑娘终于长大了！

雷丽娜觉得，打球时的心态很关键，竞技场上，要有必胜的信念和杀气，遇到水平高的对手也不能气馁，要给自己信心。但也不能急于求成，太想赢了就会影响专注力。把握好这个平衡特别重要。

凡是打球的都喜欢和高手切磋，当雷丽娜可以轻松打败爸爸的时候，她就不屑于和他打了。获得奥运冠军后的雷丽娜更懂事了，每周都会陪爸爸打球，她要让爸爸高兴，她觉得爸爸年轻时为她付出得太多了。

成年后，雷丽娜右腿比左腿短了11厘米。因为双脚不能同时着地，右脚因长期"踮"着而导致畸形。

2008年残疾人奥运会结束后，俄罗斯骨科博士瓦希里在济南为雷丽娜做了腿部矫形手术。

一期手术是矫正畸形的右脚，手术很成功，术后脚型已与正常人无异。二期手术就是让雷丽娜先天短了的右腿增长，整个手术预计需要六个月。

据说，这个骨矫形技术是目前国际上最为先进的，就是将腿骨打断，刺激它的自愈生长功能，骨折后刚开始长的是软骨，可塑性强，可以通过机器牵引并固定，迫使骨骼被动性生长，长出一点儿，就再牵引一点儿。

雷丽娜的二期手术分了几次进行。第一次她的右腿拉伸出了五厘米。那个期间牵引骨头的同时，筋和神经都受到牵拉，雷丽娜每天都疼得死去活来，连打止痛药都不能止疼了，只能忍着。实在忍不住了，她就大哭一场。这样持续性的剧烈疼痛折磨得她一天最多睡两个小时，没完没了的疼痛使她绝望，简直要崩溃了。

骨头拉长了，可韧带僵硬，腿还是伸不开，护士每天都要来揉筋。这可是个体力活儿，每揉一下都会疼得钻心，每次揉筋雷丽娜就会大叫，护士就下不去手了。妈妈就接过去了，不管女儿如何喊疼，喊得撕心裂肺，妈妈都不会停下，而且还会加大力度，直到做完规定的时间。那时候雷丽娜觉得，妈妈是世界上"最狠心"的妈妈。

手术前，爸爸去买了一双雷丽娜老早就看上的运动鞋，他把这双健全人穿的鞋子放在病床下，女儿每每疼痛难忍时，就会看看这双鞋，她说最大的梦想就是能穿着它去打球。

半年后，雷丽娜右腿恢复得很好，具备了第二次手术的条件，但想到那痛不欲生的感觉，她就心有余悸。在纠结了好一阵后，雷丽娜还是鼓足勇气走进了医院。第二次手术，她的右腿拉伸了四厘米。

有人说，疼痛的强度，同自然赋予人类的意志和刚度成正比。住院期间，医生每天都要调固定在腿上的架子。两次手术前前后后折腾了两年。雷丽娜硬是挺过了那些痛不欲生的日子。

因为手术难度很大，雷丽娜在住院前就想到了退役，而那时，她才20岁，很多人都为她惋惜，觉得她已经达到了世界排名第一的水平，应该再打几届。

可是在父母眼中，孩子的健康是最重要的，手术后，如果两条腿一样长了，走起路来再也不用踮着脚了，生活质量自然会提高，如果错过了最佳手术时机，将成为终生的遗憾。

后来腿好了，特别感谢妈妈，感谢妈妈的恒心。她的坚持时刻鼓舞着我，才能走到今天。有的小孩忍受不了，半路拆了，就前功尽弃了。我是我妈妈的女儿，她怎能不心疼，妈妈都是为了我好，当时心里一定也不好受。后来看到妈妈的头发都白了，特别心疼。

2010年，雷丽娜如愿进入南京信息工程大学学习。学校老师希望她能到校乒乓球队训练，参加2011年全国大学生乒乓球锦标赛。父母也很支持。

此时雷丽娜已经离开乒乓球赛场两年了，手术伤口还未痊愈的她，强忍着疼痛，重新拿起球拍。她发现手术之后，拉伸过的右腿灵活度不如以前了，运动功能受到了影响，她已经适应了短腿的运动状态。但她觉得腿既然能走，就会有运动功能，所以为了这条不熟悉的腿，必须迅速适应、做出改变。

刚恢复训练时，雷丽娜脚腕血液循环不好、腿水肿，体能大幅下滑，动作不到位、技战术也走样了。很多球打不好，她非常着急，也很苦恼。大学里的领导、老师和队友常常安慰她，在心理上、技术上、生活上给她无微不至的关怀和帮助，帮她渡过了难关。

校队正常情况下每天训练两个小时，雷丽娜对自己要求严格，和健全运动员一起训练，从不缺席。经过不到一年的恢复，她的技术水平逐渐回归。

2011年雷丽娜与健全运动员一同比赛，获得全国大学生乒乓球锦标赛混双第五。

大二下学期，雷丽娜又获得国际乒乓球联合会残疾人乒乓球中国公开赛女子单打冠军，大三上学期获全国第八届残疾人运动会女子单打冠军，并在2011

年亚洲及大洋洲残疾人乒乓球锦标赛上摘得TT9级女子单打桂冠，由此获得直通伦敦残疾人奥运会的资格。

2012年伦敦残疾人奥运会上，雷丽娜复出后延续巅峰生涯，又在残疾人奥运会女子TT9级乒乓球单打、团体赛中夺金。

我们在一个咖啡馆里开心地聊了两个多小时。出了门，雷丽娜抢先用手机给我叫了辆出租车。看着她穿着裙装美丽的背影渐渐消失在人群中，好心动。

她的人生再也不用踮起脚尖寻找，她已经够到了白云。

人如其名，载入史册

　　这可能是本次比赛最好看的一场球了，强强相遇，棋逢对手，可谓一场"恶战"。在杭州2016年全国聋人乒乓球锦标赛上，代表浙江的史册和代表广西的黄梦萍正在打决赛。此时其他小组的比赛已渐入尾声，随着一声声呐喊和阵阵掌声，几乎所有的观众都聚集在球台的围挡外面。

　　这场球打得异常惊险，经常一个球多个回合，看上去无法救回的球也会被奇妙救活，看得人提心吊胆、惊心动魄。比分咬得很紧，难分胜负。

　　黄梦萍打球力量很大，旋转也强，像个生龙活虎的男队员，史册擅长打快攻，这场比赛是力量和速度的比拼。她俩动作舒展、漂亮，观众犹如享受到饕餮盛宴般大呼过瘾。这场比赛，黄梦萍第一，史册第二，林焕第三，王哲第四。四人顺利拿到了2017年第二十三届聋人奥运会的比赛资格。

　　史册是黑龙江人，为何代表浙江打比赛，这说来话长：

　　我1985年出生在黑龙江省伊春市带岭区，一出生就发现右耳先天性无耳道。小时候父母带我去北京治疗，医生说动手术也许会导致面瘫，妈妈心疼得哭了一场又一场。那时候我问妈妈为什么哭，妈妈说，让你爸爸气的。

我的听力在70分贝左右，还不算太严重，上学一直坐在第一排，勉强可以听到老师讲课。上初中时，功课多，发现听不到同学发言了，父母就给我佩戴了助听器。记得当时学校统计班里有没有身体残疾的同学，身体哪不好的要报给老师，我知道我耳朵不好，但不想承认，也不敢吱声。当时还特别生妈妈的气，觉得自己很无辜，为什么没给我生出好耳朵来。

小学四年级时我被选拔去市体校打球，上午在学校读书，下午去体校打球。2002年，市残联把我推荐到省残联，然后去黑龙江省体工队训练，参加残疾人乒乓球比赛。在体工队，赵守礼教练很欣赏我，他曾经是孔令辉的教练，说我的动作很好、基础不错、很有潜力。赵指导让人感觉很亲切，也很有素养，这么多年从来没见过他发过火，他业务水平高，说话也很有道理，我们都很尊敬他。

2003年我参加了全国残疾人运动会乒乓球比赛，当时有人问我参加什么比赛，我说"全国乒乓球比赛"，故意把"残疾"两个字隐去不说，全国残疾人运动会与健全人的运动会不在一年，别人就纳闷儿，觉得时间不对。但无论如何，我不喜欢"残疾"这两个字，我不想把自己归为残疾人。

小时候为了遮住耳朵，都是留齐耳短发，有时候理发稍微短了一点儿，就会哭，觉得耳朵露出来了，怕别人看见了笑话我。那个时候也是不强大，现在早好了，打了奥运会以后，对自己有信心了，觉得不比别人差，那几年把头发留长了，有时候还会扎起来。2015年四川全国残疾人运动会前，为了训练方便才又剪成短发。我舅舅还跟我开玩笑说，变化不小啊! 敢露耳朵了!

史册在全国中学生乒乓球比赛中曾经荣获团体第三名，16岁时她又获得全省乒乓球女子单打冠军。在2003年第六届全国残疾人运动会聋人组乒乓球比赛

上，史册获得了女子单打、双打和团体三块金牌。

上学的时候，史册算是很有名的学霸，练习乒乓球只能上半天课，她也会高效率地学习。2001年她以优异的成绩考取了黑龙江省重点中学——伊春市一中。2003年为了参加全国比赛，史册半年没有好好上课，但在期末考试中依然获得了全班第五名的好成绩，这令老师和同学们都非常吃惊。2004年9月，她如愿考入哈尔滨工业大学人文学院，成为一名大学生。

真正的挑战还是来自听障奥运会的备战。听障奥运会每四年才举行一次，为了登上这个世界最高领奖台，世界各国的运动员都在苦练，不付出超常的努力是不可能夺冠的。史册下定决心，绝对不能丧失这个机会，为了冠军而战，为了祖国的荣誉而战，豁出去了！

那段时间，她每天训练都会超过十个小时，训练强度与专业运动员基本相同。每天都要练到筋疲力尽、浑身酸痛才肯罢休，回到宿舍瘫倒在床一动都不想动。

2005年1月，20岁的史册随队去澳大利亚墨尔本参赛，不慎在比赛时肌肉拉伤，她忍着疼痛，坚持打完比赛。获得了第二十届听障奥运会乒乓球女子单打、女子双打和混合双打三枚金牌，成为听障乒乓球赛场上一颗耀眼的新星。

同年，史册被中国残疾人联合会、国家体育总局授予"优秀运动员"的光荣称号。在美国盐湖城召开的第四十届国际聋人体育联合会代表大会上，史册被授予2005年年度最佳女运动员奖，也是中国第一个获此殊荣的运动员。

2009年是史册"运气不好"的一年。这一年她大学毕业，一方面要交毕业论文，一方面为了迎战听障奥运会，要参加国家队在济南的集训。于是她就在哈尔滨和济南之间来回跑，用她的话，两件事同时在干，都没干好。学校论文答辩耽误了，要延期毕业。训练不是很系统，比赛也没打好。听障奥运会前的两次选拔，六个人里面选四个，因为练得不好，打了第四，好歹也获得了参赛资格。

运动员都知道，打球不光靠实力，有时候也需要运气，比方说抽签分组。听障奥运会期间，她被分在上半区，"不幸"的是，实力强的国家的一、二号选手都在上半区，这使她每一场打得都很累，最终单打只拿了个第五。成绩下滑了！比赛成绩不好，为了训练也没找到工作，史册感觉人生陷入了低谷，不知何去何从。

天无绝人之路。此时浙江省体工队主教练、乒乓球领队朱乃桢给她打来了电话，问她愿不愿意转会到浙江省打球。那时候有个不成文的规定，本省拿到奥运冠军的运动员不得转会，她是黑龙江省的运动员，不能擅自离开。史册等了半年，工作一直没有得到落实，12月她毅然决然南下杭州。

当时父母不同意，一个女孩子跑那么远，漂泊异乡，太不让人放心了，守在父母身边最起码还有个照应。可是想到女儿的前程，看到她坚决的态度，父母也只好同意。

没想到史册这一走，就在杭州安家了。

说到和朱乃桢的缘分，那真叫"不打不相识"。

为了迎接2008年聋人乒乓球世界锦标赛和北京残疾人奥运会，聋人队伍和肢残队伍一起在西安、济南集训，因为聋人没教练，就派了国家高级教练朱乃桢来。

那时候史册小脾气很大，在队里没人敢得罪她。经常做些小动作，惹一些小祸，谁说都不服。朱乃桢不认这个理，要管好队伍，就得严格要求，不听怎么行。原来在体工队时，可没有不怕她的。你天天犯错误，我就天天批评你，非给改过来不行，男生女生一视同仁。朱乃桢年轻时是国家队的队员，在国家队时还和周树生打过混双。看来她把健全人国家队那一套拿过来了。

那时候史册经常写检查，还被罚长跑。她很生气，就拿不吃饭抗议。她哭着给爸爸妈妈打电话："不想练了，想回家，教练就是看我不顺眼，老是和我过不去，说我比赛时候散，但我觉得已经很认真了。我不服，我怎么散了。王冬梅还替我去说情，跟教练说我就那样，教练也不听。不想打了，真受不了了！"

集训期间，队里要求很严，周末也不让出去。比赛临近，聋人运动员听力不好怕不安全，再说还怕吃了有兴奋剂的食品。

待了这么久，训练是那么枯燥，史册多想出去看看哪！她跟主教练请假，说出去买点儿东西，一会儿就回来。得到的答复是：生活必需品队里都发了，没什么可买的，不准假。

史册很沮丧。她和队友王冬梅商量，今天是周末，教练也不会挨个房间查，我们悄悄地出去吧。

王冬梅和史册在黑龙江时就是搭档，她俩平日里很要好，配合也很默契，曾经一起获得过全国双打、团体冠军。王冬梅比史册大5岁，但她听障比较严重，平日里大多听史册的。但这一次，她不敢。史册就劝她：我们悄悄出去，再悄悄回来，没人知道的。王冬梅才勉强答应了。

教练住在一楼，出去要经过教练的窗前。这几日，朱教练的丈夫来探亲，姐妹俩弯着腰经过教练的窗下，刚好被他看见了。怎么就那么巧呀？又要"好看"了！

朱乃桢去问了保安，保安说确实有两个女孩出去了，还描述了一下女孩的样子，她心里就有数了。

开会时，朱教练问是不是有人出去了，大家都没吭声。史册觉得我死不承认，她也没办法。教练说，如果自己招了可以宽大处理，我已经知道了，不承认，我就要狠罚了！

结果是：王冬梅胆小招了，坦白从宽。史册死不承认，在"铁证"面前也只能"低头认罪"。结果是写检讨当众念，还要接受罚款。

散会后史册写了检讨，但认识不深刻，被打回来了，要求重写。

这件事之后，教练找她进行了一次深刻的长谈。她这才知道，教练不是在找碴，而是对自己好，如果不管不问，才是要放弃了。她被说得一把鼻涕一把泪，觉得自己终于被"骂醒"了。

浙江省残联高度重视残疾人乒乓球队，无条件地接纳了还没有转会的史册，让她在浙江省体工队集训，并享受和浙江队员一模一样的待遇。她还有幸在杭州一家制氧机公司找到了一份工作，在工会负责组织一些文体活动。单位董事长蒋明喜欢打球，对她也很支持，史册觉得自己特别幸运。

没有了后顾之忧的史册如鱼得水，成绩迅速回升。2011年，她在浙江嘉兴举办的全国第八届残疾人运动会上，获得单打冠军，双打、女团第二，混双第三的好成绩。大家都很吃惊，两年不见，史册球技飙升了！

这次全国残疾人运动会她依然代表黑龙江队参赛，之后，史册才转会到浙江省。她从内心感激浙江省残疾人联合会给她提供了良好的训练条件，以及给她各方面的帮助和支持。

几年后，史册在杭州成了家，找对象也是朱老师把关，丈夫是个健全人，很优秀。婆家开始强烈不同意，她听力不好，担心没法交流。长辈们从江西赶来旅游，实则"相亲"，没承想一看到史册就同意了。这些事情是后来婆婆讲的，丈夫心疼她，从未提起过。如今婆婆经常去杭州照顾他们的饮食起居。史册平常外出训练，周末团聚时婆婆会做一桌丰盛的美食，装修房子也是婆婆里里外外在操心。妈妈说，婆婆比妈妈照顾得还好，总算放心了。

婆婆是江西人，做饭偏咸偏辣，史册开始有点儿不适应，现在也觉得很喜欢了。杭州人喜欢在窗外晒一些梅干菜之类的东西，每次看到这些，史册就会想念东北的肉皮冻、豆包、酸菜粉、饺子那些美食。她在朋友圈看到亲人们经常几家在一起"窝窝"聚会，还晒一起吃饭的照片，她更想家了。

她就和父母视频聊天，说放假的时候想回去看看，妈妈就说家里很好，别老惦记着回来，你好好的就行。

2017年春节放假七天，史册踏上了回家的路。妈妈怕买不到票女儿着急上火，说路远，都跑在路上了，别跑了。

四年没回家了，下了飞机，史册感到很陌生，竟然找不到家了，新区开发，平房改成了楼房，方向感都没有了。

性格开朗的妈妈，平日里喜欢唱歌跳舞，史册一进门妈妈就扑上去给了一个大大的拥抱。妈妈就是这样，每次回来都以这种热烈的方式欢迎女儿回家。

爸爸做饭很好吃，他亲手下厨为女儿做了拿手菜红烧带鱼，史册在离开家的日子里曾朝思暮想的带鱼，只有爸爸能做出罐头味来，是在哪里也吃不到的。

当年妈妈可以再生一个孩子的，指标都给了，我小时候也问过，妈妈说，再要一个难免会有偏袒，怕我受委屈，再说哪有精力供我打球、上大学啊！我从内心感谢我的妈妈。

史册也有烦恼。有时候出去办事，营业员往往会低着头一边操作一边说话，史册听不清，没办法就硬着头皮再问一遍，看到别人不耐烦的样子，她心里很不舒服。她不赞同别人说"聋哑人"，这样说是不准确的，也不受尊重。国际上都叫"听力障碍"，聋人其实也不哑，只是听不到，才没法说话，其实声带一点儿问题也没有。聋人经过训练，还是可以说话的。

2017年7月，史册和队友赴土耳其参加四年一度的听障奥运会。在这次世界聋人最高级别的赛事上，史册拿下了女团、混双、女双金牌和女单银牌，她和队友创下了中国代表团有史以来的最好成绩。

史册认为，这三枚金牌中，最具含金量的当属女子团体比赛这块金牌了。这次女团决赛是与乌克兰对决，中国队抽签抽中了客队XYZ*，作为主力一号的史册出场顺序是二、四场，黄梦萍出场顺序是一、五场，林焕是第三场。第一场黄梦萍1:3输给了乌克兰女一号。史册上场前一直在调整心态，告诉自己不要受影响，要把战术打好，第二场史册速战速决，3:0拿下。第三场林焕又输了。如果第四场史册输了，女团与冠军就无缘了。在两次落后的情况下，史册追平比分至2:2。接着黄梦萍上场，拿下了决胜局。中国队终于以3:2的成绩逆转对手乌克兰队，夺取了本届听障奥运会乒乓球项目的首枚金牌。

---

* XYZ是抽签抽到的编号。

太惊心动魄了！每局都打到10∶10，太惊险了，心情起伏得简直和过山车差不多了！

当五星红旗在场馆上空冉冉升起的时候，乒乓球女子团体比赛的四位姑娘站在领奖台上，她们的眼中闪动着泪花。为了这一刻，她们付出了太多的艰辛与汗水。而相较于身边的姐妹们，老将史册已经是第四次来到听障奥运会的乒乓球赛场上，作为乒乓女团的主力队员，她深深地了解这枚金牌的分量与意义所在。

回国后，在杭州的欢迎仪式上，副市长亲切接见凯旋的健儿，并高度评价运动员们勇攀高峰的拼搏精神和良好的道德风尚，褒奖他们为国为家乡增光添彩。谈到成绩，史册心中满怀感激，对未来也充满了憧憬：

　　每次有比赛任务，上级的借调函一到公司，领导就立即批准，并让我把手头的工作交接给同事，支持我全力以赴备战。今生遇到恩师朱乃桢，遇到这么好的领导，是我的福气，他们都是我生命中的贵人。没有他们，就没有今天的我。

　　乒乓球运动员打出成绩不容易，要付出太多。我很珍惜自己的运动生涯。打完这场听障奥运会我就想生个宝宝了。看身体恢复情况，如果可能的话，我还想打球，或者做与乒乓球有关的事情。

第五章

万爱千恩百苦，
疼我孰若父母

爸爸妈妈，我爱你

李倩受访视频

2002年，李倩13岁时第一次做手术。

早上7点，李倩被推进手术室，整整12个小时了，爸妈坐在门口，一天滴水未进，紧紧盯着手术室的灯，望眼欲穿。李倩因为从小患了小儿麻痹症，脊椎严重变形弯曲100多度，身体前倾，胸腔凹陷，随着身体进入发育期，越发严重了。此时，她需要做脊椎矫形手术。

手术很复杂，背部需要全部切开，连肠子都要重新整理再归位。这么大的手术，充满了各种风险，难怪爸妈那么担心。前一天晚上，医生让妈妈签协议，协议上列举了诸多手术可能引发的不良后果，如这类手术可能会大出血；有可能损伤脊髓导致后遗症；术中持续低血压可能会导致脊髓动脉缺血、眼睛失明……妈妈看了协议，吓得哭了起来。

李倩出生于1989年。8个月时，她发烧持续不退，医生一直当肺炎治疗。突然有一天，父母发现李倩哭不出声了，紧急送往医院。原来她赶上了邳州小儿麻痹症大爆发的"末班车"，此时已经麻到嗓子眼儿了，命悬一线。那时候，医院里的儿麻患者很多，每天都有救不活抱出去的，爸妈真的懵了！

小时候父母怕她自卑，出门总带着她，而且专往人多的地方去。刚开始她不习惯，害怕别人的眼光，妈妈就告诉她只有经受住心理的考验才能快乐，后来别人再看她的时候，她就送给对方一个微笑。

这样一来，李倩从记事起，就从来没有孤独感，并且不怕歧视。

如今在残疾人国家队，笑得最灿烂的一定是李倩，这要感谢爸爸妈妈的良苦用心。

那天，李倩的手术很成功。当她从手术室被推出来的时候，还没有从麻药中醒来。妈妈扑上去，看到处在昏迷中的女儿，泪流满面。李倩背部植入了钢板，腰椎侧弯被纠正到了30度。后背刀口很长，缝了几十针，致使她在之后的一个月都不能翻身，也不能动，只能平躺着。

她从小因患小儿麻痹症腿不好，爸爸妈妈一直对她呵护有加，从来不舍得让她受一点儿委屈。

术后李倩身体又酸又麻，半夜里常常被疼醒，爸妈就轮流把手掌垫到女儿的屁股底下，让她舒服一点儿。有时疼得厉害了，李倩就大哭一场，权当撒娇了，爸妈就不断地帮她敲腿、揉捏酸疼的部位。

李倩有个小她两岁的弟弟，从小就很懂事。父母不在家时，弟弟也不去和别的小朋友疯跑，就在家照顾姐姐、陪姐姐玩，连倒马桶这样的活儿弟弟都会抢着做。弟弟在信息工程学校上学，学习成绩不错，毕业后守在父母身边，帮爸爸做生意。

14岁那年，李倩六年级，转到"希望之家"上学。2003年3月，

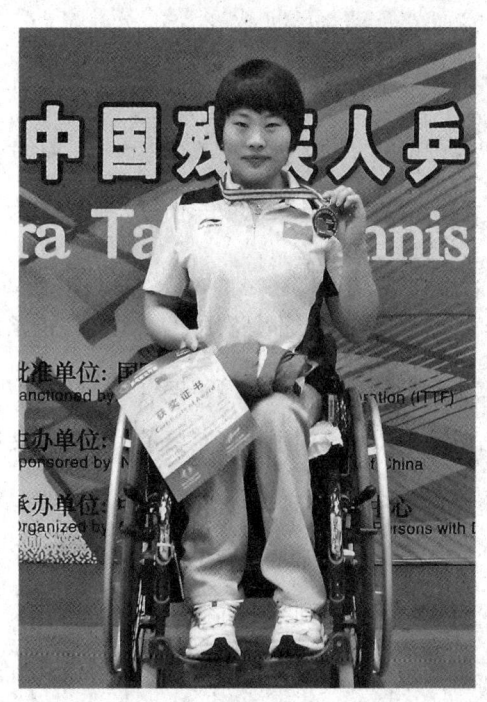

她成为"希望之家"乒乓球队的第二批队员，开始了打球生涯。

那时候他们上午上课，下午训练。打球很苦，但对身体机能的恢复有着非常积极的作用，父母特别支持她。"希望之家"的孩子不少来自乡镇，来回路途远，学校要求孩子住校，但李倩父母不舍得，怕女儿住校受委屈，父亲李万星每天风雨无阻地接送孩子，家里的农用小三轮就成了接送李倩的"专车"。母亲从来不敢去，"希望之家"全是患小儿麻痹症的孩子，妈妈看了受不了。

有时候遇到恶劣天气，爸爸还是会来接李倩。下雨的时候，爸爸先把轮椅抱到三轮车上，再把穿着雨衣的李倩抱上去，固定好。遇到雨雪大风天气，李倩就和爸爸背对背。在她童年的记忆中，好多道路都是从后向前延伸的，看着道路两旁的树木向前扑去，是有爸爸呵护的日子。

夏天在铁皮棚子里训练，太热了，李倩和队友都会起痱子。淘气的孩子们也常常恶作剧，有时候去痱水抹完了，他们就把空瓶灌满水放回原处，然后想象着老师发现时的表情。

"痛并快乐着。"李倩开心地回忆着那些时光。

冬天太冷，手背冻出好多冻疮，打球的时候冻疮破裂，血水飞溅，也不能贴创可贴，贴了握拍手感就不好了。队友们膝盖、小腿、脚上，长满了冻疮，但李倩的腿脚从没有被冻伤过，那是因为爸爸天天接她回家，每晚可以在爸妈的怀里温暖入睡。

李倩的父母都是农民，家里的经济条件并不宽裕，但对于孩子的训练，家里人咬紧牙关大力支持。记得别人用200元球拍的时候，爸爸给她买了个600元的球拍，队友们别提多羡慕了！她感激父母，并告诉自己，要心怀目标、不怕吃苦，要在这个漫长的过程中脚踏实地、刻苦练球。

李倩一开始是用右手打球的，两个多月后，其他队员都能打到几十板、上百板时，她打到第十五板手臂就抬不起来了。小儿麻痹症导致李倩的运动神经损伤，右手变形，没有力量。教练就让她改用左手，她的左手功能也不好，打一会儿就要休息一下。那时，她每天都要托举2磅的小哑铃几千次，以增加手臂的力量。下午训练结束了，她还要多练一会儿，爸爸总是耐心地等着她。

李倩的腰和腿先后做过五次大手术。她的腰被缝了30多针，现在还是S形的，身体植入的钢板至今都没有取出，平时不能弯腰，一弯腰就疼得钻心。每次手术后还处在恢复期，李倩就归队训练了，用来固定脊椎的塑料夹子还没撤掉，夹子很硬，打完球，腋下垫着的毛巾经常血迹斑斑，夹子下端把腿也硌出很多瘀青。这样的身体运动起来非常困难，训练时跌倒受伤也是司空见惯的。

宝剑锋从磨砺出。2005年5月，李倩在香港举办的残疾人乒乓球公开赛上，一举夺得TT3级单打冠军，接着还和张变一起拿下了团体冠军。

2006年10月，李倩夺得马来西亚远南运动会团体冠军、单打冠军；2007年，夺得斯洛伐克乒乓球公开赛团体冠军、单打冠军；2007年11月，获得首尔乒乓球锦标赛女子TT3级团体冠军、单打冠军；2007年12月，获得克罗地亚公开赛TT3级团体冠军、单打冠军。

在接下来的2008年北京残疾人奥运会上，李倩遇到了困难。困难不是来自对手的强大，而是自己多年的腰伤又加重了，打球时腰根本使不上劲，一动就疼得直冒冷汗，好胜的她还是咬牙带伤打比赛，勇夺女子TT3级单打冠军，TT1-TT3级团体冠军。

后来给李倩诊断的医生吃惊地说，固定腰椎的钢筋断了三根！要知道，钢筋平常用钢锯都不容易锯断，可以想象她平时的运动强度有多大。钢筋断了还能坚持比赛并且夺得金牌，简直太不可思议了！

凭着自己先进的打法和世界排名第一的绝对优势，面对2012年伦敦残疾人奥运会，李倩胜券在握。然而出乎意料的事情发生了！

按照规则，世界排名前二的单打选手可直接进入八强，所以李倩前两天没有比赛，两天后，在单打八进四时，李倩失手输给了奥地利选手。当时她整个人都懵了！

出道以来一直很顺，觉得自信过了头，别人打了两天了，自己还没进入状态，连前四都没进，晚上想了想冠军应该是我的，没了，特别难过，蒙着被子大哭一场。哭完了，觉得后面还有团体比赛，团体赛最重要的是责任感，要打起精神，迅速进入状态，四年努力不能白费，也要对搭档刘静负责。前两场单打，第三场双打，最后两场单打。前三场赢了，后两场就不用打了。我们一起努力，拿到了团体冠军。

说到教练衡新，李倩用了两个词：恩师、慈父。

这么多年，教练几乎没有训过我们，但我们都很尊敬他，也很听他的话。他有时候说了很多遍，我们依然不理解，而且总犯同样的错误，教练也会着急，但不会发火。

李倩在队里算脾气坏的，绝对不受委屈，还有点儿小霸道。小时候她经常和师哥吵架，但他们这些发小儿，同病相怜，一路相伴走来，有着很深的感情，小打小闹很快就好了，谁也不会往心里去。特别是从2012年以来，经历了几次大赛，李倩变得成熟多了。

人人都知道青春期的孩子容易叛逆，自我意识变强，往往与长辈对着干。他们这些孩子年龄相仿，青春期来临的时间也差不多，面对一群这样的孩子，有时候教练衡新被气得很想发火，但还是压着不发，面对这些身体不好的孩子，他不忍心，最终还是调整一下情绪，耐着性子好好讲道理，这恐怕连很多亲生父母都做不到。

"谈谈你的青春期吧！"我想知道这个有点儿霸道的小姑娘惹过什么小祸。

有一件事情现在想想都觉得不好意思。2006年我们在荷兰比赛，结束后全体人员要照张合影留念。当时教练看到队员服装不整齐，就要求大家把外套脱掉，统一穿短袖。可我当时也不知道哪来的脾气，就是不脱，教练又说了一遍，我还是不脱，教练就说轮椅运动员坐在第一排尤其需要整齐，然后看着我，我看了看大家都在等我了，才不情愿地脱下外套，但整个过程就是摔摔打打，满脸的不高兴。

照完相，衡教练用一个指头指着我的脑袋说："闹事是吧！"我也不好意思地笑了。现在想想可后悔了，当时也不知怎么了，特别能找事。也可能把教练当成了最亲的人，心里有安全感，觉得撒个娇，他也不会离开我，也不会真生气。孩子只有对家人才会肆无忌惮、随性不伪装吧！真不应该啊，现在我们都长大了，再也不会了，我们要给小队员做出榜样。

教练从小看着我们长大，我们也一年年看着他变老。打球十几年了，几乎可以说是被教练抱大的。

每次出去打比赛，教练都会在集合前四十分钟到每个队员的房间收行李，先搬到车上，到了酒店再送到每个房间。上火车也是把一个队员抱到座位上，再去抱下一个。轮椅不能放在过道上，就和列车长沟通，摞起来放在不开门的那一侧。虽然每天在一起，想一想就觉得教练真的老了不少。以前在"希望之家"的时候，教练还在单位上着班，来回跑时间不够，经常带着泡面在门卫那里吃，时间久了就落下了胃病。现在他的腰和膝盖都不好，肩膀也有了毛病。

以前我才80斤，现在也重了，队员们都长大了，看到他抱队员明显很吃力了。毕竟教练也50多岁了，真不忍心。

别的队友看到我们和教练很亲，都特别羡慕，直说你们教练真好！从内心来说我们确实不怕他，但绝对听他的话。他态度不严厉，但要求很严格。教练刚带我们的时候也很懵，轮椅运动员身体条件不好，和健全人打乒乓球有很大的差别，他就不断改变训练战术，摸索出适合我们的打法。这么多年我很依赖教练、信任教练，无论是训练还是比赛，都要问问教练，下一步怎么安排我。

奥运之后的冬训应该最轻松，每次回来开完会就觉得放松不了。教练让我们懂得一个道理：没有规矩不成方圆，心散了就不好收了。

教练太善良了，以前他自己有个乒乓球俱乐部，收入很好，但为了教我们，俱乐部干不下去了，可能是顾不上了，很不忍心。不过从来没有人去问过详细情况，那时候我们小，但都知道这件事。

队员们尊敬爱戴教练，但从来没有表达过。因为当面说不出口，只能发短信了。父亲节到了，李倩就给教练发了这样一条短信：

教练，今天是父亲节，我以女儿的身份，向您道一声祝福。

李倩是个重感情的人，离家多年，还经常对发小潘磊念念不忘。她们小时候玩得很投缘。现在潘磊结婚了，也有了个健康的宝宝，虽然见面很少，但感情却丝毫没减。

李倩觉得自己很幸运。当年那么多儿麻患者，好多都没有活下来，也有的活下来了被父母遗弃，或扔给爷爷奶奶不管，而她是在父母的疼爱中长大的。

李倩觉得自己腿不好，出门搭乘交通工具很不方便，想去考驾驶证。可是父母不放心，觉得开车太危险。李倩认为自己一定要独立，不能让父母照顾一辈子。看女儿很坚定，妈妈就赶到南京，全程陪着她学车。

现在每次回老家，李倩都会开车拉着父母出去转转。邻居见了都会羡慕地说，李倩自己开车啊，挺厉害的哦！说到女儿，妈妈总是会心地笑着，女儿是她的骄傲。

以前家里开了个门市，卖压面机零件，因为爸爸老是接送李倩，送货不及时，开不下去了。爸爸就从厂家进一些耙齿去乡镇送货，还在合适的季节收大蒜。这两年，她突然发现爸爸的白发越来越多了。她小时候爱撒娇朝爸爸发火，现在不会了。

李倩每次回家，洗澡的时候，母亲都不忍心看，她后背因手术被割开又缝合的几十针，使她感觉触目惊心，心疼不已。每次看到女儿的身体，母亲都会掉泪。

李倩经常给父母打电话报平安，妈妈也在电话里嘱咐女儿，尽量少开车出门，开车毕竟还是有危险的，要好好吃饭、爱护自己、早睡、避免受伤……面对父母的牵挂，李倩内心充满了感激。

可是她觉得从来没为父母做点儿什么。现在每次回家她都会给父母买礼物，给妈妈买衣服、化妆品，给爸爸买营养品。她还把奖金交给爸爸，爸爸不舍得花，给她买了个门面房，让她以后的生活有个保障。

采访结束，在我的鼓励下，李倩

拨通了家里的电话——

"倩倩，有事吗？"是妈妈。

"妈，我爱你！"

电话那头沉默了，妈妈把电话递给了爸爸。

"爸，我爱你！——我爱你！"

多年来堆积在心里的感激之情，此刻随着泪水喷涌而出，李倩泪流满面，再也说不出一句话。

爸爸，我是你最棒的女儿

张淼受访视频

　　汽车驮着张淼向着家乡飞奔，她沉默地看着窗外的景象。每次回乡探亲，她都提前买好给爸妈的礼物，在心中默念着、盼望着、数着倒计时。在她心中，回乡的路是最美的路。离家十几年，回家是她最快乐的向往。

　　十月的农村，原本应该是稻谷的颜色，铺天盖地耀眼的金黄。下雨了，仿佛天空在哭泣，凄冷灰暗。庄稼收了，田野里光秃秃的，放眼望去，一堆堆稻草整齐地码在田埂边。

　　千里细雨蒙青山，桃李薄艳也知愁。张淼的心在滴血，离家越近，她的心越狂跳得厉害。她想哭，可欲哭无泪；她想喊，嗓音早已沙哑。她感到窒息般的痛。

　　姐姐来接她了。下了车，姐姐指了指不远处一个崭新的小土堆，小声说着"爸爸在那"。

　　张淼推开姐姐，从轮椅上"扑通"跌落在地，她匍匐着爬到爸爸的坟前："爸爸！你醒醒啊！看一眼你的女儿！我是你最棒的女儿！我没有让你失望呀，爸爸——我还有好多话没有对你说，你不在了，我以后找谁商量去，爸爸，你这么不疼我，你看看我呀——"

1991年，安徽省宿州萧县的小山村，一个胖嘟嘟的小女孩降生了，她响亮的啼哭给这个已有四个孩子的六口之家带来了新的喜悦，孩子长得白皙清秀，爸爸妈妈喜上眉梢。爸爸说："给小闺女取名叫张淼吧！我们农村人靠天吃饭，'淼'字有三个水，庄稼不缺水，自然长得好！"

小张淼和其他孩子一样，在亲人的关爱下一天天地长大。然而，一岁时她患上了小儿麻痹症，这意味着张淼从此以后不能像健全人一样行走、奔跑了。想到孩子的未来，爸爸妈妈总是叹着气以泪洗面。

"那时候年纪小，不知道为什么爸爸妈妈总是抱着我哭。"张淼对童年的记忆就是从妈妈的眼泪开始的。

每天清晨，父母去忙农活儿，哥哥姐姐背着书包出门，家里就剩她一个人了。她就眼巴巴地趴在窗口看着，当看到小伙伴们在院子里做游戏，嬉笑打闹，背着书包从窗前飞奔的时候，她的心就也跟着飞了出去。从那个时候开始，她才知道自己和别的小朋友不一样了。

"为什么我不会走路！我要上学，我要上学！"张淼拉着妈妈的衣角央求着。每当此时，妈妈都会把她抱在怀里，不停地抹眼泪。

爸爸妈妈不是不让女儿上学，关键考虑张淼的腿不方便，怎么去呢？

"我能行！别人能做到的我也能做到，我一定会做个最好的学生！"张淼信誓旦旦，父母终于同意了。

从此以后，每天从家到小赵庄小学这条路上就多了一个挂双拐的漂亮女孩。一副双拐，一个书包，脸上挂着灿烂的笑容，当7岁的小张淼背起书包，挂着双拐走走停停地挪向学校大门的时候，心中就充满了无限的满足。

可说来轻松，做起来就难了，别人半个小时的路，她一个小时都到不了。遇到雨雪天气，往返两个小时，她不知有多少回摔倒在泥泞中，胳膊擦伤了，腿摔破了，刚刚愈合的伤口又覆盖了新的……倔强的张淼从没叫过苦，也从不言弃。

寒暑更迭。张淼14岁这一年，在大孙庄中学读初一，遇到了一个善良的师长，是他改变了张淼的人生轨迹。他就是张淼的启蒙教练王笳。

那天，刚下过大雨，一辆黑色的小轿车沿着泥泞的村路缓缓驶来，停在离张淼家不远的地方。

农村里来了辆汽车很醒目，父亲务农回来看到了，就热情地和司机打着招呼，攀谈起来。

"我们从县里来，去赵小静家，这个教练可厉害了，带出了好多冠军。我们是来招残疾人乒乓球运动员的，村里有残疾人吗？"司机说。

"有！我女儿就是残疾人，她能打球吗？"

"让她来试试吧！"

父亲大步流星赶回家，张淼正在闹脾气："为什么我的腿不能和别人一样，我要跑步，我不要拄拐！"

"不能跑步，但可以打球，你喜欢打乒乓球吗？"爸爸跨进门槛儿，面带微笑地对她说。

"闺女腿不好，也能打球？"张淼妈有点儿不相信自己的耳朵，"在电视上看健全人打球要跑的，腿不好怎么打呀？"

张淼很好奇，不由分说跟跟跄跄跟着父亲走出家门，她想去问个究竟。

教练王笳仔细查看了张淼的腿，又问了一些相关的情况后说："孩子身体条件不错，让她打球吧！想好了来找我试训。"随即留下了联系方式。

第二天，张淼早早地赶到县城的训练场。教练王�她肩宽臂长，身板厚实，朝气蓬勃的，天生运动员的体型，很是喜爱。在经过了常规试训后，发现她挥拍动作有模有样，悟性又很好，于是被顺利录取了。

从此张淼与乒乓球就结下了不解之缘，没想到迈出这一步竟走上了通往冠军之路。

被录取了就要离开家训练，张淼很矛盾：从小腿不好，从没独自出过远门，对家有着深深的依赖，面对未卜的前途，又失去了家人的庇护，她心里非常担心，但想到可以不再依靠家里，不用麻烦别人照顾，又为自己感到高兴。

> 我的父母很支持我，我学到一技之长，前途也算有了着落。他们想得更远。虽然他们也很舍不得我。

我去采访时，看我过来了，张淼停下了训练，从球台离开，用手滚动着轮椅，向着我的方向而来。经历了一个小时的训练，她呼吸急促，白皙的额头渗着汗珠，弯弯的浓眉下，黝黑的瞳仁散发着明亮的光。

这一批同时被选上的女孩还有赵小静、刘小玉和李娟。刚开始训练的时候，她们四个人都住在教练家，每天日复一日地重复着挥拍、发球、接球，特别枯燥乏味，但张淼从不敷衍，天生要强的性格，使她常常自己主动加时训练。天生聪慧加上后天的勤奋，使张淼很快脱颖而出。

2006年4月1日，一次偶然的机会，张淼和她的队友被推荐到北京丰台特教学院打球。北京市的一些老队员常来练球，大家就熟悉了。他们开着残疾人摩托车，带着四个新队员去看天安门。这个梦中的圣地，只有在课本中见过。当身处天安门广场时，她就被眼前宏伟的景象震撼了！

"我看见天安门了！"她想第一时间和父母亲人分享激动的心情。

那个时候，教练每周都会带队员们去特教学院附近几百米的地方给家里打公用电话。张淼的父母天天奔波在外，家里只有座机，张淼每次往家里打电话都听不到爸爸妈妈的声音。

张淼家里兄妹五个，孩子比较多，为了使生活得到改善，家里租了一辆客车，接送从村里到县城的旅客，以贴补家用。记忆中父母从来没有睡过天明觉，每天早上5：30出门，晚上天黑透了才能回来，非常辛苦。

张淼心疼父母，想帮家里，可力不从心。她唯一能为家里做的就是照顾好自己，好好打球。这个感情细腻的女孩很懂事，背井离乡的痛楚时时啃噬着她，她却从不声张、独自承受。张淼想家、想念亲人，经常在夜里躲在被子里流泪。

张淼天资聪颖、身体素质好，而刻苦和坚持是她最重要的品质。常年的训练，有的队友出不来成绩就离开了乒乓球队，有的队友也改练了其他项目，唯有张淼咬牙坚守着心中的梦想。

自从到北京训练，条件好了，参加各种大赛的机会也多了。张淼告诉自己要珍惜。只有刻苦训练，打出成绩，才能对得起关心自己的人。

张淼在北京的训练很严格，也更加系统。每天早上要练几百次基本动作，然后才能练接发球。在训练馆里，乒乓球是用塑料盆装的，教练这边发球，队员那边接球，攻球、推挡、搓球、拉球、全台转换，一练就是几个小时。教练要求队员一天打五六盆球，张淼却往往要翻番。因为接球需要有人配合，她白天就练习接球，晚饭后，张淼独自一人再练习发球，这一练，又是几个小时。训练馆里，经常能看见张淼一个人练习发球的身影。回到宿舍后，上了床她还要再练习基本动作。

"那时候，晚上睡觉压到胳膊经常被疼醒，胳膊肘、肩膀常年有伤。"张淼笑了笑，搓了搓手，我注意到，她的手心布满了厚厚的茧子。

2007年5月，16岁的张淼去云南玉溪第一次参加全国赛事，获得了单打亚军的好成绩。同年8月，这个年龄小、手臂长的漂亮女孩被幸运地选入国家队，去福建训练。

短短的几年时间，张淼凭借着自己顽强的毅力、刻苦的训练，迅速成长，并相继在国内外大赛中崭露头角。2010年，她在中国公开赛上获得团体银牌、单打铜牌；在广州举办的亚洲残疾人运动会上，取得了团体金牌、单打铜牌；2011年，她拿到了荷兰公开赛团体、单打金牌；在亚洲及大洋洲残疾人乒乓球锦标赛上，又摘团体、单打金牌。2012年，她又在中国乒乓球公开赛上获得团体和单打银牌。

乒乓球有个规则，想要获得残疾人奥运会的入场券，需要在之前积分赛中取得足够的积分。此时张淼的积分在世界排名中位列第三。这样一来，张淼这个名字就顺理成章地出现在"2012年伦敦残疾人奥运会"中国代表团的名单中。这意味着，这个来自安徽山村的小姑娘有机会摸到世界冠军的宝座了。

有时候想想，也觉得自己很不容易，步步都是坎儿。

打球的坎坷还能拼力克服，精神上的清冷却时时击打着这个感情细腻又内向的姑娘。张淼懂事又要强，自从打球以来，就不让家里管，一切自理。但看到别的孩子在父母怀里撒娇，也觉得委屈，觉得自己付出了太大的代价。

有一次，她梦见妈妈来了，抱着她使劲亲，还从包里像变魔术一样掏出来一大堆好吃的，还有她喜欢的家乡烧饼，她高兴地笑啊，笑啊，一下子笑醒了，才发现是个梦。她失望极了，趴在床上哭了好久。

打比赛时有的队友父母会一路陪同，帮助拿行李、洗衣服，还送来可口的美食，张淼特别羡慕。而她每次坐火车，要带拐杖、轮椅，不能再带箱子，只能随身背一个很重的包。进站出站就像上了战场，汗珠子顺着脖子直往下淌。她独自忍受，心里难过，但却体谅父母。

张森在国家队集训的时候，看到南京的队友向衡新教练摔拍子、闹脾气，内心酸酸的，觉得只有孩子跟自己的父母才会这样，类似于撒娇了。

衡教练对我也很好，但我也不敢耍脾气。看到队员和他的关系就像父子那么亲，就羡慕极了，毕竟是从小带大的，感情深。而我多次换教练，换队友，交友圈子小，知心朋友也很少。

然而，张森不会陷入这样的儿女情长。她认为只有打好球才是硬道理，她要用自己的实力赢得别人的尊重和喜爱。

为了创下自己的新纪录，张森更加刻苦训练，加班训练自不在话下，周末教练和队友休息，她就到外面找陪练。

2012年的新年我没回家，是在训练馆和球拍、球台一起度过的。我的基本功不扎实，技战术也比较差，只能付出更多的努力。

张森凭借着超乎常人的意志，迎接2012年伦敦残疾人奥运会开幕。这时候，仿佛金牌已是那个奋斗了无数个日夜的必然结果。经过小组赛、半决赛、决赛，张森和队友一起披荆斩棘将团体冠军金牌拿下。

面前的张森，有着年轻人少有的安详与从容，淡淡的微笑透着一份成熟和稳重。她说，父亲去世以后，感觉自己突然长大了许多。今生最大的遗憾就是对不起父亲。没有在父亲弥留之际见上最后一面，成为她心中永远无法愈合的伤。

2013年，张森在韩国打完比赛，回家休假时，她用补贴省出来的钱给爸爸妈妈买了一些礼物，还给妈妈买了件羊毛衫，给爸爸买了衬衣和西裤。爸爸喜欢穿女儿买的衣服，每次有人夸好看，就美滋滋地说，是女儿买的。

爸爸身体不好，得了肝病。妈妈借钱给爸爸换了辆新车，张森就经常并着车陪爸爸去医院治疗，没想到那段经历竟然成了和爸爸最后相处的记忆。

张森拿出手机，父亲离开三年多了，她的手机里依然保存了父亲大量的照片。这是个身材魁梧的中年男人，照片中的他精神饱满，甚至透着年轻与帅气，丝毫看不出是个病人。

"看，我爸长得帅吧！这一张是我爸爸在吃我做的饭，我炒了白菜和豆角，做了他爱吃的厚稀饭。我爸吃了一大碗，直说好吃。"张森拿着手机慢慢滑动着屏幕，给我看那些照片，眼里噙满了泪花。她怕我看见，扭过头的一瞬，泪滴掉落在胸前。随即她的后背剧烈地抖动着。沉默了好一会儿，她转过身，低着头没有看我。我紧紧握着她的手，感觉到一阵阵心疼。

休假期满，张森归队备战北京顺义亚洲锦标赛。不久爸爸就住院了，张森牵挂爸爸，心情很不好。以前好几天才和家里联系一次，如今每天打通了电话才会放心。爸爸让姐姐转告她，家里一切都好，要安心训练。

2013年10月18日一大早，张森照例给家里打电话，手机是叔叔接的。他说："森，你爸睡了，挺好的，别担心。你好好打球，打好球回家安心陪爸爸。"

为什么是叔接电话呢？怎么好像家里有那么多人呢？最近打电话为什么爸爸总是不接？张森头皮发麻，立刻产生了不好的预感。

10月19日比赛，按常规前一天晚上队里要开会。18日晚，刚散会，队友们还没离开，张森对教练衡新说："可能家里出事了！"衡教练说，别着急，先打个电话问问。

张森拨通了电话，那头是妈妈。屋里很嘈杂，似乎还有哭声。

"妈妈，你别骗我了，我都猜到了，是不是我爸爸出什么问题了！"张森大声哭着，早已说不成句了。

"森，你爸爸走了！他得的不是普通的肝病，是肝癌，晚期。"

"妈，我要回去，马上去买票，我要见我爸爸！"放下电话，她大哭不止。过了许久，她回过神来，觉得应该向教练请个假。

"张淼，我理解你，比赛有很多场，我知道见父亲最后一面只有一次机会。但这次比赛很重要，直接影响你的积分，而且我们集训这么久，就是为了这一天。你父亲最希望你打出好成绩、拿金牌，你应该为父亲争口气。你自己定夺吧！"衡新教练语重心长地说。

小时候家里因为孩子多，生活不宽裕，还有个残疾孩子，被别人看不起。每次父亲和她谈到这些，张淼都会不服气地说："爸，以后我给你争气！拿世界冠军，让他们知道你的女儿是最棒的！"

"好，一言为定！"爸爸和女儿击掌为约。

"教练，我不走了！我要打比赛！我就是回去了，也改变不了什么。我要打比赛，拿冠军！"张淼站起身来，坚定地说。

大家面面相觑。做出这样的决定是多么不易，又是多么令人敬佩！

10月19日上午，张淼如期出现在赛场上。她红肿着眼睛打完了所有的比赛，所向披靡，最终获得了亚洲锦标赛女子单打TT4级冠军、团体冠军以及特别优秀运动员奖。

当张淼登上领奖台，雄壮的国歌奏响，她心里流着泪，却面带微笑，感谢爸爸给予的力量。

她在心底里用金牌向父亲致敬："爸爸！你的女儿是最棒的！"

妈妈是我的"心理专家"

王哲1岁9个月的时候，发烧导致肺炎，父母带她去儿童医院看病，医生做了全面检查后，发现孩子听力有问题，询问孩子都吃过什么药。妈妈仔细回忆了一下，孩子7个月大的时候腹泻很厉害，也许是那时吃药打针带来的副作用。

"当时觉得天都要塌了，好好的孩子，如果听不见，她的人生不可想象。"至今妈妈刘晓娟想起来，依然很难过。

那时候听说配个人工耳蜗孩子就可以听见了，但需要二十多万元，对于普通的双职工家庭来说，这简直是个天文数字。就是倾家荡产也要给孩子做，哪怕卖房子！为了孩子，夫妻俩铁定了心。

耳蜗做好了，花了26万，家里欠下了外债，但王哲的听力和语言表达还是不如健全孩子。直到上小学，王哲说话还是几个字往外蹦，听也需要在安静的环境中仔细听再配合看口型才勉强可以，到了吵闹的环境就根本不知道别人说什么了。

为了鼓励孩子主动开口说话，刘晓娟拒绝让王哲学习手语，孩子还小，她生怕王哲会对手语形成依赖，不再愿意用语言与别人交流。妈妈告诉王哲，戴人工耳蜗其实就像戴眼镜一样寻常，完全不必对此感到自卑。

爸爸喜欢打乒乓球，甚至到了痴迷的程度，他去球馆的时候常常带着王哲。

在机关事业单位上班的爸爸清楚地记得，2009年正月初七，春节后上班的第一天，他下班后带着孩子去球馆。这一天王哲第一次拿起了球拍。那年王哲7岁半。

自从接触了乒乓球，王哲就入迷了，把钢琴、舞蹈、画画等其他爱好都抛在了脑后，一门心思喜欢上了乒乓球。

爸爸随后把她送到青岛市城阳永辉乒乓球俱乐部打球。决定当运动员后，王哲给自己定下了一个"小目标"：立志成为最年轻的世界冠军。

看到孩子热爱乒乓球又很努力，一年之后，为了女儿的梦想，父母将王哲带到了知名乒乓球教练董熙的面前。董熙当时已经是世界冠军教练了，他的爱徒陈梦早已经在世界青年比赛中拿到了冠军，并且入选了国家队，然而，教练见到王哲，却摇了摇头，王哲不但基础差，而且有听力障碍，教练觉得她走不了专业道路，不想收。但是王哲父母非常执着，王哲也表示自己一定会通过努力，打出好成绩。董熙被一家人感动了，破格收下了王哲。

王哲进队后，她的刻苦是谁也没有想到的。冬天下大雪，很多走读的学生都不来训练了，只有王哲风雨无阻。她还经常要求加大训练强度，跑步时也会比别人多跑几圈。她知道自己听力不好，只有努力付出才能赶上队友。这个9岁的女孩如此勤奋，也让教练董熙更加耐心，每次讲解完，看到王哲没听明白，就重复给她讲，直到她明白为止。

2010年全国少儿乒乓球比赛，王哲与队友一起拿到了团体冠军，这是王哲第一次参加国内正式比赛。

父母从小就把王哲当健全孩子来培养，幼儿园、小学、初中都是上的普通学校，王哲知道自己听力不好，要更加努力才不会被落下。上课听不明白的，她课后就找老师请教；有时候字的读音音调辨别不出，她就自己查字典。王哲说话不完整，每次只能说几个字，遇到背诵课文时，别的孩子读三遍就能背诵，她得读十几遍，常常一边哭一边背。她生性要强，从小学到初中的成绩都不错。小学的成绩都在班级前六名，到了初中成绩也在中上游。

在2014年山东省第二十三届运动会上，王哲获得了女子甲组团体金牌、单打第七名。同年，她获得了全国残疾人乒乓球锦标赛女子团体金牌。一个有残疾的孩子和健全孩子比赛还能拿金牌，这使教练董熙感到特别欣慰。

这一年，为了能够让王哲得到更好的培养，青岛市体育局、青岛市残疾人联合会发了推荐函，推荐王哲到山东省乒乓球队训练。教练董熙也直接打电话请求破例准许王哲参与代训。不久，王哲入选了山东省残疾人乒乓球集训队，14岁的王哲离开家乡青岛来到了济南，主管教练是袁锋。

刚到济南练球的时候，那些水平高的运动员不愿意和她对练，她只能自己找陪练。那段时间，她每天练球特别刻苦，成绩还是上不去，她难过得一天哭好几回，经常是一边打球一边哭，想放弃的念头都有了。妈妈心疼极了。

2014年1月15日，王哲在日记里这样写道：

下午，马广林老师安排我和王钰童练球，练得还行，但还是不能很好地适应。后来打升降比赛，我表现很差。输球就哭、着急就发泄，我想何时能把这个毛病改掉。队友们身体都有残疾，但都很坚强，遇到困难乐观地面对。相比起来，我实力还不够强，感到很惭愧。我有手有脚的，还不珍惜时光，我要向他们学习，勤奋苦练。我要自己记住：哭成不了强者，拳头强、心态好、乐观坚强才是真正的强者。期待明天的到来。

爸爸在关键时刻也及时给予鼓励：你不是要成为最年轻的世界冠军吗？要放弃吗？她听了这话，抹抹眼泪又走向球台。

现在想想那段时间确实很煎熬，也很累，但水平提高很快，也很值得。

王哲很要强，也很爱哭，输了球会哭，教练点评语气重了也会哭，但她小小年纪就知道剖析自己，及时发现自己的缺点，并且努力改正。她在这样的反省与领悟中成长起来，渐渐地超过了他人。

王哲爱写日记，日记中有训练体会，有技术要领，有比赛的比分、自己的失误分析以及内心的波动。在聋人全国锦标赛的比赛现场，我看到她中场休息时，边擦汗边在日记本上记录下了每一局的详细比分。

王哲把"大满贯"张继科当成自己的偶像。她除了崇拜张继科的球技，还特别喜欢他在比赛中展现出来的霸气，她希望自己也能站上世界最高领奖台，也能像他一样霸气。

2015年，13岁的王哲参加了全国第九届残疾人运动会暨第六届特殊奥林匹克运动会，获得了乒乓球女子团体第二名、单打第三名、双打第三名。她的实力渐渐凸显。

这些年，每次打比赛，妈妈都会陪在王哲身边。每当王哲赢一分，场外鼓掌最响的一定是妈妈。按照比赛规则，选手上场前必须摘掉全部助听设备，王哲听不到任何声音，只是专注打球。但当她赢下最后一局时，总会在人群中找到妈妈，她一定正在笑着使劲为她鼓掌。

2016年10月，全国聋人田径、游泳、乒乓球、网球锦标赛在浙江杭州举办。这次比赛和以往一样，由妈妈刘晓娟陪同。但这次比赛又和以往不同，因为单打进入前四名，就可以拿到2017年土耳其听障奥运会的入场券。听障奥林匹克运动会每四年一届，男队女队各取前四名入选本次乒乓球国家队。

八进四淘汰赛前一晚，妈妈刘晓娟失眠了，她在心中默默祝福女儿能够打赢这场比赛，孩子练得太苦了。妈妈看到，王哲是所有选手中年龄最小的一个，对手有的已经30多岁了，她们开始打球的时候，王哲还没出生呢！她暗暗为女儿捏把汗。

赛前适应场地，王哲练得大汗淋漓，妈妈在场外赶紧递上毛巾和水杯，心疼地说："休息一会儿吧，别太累了。"

"不累！妈妈，别人都没休息呢！"

"好吧，那别练得太猛了啊！"

"啊？什么叫猛呢？"妈妈在她手心里写下这个字，她还是摇了摇头。

"就是别练得太凶了，要保持体力。"她使劲点了点头，露出了会心的笑容。

比赛结束了，王哲在成绩单上从容地签了字，转过身迫不及待地拉开球场的挡板，跑过来跟妈妈击掌庆祝。王哲以3:0的比分，进入了半决赛，如愿获得了参加2017年土耳其听障奥运会的资格。

启蒙教练董熙这样评价王哲：她知道怎么让自己专注于比赛本身，不被外界压力干扰。训练时有多大的能力，比赛时她就能发挥出多少。在大家水平相当的时候，心态往往能够决定胜负。

中国的乒乓球水平是世界最高的，在聋哑人的领域里依然如此，所以这次听障奥运会，王哲跟队友一起拼下一枚团体金牌，应该是非常有把握的。这样一来，16岁的王哲成为最年轻的世界冠军便不是个遥远的梦想了。

母亲是弓，儿女是弓上射出的箭。如同雏鹰翅膀硬了，早晚要飞向属于自己的天空。王哲跟随国家队去石家庄正定集训了，集训时间长，这次妈妈不能跟随前往，心中除了牵挂就是祝福。

几个月不见，妈妈刘晓娟想念女儿，以前，女儿有什么思想波动，找到妈妈总能迎刃而解、破涕为笑。此刻她仿佛又听到女儿说：我妈妈是我的"心理专家"！她在朋友圈发了一组女儿的照片，那是一些不同场合打球的精彩瞬间。她还送给女儿一段话：

人活着，不是靠泪水博得同情，而是靠汗水赢得掌声。这世界很公平，你想要比别人强，你就必须去做别人不想做的事。你想要更好的生活，那么你就必须去承受更多的困难。不吃拼搏的苦，就会吃生活的苦。你努力到无能为力，拼搏到感动自己，才能赢得人生精彩。真正的强者不是没有眼泪，而是含着眼泪继续奔跑！小王哲加油！

2017年7月，土耳其听障奥运会赛场传来捷报，王哲成为年龄最小的奥运会冠军！妈妈喜极而泣，激动地在微信朋友圈秀出九张女儿王哲和队友夺冠的照片，并写道：

小王哲第一次参加世界大赛就获得团体金牌、双打银牌、单打铜牌的好成绩，实现了自己世界冠军的梦想。在这里要感谢所有帮助王哲的领导、教练和支持王哲的人！小王哲你不仅为国家争了光，而且也为你自己争得了荣誉，妈妈爸爸为你感到骄傲自豪！继续加油小王哲！

我的妈妈是世界上最好的妈妈

河北省辛集全国残疾人乒乓球锦标赛现场。总裁判长、国际级裁判刘利淞热情地与我打招呼，当得知我在找TT11（智障）组时，他带我走到一个女孩身边，说："她是这届比赛的冠军。"

女孩朝我笑了笑说："我叫姜姗，你可以叫我婷婷。你想问我什么？"她边说着，眼睛看着正在进行的比赛。

"我只想跟你说说话。"我拉了拉她的手，"你妈妈来了吗？"

"来了，先回酒店了，让我比赛完自己回去。"她突然转过脸看着我，"我的妈妈是世界上最好的妈妈，你知道吗？"

"我早产，出生的时候妈妈怀我才8个月，我姥姥说'七月活，八月不活'，所以我能活下来已经不错了，我妈妈很不容易。我没什么可聊的，就是想感谢。"

"你最想谢谁呢？"

"感谢父母给予我生命，陪伴我到现在。感谢姥姥、姥爷心疼我。感谢教练无私献出爱心，免费教我打球。感谢队友给我喊加油。"

"我打球开始是右手，后来改成左手了。我是左撇子，别人都用右手，我也用右手，后来发现左手更得劲，就改左手了。"姜姗的口音里有着浓重的烟台腔。

"你一定要记住这几个名字，是我要感谢的：9岁时在兴趣班打球用右手，是刘红芬、汪立成教练，左手时的教练是梁文浩、王学敬，周再行、王小风是四川的教练。"

当看到我把"王小风"写成了"王小峰"，她指了指我的本子："是刮风的风。"接着说："王学敬别写错了，敬礼的'敬'，他教我长胶两年，就得了全国冠军，他一定很欣慰。"

"你在哪儿上的学？"

"在烟台，开始上的是普通学校，但我多动坐不住，后来别人都受不了，老师就不让去了。"

"情况很严重吗？"

"他们都受不了，可能比较严重。上一年级的时候，老师规定上厕所要报告，我偏不听，站起来就走。老师让我坐在最后面，我就把椅子弄出响声，把椅子推倒、扶起来，再推倒、再扶起来，咣咣的声音很大，太好玩了！他们都不敢，只有我敢，我觉得我很厉害！哈哈哈！"她对自己的表现很得意。

"确实够淘气的。"

"妈妈就把我送到老师家单独上课，我也不听，老师说，不好好学习就告老姜，我叫我爸爸老姜。我不怕，上课的时候还唱歌。"

"你最喜欢唱什么歌？"

"老乡见老乡，两眼泪汪汪……"她立刻唱了起来。

"我去过的小学叫养正小学，后来学校把我撵回来，就找家教学，好了一些以后又回学校，又被撵回来，一共被撵回来三次，后来只好去私立学校，不过我照样捣乱。校长有一次对我说，你再捣乱，就把你丢进水池里。我对校长说，你把俺丢水池里，俺妈问你要闺女，你可怎么交代呀，俺妈就我一个闺女。"她开心地笑着，俨然一个胜利者，好像全世界都被她打败了，都要为她让路。

"后来我就从私立学校自己跑回来了，我打电话告诉姥姥，学校的饭不好吃，又不让回家见妈妈，我不高兴。"

"后来学怎么上的？"

"妈妈就又找家教，折腾了几年，我长大了一些，不那么闹腾了，又回到普通学校。反正他们都得听我的。"

父母支持姜姗的爱好，这些年，她学过葫芦丝、钢琴、围棋、滑雪、游泳……训练间隙，多才多艺的她经常给大家表演一段，赢得过不少掌声。

姜姗27岁了，从特教中专毕业后在残疾人联合会找到了工作，负责教残障孩子打乒乓球。

姜姗一定有对伟大的父母。她在学校这么能捣乱，谁遇上了都得崩溃，但她的父母却并没有厌弃她，不厌其烦地反复"安置"她、教导她、爱她。我很想见见她的妈妈。

晚上，在宿舍里，我见到了姜姗的妈妈。

妈妈温柔的话语透出巨大的耐心："这孩子挺可怜的，出生时8个月，难产窒息，指甲都没长好。当时都担心能不能养活。我常想，老天爷给我这么个孩子自有他的道理吧！我们就坦然接受了，就更加呵护她。"

"有没有考虑再要个孩子？"

"所有精力都放在她身上了，不想再要了，想全力以赴对她好。这么多年，孩子打比赛，每次我都得跟着照顾她，我们去过很多城市。有的是去比赛，有的也专门去玩。"

姜姗一听这个来了兴致："我告诉你我都去过哪儿吧，有北京、天津、上海、苏杭、嘉兴、周庄、普陀山、韩国、南京、海南、济州岛、南宁、桂林、济南、青岛、武夷山、厦门、福州……"她掰着指头还在历数。

"这个可以省略，不用说那么多了。"妈妈在收拾行李，嘴角挂着微笑。

再有一个小时就要赶火车了，她们要坐晚上的车走。

见我不记了，姜姗很着急："快写！还有重庆、长沙、香港、澳门、广州……"她是不说完决不罢休的，在她的"监督"下，我认真地记着。

姜姗上学虽然很淘气，但打球却很认真，不会偷懒。十几年来，她已经深深爱上了乒乓球，甚至到了痴迷的地步。打球带给她的感受最深，付出的代价也最大。汗水之后的荣誉使她开心，也拥有了更多的自信。每次集训结束回家，她都要带着球拍，有机会就找人操练。

姜姗信任教练，也很听教练的话，每次打比赛，她都要时不时看看教练，得到赞许的认可，她就会信心大增。比赛前裁判例行检查球拍，她跑去问教练："有人要看我的球拍，怎么办？"教练点点头说："可以给叔叔看，看完就还给你了，每个人的都要看的。"她才递出球拍说，好，你看吧！

姜姗在电梯口遇到国家队的队友，想加微信，可是因为有事太急就没加上。

"阿姨你如果有她的微信，推荐给我吧！"我立即照着做了。

几天后，姜姗在微信里找我说话。

"阿姨好！"

"婷婷早上好！"

"请问阿姨，你晚上见到队友告诉她我想加她微信了吗？"

"是的，告诉了。"

"哦，另外，你告诉她我叫婷婷了吗，怎么没加？"

"告诉了，可能没看见吧。"

"你也别找她了好吧？可能不想加。"

"她可能比较忙，回学校上课，还要练球，不太看微信吧。"

"那你告诉她，我叫婷婷了没有？"

"告诉了。"

"怎么你找她了？"

"找了。"

"你咋说的？"

"我说你要加她，她说最近没上微信。"

"你咋跟她说的呀？"

"我说你要加她，她说最近没上微信。替我问你妈妈好。"

"好的，但是你能告诉我咋跟她说的吗？"

"我说你要加她，她说最近没上微信。那天在火车站买到酥糖了吗？"

我突然想到那天晚上她要出去买当地的特产酥糖，送给教练和队友，没买到。妈妈说来不及再去转了，去火车站买吧，她有点儿不高兴。

"买了。你告诉她我叫婷婷了没有？"

"告诉了。"

"那她咋说的？"

"说你想加她微信，她说最近没时间上微信。"

"好的，那你告诉她我叫婷婷了吗？"

"你是跟她咋说的？"

"你是不是又找她了？"

"她怎么说的？"

"说话呀！"

……

我沉默了一会儿，有些难过了，看来微信一直没加上。她是多么渴望友谊啊！

我想起那天晚上，我和她一起去小超市买酥糖，出了门，她的身体贴着我，和我十指相扣，借着微弱的月光，她说："阿姨，你真好看！"

第六章

落红不是无情物，
化作春泥更护花

父爱如山，大爱无言

桃李不言，下自成蹊

跨界儒帅的心理战术

你的点赞最给力

老白的"四个梦想"

你是我的眼

父爱如山，大爱无言

衡新教练受访视频

2008年北京残疾人奥运会上，中国残疾人乒乓球健儿夺得了13枚金牌。令人不可思议的是，有6金2银1铜来自江苏省徐州市邳州籍的队员，他们所在的邳州乒乓球队被大家称之为"梦之队"，这个鲜为人知的小县城一时变成了家喻户晓的"冠军城"，成为万众瞩目的焦点。

大家一定好奇，这个神奇的"梦之队"是怎样打造的呢？把弟子送上奥运领奖台的"金牌教练"，培养出了高徒，一定是个不苟言笑的严师吧！

但当我见到教练衡新的时候，他说话慢条斯理，举止儒雅、笑容可掬，他的外在形象、言行举止顷刻间颠覆了我的想象。

衡新平日里话不多，但说起队员来，就会如数家珍一般。在他眼里每个队员都是最棒的，每个孩子都是他的骄傲。他对每一个人的年龄、家庭情况、爱好脾气、打法球技都了如指掌，队员们十几年来的每一场关键比赛的得分，甚至比赛的细节，他都记得清清楚楚。

对于这些不幸的苦孩子，衡新疼爱有加，视如己出，而他成为残疾人乒乓球教练，完全出于一个偶然。

衡新原本在江苏省徐州市邳州自来水厂工作，从小在业余体校训练，很喜欢打乒乓球，业余时间自己组建了一个乒乓球俱乐部，教健全学生打球。

衡新清楚地记得一个日子：2003年3月26日。这一天安徽省残疾人乒乓球队到邳州交流，衡新陪同他们一起去一个残疾儿童康复学校"希望之家"打表演赛。

孩子们得知有表演赛，纷纷从教室里涌出来，几分钟的时间，上百个挂着拐杖、推着轮椅，还有扶着"马扎子"在地上爬行的孩子们蜂拥而至，衡新立刻被这个场面惊呆了！怎么有那么多腿脚不好的残疾孩子呢？他的心好像一下子被一只大手抓住了，疼得喘不上气来。这场面真的是太震撼了！

孩子们还特别有礼貌，见了生人都会热情地问好。衡新难过极了，感觉心里特别压抑。

来打表演赛的有任桂香、刘美丽，她们在世界赛场上已经取得了不菲的战绩。只见她们一手握球拍，另一手转动轮椅，白色的小球随着球拍挥舞，忽左

女子轮椅组队员在2016年北京公开赛上同教练衡新（后排中）和助教衡泳阳（后排左一）、余鹏飞（后排右一）合影

忽右、上下翻飞，引得孩子们一阵阵欢呼。

"谁想来试试？"

"我！"一个叫曹宁宁的小男孩自告奋勇。表演赛达到了白热化，虽然没打几个回合，但孩子们的情绪高涨极了。

看完表演赛，衡新面对孩子们羡慕的眼神，问："想打乒乓球吗？"

"想！"

"想！"

"我也想！"

"我也想！"

"我也想！"

……

孩子们打球的强烈愿望，猛烈地撞击着他的心，衡新被深深地打动了。回来后，他怎么也睡不着，一闭眼，就有无数双渴望的眼睛看着他。

经了解，"希望之家"是专为小儿麻痹症患儿设立的康复学校。1989年，邳州爆发了世界上罕见的小儿麻痹症疫情，近千名儿童受感染，邳州市卫生局原副局长张辅世在离职之年积极筹资，最终获得国际慈善机构爱德基金会的援助，由挪威每年出一部分资金，成立了邳州市"希望之家"，他自任校长。"希望之家"为648名小儿麻痹症肢体残疾的儿童提供治疗和康复，对98名重残患儿实行手术矫治、提供支具、康复医疗和学校教育等集中救助。

原来这么多腿脚不好的小孩，是小儿麻痹症疫情里的重残儿童。衡新觉得，病魔虽然夺去了他们健康的肢体，但不能夺去他们的兴趣爱好和追求梦想的心。他决定为他们做点儿什么。他前后去了四次"希望之家"，最后一次，他下定决心做孩子们的乒乓球教练。

他对"希望之家"的校长张辅世说明了自己的想法，成立校乒乓球队有三个目的：一是上体育课，锻炼身体；二是组成乒乓球队，可以打打表演赛；三是争取拿到世界冠军。

张辅世说，要能拿到世界冠军当然好了！

无心插柳柳成荫。张校长看似随意的一句话，说得衡新心潮澎湃，他在这一刻下定了决心，要带着孩子们奔着世界冠军而去。拿世界冠军，衡新心里虽然没底，但他似乎看到了远方射来的一丝曙光。孩子们的年龄都在十二岁左右，早就过了乒乓球启蒙教育的最佳年龄，而且他们都身有重残。但他暗下决心：一定要靠自己的努力，把这支球队带出来。

为了上好第一节课，衡新认真地备了课，按照乒乓球的常规教法，他从乒乓球的起源讲起，到打乒乓球的动作、技巧，他还重点讲解了乒乓球正手攻球的动作要领：左脚在前，右脚在后，两腿弯曲，含胸收腹。边讲边做了几遍，然后让孩子们模仿。可当他看到孩子们的现状时傻眼了：他们有的坐生活轮椅，站不起来，够不到球台；有的必须挂着双拐穿着支具才能站立，而且摇摇晃晃站不稳，怎么两腿弯曲，含胸收腹呢？

这可怎么教呢？衡新感到非常迷茫。他找遍了所有的书籍，关于残疾人乒乓球的打法，没有前车之鉴。要想把孩子们带出来，就要自己摸索适合残疾乒乓球运动员的新路子。

他索性搬来坐着吃饭的长凳子，让孩子们坐在凳子上练习颠球、做动作。一个星期后，他让能站起来的队员挂着拐，手扶着球台，或者趴在球台上练球，只要不摔倒就好，暂时不要求严格的技术规范；站不起来的学生就继续坐在长条凳上练习。他则每天给这些学生进行多球训练，为了避免摔跤，他每一次都尽量把球喂到他们手底下。

三个月以后，衡新从最初的26名学生中选拔出了9名队员，组成了乒乓球队。2000年年底，学校买来了4辆运动轮椅，轮椅乒乓球队才算是有了雏形。

教育不是注满一桶水，而是点燃一把火。衡新在打球伊始就用执着和爱点燃了队员们心中的火。他经常对队员们说，我们打乒乓球的目的不仅仅是锻炼身体，我们要争当世界冠军、为祖国争光！残疾人通过自己的努力，一样可以站在奥运会的领奖台上！

善于鼓舞学生，是衡新教学最宝贵的特点。他常说的一句话就是：只要努力，每个人都会成功。那时候，每天训练之前，衡新都会带领队员们喊出乒乓球队的宗旨，以此激励队伍，鼓舞士气——

胸怀祖国，面向世界，科学训练，为国争光！

这声音是那么整齐、响亮，坚定而执着。衡新带着孩子们，每天迈出一小步，向着奥运冠军的方向前行。

为了心中的目标和远大的抱负，孩子们从不叫苦，训练也从不偷懒，甚至还主动加班，这也感动和激励着衡新。

那时候训练条件很差。队员们在两张很旧的球台上训练，用的是普通的三合板加上泡沫纸做成的几元钱的球拍。训练房设在彩钢大棚里，夏天大棚晒透了却不通风，当室外37、38度时，训练房内早已超过了40度，像蒸箱一样，人不动都会汗流浃背，更不要说高强度的训练了。为防中暑，队员们基本上20分钟就要喝一杯水。而到了冬天，苏北地区没有暖气，孩子们身上多处冻伤，有的队员手冻肿了握不住球拍，在挥拍时血水常常会甩过球台。他们打球时坐在轮椅上，下身不能动，腿上血液循环不好，打完球后，衬裤和腿上的冻疮就粘在一起了，晚上都脱不下来。

衡新看在眼里，疼在心里。他知道，只有在专业技术上更加专注和精益求精，把孩子们带出好成绩，才对得起他们吃的苦。

衡新通过训练观察到队员的残疾程度不同，运动的能力也不同，他就因材施教：重级别刘静反手没有进攻能力，就练习搓控和防守；轻级别队员可以进行拉攻和增加摆速训练。另外，他还动员了一些他曾教过的健全小朋友来当陪练，渐渐地残疾人运动员与健全小朋友打得不相上下，甚至能够获胜了，队员们的自信心也跟着增强了。

然而，投资方挪威慈善机构提出，"希望之家"要以康复为目的，建议缩小乒乓球队的规模，选拔出男女各一个队员就行了。衡新急了，球队建立以来，他已精心搭建好了框架，队员中直板、横板、长胶、反胶以及生胶各种打法都齐备了，队员们练得正起劲，怎么能泄气呢！

天无绝人之路。2001年9月，仅仅练了一年多，冯攀峰在福州举办的"邓亚萍杯"乒乓球大赛中获得了第五名的好成绩，这使大家信心倍增。

2002年5月，"希望之家"接到徐州市残疾人联合会的通知，前往参加江苏省残疾人运动会。

队员们才练了两年，就要去打省级比赛，衡新陷入了沉思：孩子们正是打基础的时候，基本功还不扎实，如果急于打战术为了赢分，无异于还没学会走路就先跑起来，势必要摔倒。他果断做出决定：不能因小失大，急于安排队员练战术，要做好长远打算，按照自己的训练计划，按部就班地继续练习基本功，力争以快取胜。

他对队员们说，训练的目的是比赛，比赛的目的是胜利，只有在训练时多流汗，靠平时的刻苦努力才能具备打硬战的实力，才能在比赛中战胜强手。

在这次省运会上，来自"希望之家"的小队员们一鸣惊人，用扎实的基本功拿下了单打TT4级、TT5级和公开级、团体比赛4块金牌。这场比赛，使队员们士气大涨。

衡新知道凡事都有规律，他相信轮椅乒乓球一定也有它的特点。乒乓球的基本动作由攻球、推挡、搓球和弧圈球等组成；它的基本属性有弧线、速度、力量、旋转、落点、节奏上的变化等。他在训练中就把每个技术动作和它的基本属性有机结合起来教给队员，队员们的球技也在他的指导下，水涨船高起来。

衡新把自己俱乐部里的三个球台和一些球拍拿来，供队员们使用。孩子们练球刻苦，手背抬不起来，球板和球台经常碰撞，短短三年，球台就坑坑洼洼没法用了。

2003年在南京举办的第六届全国残疾人运动会上，郭兴元顽强拼搏，一路杀到决赛，最终获得乒乓球男子TT4级单打冠军，这是队员们拿到的第一个全国冠军！整个球队都沸腾了！

乒乓球训练周期长，对基本功要求很高，健全人打乒乓球需要八到十年才能出成绩。如今队员才练了三年多，第一次参加全国比赛，就拿到了冠军，衡新觉得更有信心了。

在竞技场上，偶尔杀出一匹"黑马"不足为奇，但从一个小县城杀出一支叱咤乒坛的队伍就令人叹为观止了。

说起"金牌教练"衡新，最初有人曾经瞧不上他，说他不是科班出身的教练，在一个小县城教教孩子打球也就罢了，不会有什么大出息的，可他偏不认这个理。

这个常人看来名不见经传的小县城教练，做出了常人难以企及的壮举，用行动和经历告诉世人：一个不是天才的凡人究竟能够创造多大的奇迹。

面对残疾人队员，他时刻告诫自己：队员们打不好，就要深深地反省，一定是自己没有教好。衡新根据每名运动员的身体状况、伤残程度和各自的特点，设计出适合他们本人的打法类型和技术风格，搭好整个球队的框架。他还主动请教资深老教练殷成基老师，让他帮着把关，让队员们少走弯路，使这个队伍渐渐形成了独特的运动风格。

衡新认为，在训练中态度和思路非常重要，不能仅靠模仿，要不断地学习、研究，创新出自己独特的打法，才能使团队充满活力，立于不败之地。那时候他看到健全人用"撕"这个打法，他就拿来两张报纸用手撕，体会那种感觉，不久就攻克了这一难关。他根据轮椅乒乓球的特点，先后创出了一些新技术，如长胶的刮、反胶的快撕、控制中的侧搓等。

"梦之队"这些年一直以绝对的优势，被世界各国选手列为超越的对象，每一次比赛，都有摄像机在跟拍，一些新技术很快就被对手学会了。衡新就源源不断地创新，他的宗旨是：人无我有、人有我精、人精我变。

衡新特别善于琢磨球，小儿麻痹症的孩子大部分骨骼变形，肌肉萎缩，力量受影响，他就琢磨以速度取胜。每次赛后，他都会全面总结存在的问题，并且反馈到训练中。队员们都知道，教练手里有个笔记本，密密麻麻地详细记录着每个队员的训练计划和战术打法，这么多年，他已经记录了满满十几本。

衡新经常告诉队员，只有比别人更早、更勤奋地努力，才能尝到成功的滋味。他认为仅靠勤奋还不够，他恒久不变的坚持也成就了今天的自己，成就了神奇的"梦之队"。为了残疾人乒乓球事业，他付出了太多太多，但从不退缩——

那时候，妻子下岗，衡新自己开了个乒乓球俱乐部，由妻子打理，他业余时间做教练。

衡新学的专业是企业管理，在单位坐办公室，因为每天下午要去"希望之家"教球，他向领导递交了一份申请，要求值夜班。

那时候的衡新，不是教球就是在去教球的路上。他每天都从一处匆匆赶到另一处，有时候偶遇老朋友，只能匆匆打个招呼，不敢多说，心中只想着别耽误学生学球。

衡新忙着教球，什么也顾不上，是家人给了他巨大的支持。那时候，连老父亲都来俱乐部帮着打扫卫生。

2003年第六届全国残疾人运动会临近，衡新带着队员在南京集训。此时恰逢妻子周建梅膝关节积水住院，这时多么需要丈夫陪在身边哪！但他训练脱不开身，只好给父母家人打电话求助。

一天，病房里的老太太以为周建梅睡了，悄悄议论："别看她屋里摆满了鲜花，她可能是离了婚的，住院这么久了，没见她丈夫的影子。"妻子难过得流泪了。

衡新在电话里安慰妻子："残疾孩子更离不开我。我很想回去，但苦于没有分身术，军功章上也有你的一半哪！"妻子宽慰地笑了。

屋漏偏逢连夜雨。家乡连降暴雨，家里住的平房地势低洼，四处进水。他得知后心急如焚，立即打电话向老父亲求援，帮忙把家具用砖垫高或者抬到床上，才算暂时解了围。

这一年也是衡新最艰难的一年。因为要打比赛，总是不在家，妻子经常打电话哭诉：教练不在，学生们要退钱，俱乐部开不下去了。衡新去省里集训单位不准假，他找上级领导说明了情况，才准了一个月假，而且被告知超假还得扣工资。是带队出征还是回单位上班、养家糊口？衡新陷入了两难。

队员得知后，哭着说："教练你别走，我们夺金牌后养活你！"

衡新被感动了，我怎么会在关键时刻扔下孩子们呢？他们还指望我呢！

衡新给了队员无私的父爱和教导，然而自己儿女在成长的关键时期，却很少得到爸爸的关爱。记得在女儿初一期末考试后，他去开了一次家长会，当他匆匆赶到女儿所在的运河中学时，才想起来忘了提前问问是哪个班了，于是他只好逐个班查问，好不容易才找到。女儿在日记里伤心地写道："我从来没有见过这样的爸爸，我要是个残疾孩子就好了，就能天天见到爸爸了……"

到国家队做教练以后，离家远，家里的事就更顾不上了。他最害怕听到家里来电话说，出什么问题了，他再着急，也不能扔下队员，这会使他很为难，但家人却从不让他分心。

2006年世界锦标赛前夕，父亲正在北京看病。衡新带领队员从长春去河北正定训练路过北京，他多想半途下去看看父亲哪！但世界锦标赛是队员们当时参加的最大的比赛，关系到残疾人奥运会的参赛资格，这最后的十几天至关重要，要把队员们的状态调整到最佳，他不能分神。衡新拨通了父亲的电话，父亲心疼和理解自己的儿子。

2008年奥运会比赛前，母亲突然生病住进了南京的医院，亲人们怕影响他的训练，一直瞒着他到奥运会结束。伦敦残疾人奥运会备战期间，老母亲又住院一个月，家里人依然瞒着他。

……

残疾人奥运会结束，衡新难得放假几天回家探亲。得知丈夫在家，妻子周建梅回家故意敲门，衡新打开门一愣，发现妻子手上拿着钥匙。她笑着说，是我故意不用钥匙开门的，就想找到家里有人开门的感觉！

他感到一阵酸楚，多年在外打球，亏欠家里太多了。如今每次取得好成绩，他的内心都会涌动着感激之情，要感谢的人很多很多，而家人也是需要特别感谢的。

衡新说，带这些残疾孩子，除了坚持，心里还要装着满满的爱，要有奉献精神，才能走到今天。18年来，他付出了超常的爱和耐心，像父亲一样陪伴队员们一起长大。

"面对一群'青春期'的孩子，逆反劲一上来，真能把人气炸肺，多少次都想发火，但一想到他们身有残疾，从小吃了那么多苦，就不忍心了。"衡新苦笑了一下说，"对自己的儿女陪伴少，他们犯了错，却没那么宽容，也没那么大的耐心，想想特别内疚，觉得我这个做父亲的有不少失误。"

衡新年轻时候是个急性子，上学时有同学在他书上乱画，他就能打一架。但他每次看到队员们身上手术后留下的狰狞刀疤，就会想到自己和他们年龄相仿的孩子，就感到身为慈父的心痛。心地善良的衡新，和队员说话从不忍心把话说重了，日子久了，性格也变得越来越温和了。

有些东西，一旦成为你生命中的一部分，它就永远存在于生命中了。衡新爱孩子们，孩子们也爱他。他总是语调平和，从没有大喊大叫训过队员，但队员们却都很尊重他，也很听他的话，他们知道教练太不容易了，为了他们，教练吃了太多的苦。队员们都说，自己是让教练"背"大的，或者说"抱"大的。

这话听起来好像很夸张，但这真的是事实。18年来，每次外出衡新都会背着队员上下楼梯，抱着他们上下车。孩子们让他背过、抱过无数次。

2004年春天，衡新带着队员们在西安训练，备战在埃及举办的世界轮椅乒乓球公开赛。当时队员住在一楼，训练大厅在二楼，衡新要在训练前后把重残的孩子们背上背下。

一天，衡新照例背着李倩上二楼训练，突然两腿一软，"扑通！"他双膝跪倒在台阶上，疼得不敢动了，额头上立即渗出豆大的汗珠。李倩要求下来，可衡新摇了摇头，用足了所有的力气摇摇晃晃站起来，咬牙把她背上了二楼。之后几天，膝盖的疼痛丝毫没有减轻，衡新去医院检查，他得了比较严重的关节炎，队员们心疼极了。

吃饭的时候，衡新要给五个行动不便的孩子打饭，菜、汤、面食在不同的窗口，他就一趟趟来回跑，饭全部盛好端在孩子们面前时，好多人已经吃完了。

这样的画面在往后的日子里无数次上演。他想起最初有人告诫他的话：宁肯教十个健全人，也不教一个残疾人。他深深地体会到其中的滋味，但他不能放弃。

每次比赛结束返程时，衡新至少提前40分钟到每个队员房间收行李，先把他们的行李一趟一趟搬下楼送上车，再把队员们一一抱上车，随后再把轮椅卸了搬上去。到达目的地后先安装轮椅，再把队员抱下来。

这样的搬运算是家常便饭了，虽然累一些，但只要留出足够的时间就可以完成。最可怕的是有时间限制的搬运，他们永远也忘不了那被称作"8分钟极限挑战"的"夺命历险"——

2006年3月，参加完南宁的全国锦标赛，教练组留在南宁开会，队员们自行返回。而衡新带的是轮椅运动员，返程没人照顾根本不行，他放心不下，请假全程护送队员回家。

返程没有直达的火车，需要在鹰潭站转车。列车到达鹰潭站的时候，已是半夜一点多钟，春寒料峭的夜里，队员们在站台上冻得瑟瑟发抖。

衡新心里隐隐地不安了：以前虽然也经常外出打比赛，但从来没有转过车。这次列车只停靠三四分钟，队员们要顺利上车，必须提前做好准备。再次上车如果还在他们下车的2号站台肯定没问题，但火车若在1号或者3号停靠，就要穿过地下涵洞和几十级台阶，麻烦就大了！衡新去打听了一下，想落实转乘的火车在几号站台，列车员说还不确定，进站前8分钟会有广播。

8把轮椅，8名腿脚残疾的孩子，8个背包，如何在8分钟上车呢？"8"这个中国人很喜欢的数字此时充满了莫大的危机！如果赶不上火车，这么多孩子深更半夜滞留在寒冷的车站上该如何是好啊！

衡新把大家召集到一起，做出了周密部署：一旦换站台，要分三段转移，由顾改拄着双拐先下到2号涵洞等着，衡新把行李和队员一趟一趟搬过去，让她看着，张变在原地负责看管。等搬完这一段再到1号或3号涵洞，然后再上到站台。

时间在一分一秒中倒计时，衡新的心提到了嗓子眼儿，大家也越来越紧张。突然车站的喇叭里传来：福州方向来的列车进6道，工作人员做好接车准备……

天哪！最担心的事情还是发生了，6道在3号站台！

衡新立刻发话了："按照刚才的计划，抓紧时间去3号站台，先下2号涵洞！"说话间，他背起一个队员，向台阶跑去。此时出站的、进站的人群混杂在一起，拥挤不堪。他从人群中艰难地穿行，不时被人挤个趔趄，好不容易下到2号涵洞底，放下队员，又跑着返回台阶。把东西搬下来后，再从2号涵洞向3号涵洞一趟一趟地转移。

当顾改上到3号站台，刚拿到衡新搬来的第一趟行李，列车就呼啸着进站了！8分钟已经用完了，衡新顾不得想太多，背起队员和行李，一趟趟跑，在这个初春寒冷的夜里，汗水湿透了他的衣服……时间在一秒一秒地流逝，他跑得越来越快，他在与时间赛跑，也在与命运赛跑。

此时站台上除了队员和一堆行李，已经看不到旅客了，火车很快就要启动了，可队员李倩和一大件行李还在下面，如果再背两趟，肯定赶不上了。他请一个保安帮忙拿最后一件行李。

当他背着李倩再次出现在3号站台时，衡新向列车长紧急求助，他们买的卧铺车厢离得远，列车长允许他们从就近的餐车上车。

衡新以最快的速度把队员和行李运上车，当拿起最后一件行李跨上火车时，腿实在抬不动了，他摔倒在过道里！他顺势在地上坐下来，满脸通红，汗水顺着脸颊往下淌，衣服已经湿透了贴在身上。火车开了，他的心脏简直要跳出来了，半天没缓过神来，感到心力交瘁，甚至有点儿恍惚。队员们有的给他按摩肩膀，有的端来了水……

紧接着，衡新又把队员和行李一趟趟转移到远端的卧铺车厢，轮椅要逐个卸掉轮子，折叠放在车厢连接处和卧铺底下。一个小时后，才安顿下。

那个晚上，他感觉自己像是带着一群孩子逃荒的父亲，真的是叫天天不应的感觉啊！

后来在和大学生们交流时，衡新偶然谈到这件事，他突然就哽住了，强忍着泪水，好半天一句话也说不出口。

衡新对于家里总是报喜不报忧，在外吃的苦从来都独自咽下，只字不提。母亲在电视上看到记者访谈，才略知一二，儿子受的苦让母亲心疼得泪流满面。

每一次挫败，如同在衡新的灵魂深处种下了坚韧的种子，一路艰难，竟然成为支撑他走下去的力量。

衡新深知，教育植根于爱。衡新用人生中最美好的18个春秋和无私的大爱，陪伴并帮助队员们从不幸走向了辉煌，共患难的经历使他们结下了深厚的师生情、父子情。

在"感动徐州十大新闻人物"颁奖晚会上，主持人问冯攀峰对教练的看法。他说，教练就和我的父亲一样亲，教我打球，也教我做人，是我一生中最好的老师。

衡新这么多年的付出从没考虑回报，第一次听队员这么评价自己，他的眼眶湿润了。常年在外，撇家舍业带这些残疾孩子，那些艰难的跋涉、内心的煎熬、受过的委屈，这一刻都烟消云散了，他感觉所做的一切都值了，今生无怨无悔。

衡新要求队员们把每次大赛当作新的起点。他曾发起过一个"比赛比训练容易"的大讨论，让队员们写下内心对于平日刻苦训练的理解。残疾人奥运会之后不久，当很多人还沉浸在夺冠的喜悦中时，江苏省残疾人乒乓球队已经开始训练了。队员们深深懂得，没有教练这样不懈的督促，成绩绝不会一直保持这么稳定。

大队员们陆续结婚了，有的女队员有了孩子后想退役。衡新心里舍不得，但也很无奈。

面对顾改提出的退役申请，衡新连续几天彻夜难眠。这个小姑娘从小跟着他打球，眼睁睁地看着她走上世界领奖台，又结婚成为孩子的妈妈，一幕幕呈现在眼前，令他感慨万千。2016年9月26日凌晨，衡新在微信里写下：

> 退，早晚都要退，你的不经意间轻轻一退，在波澜不惊的背后为何让我深夜沉思？是经历的太多难舍难分，还是感叹成才的不易、付出的艰辛；是球队打法的缺失、难行合力，还是我的心胸境界需要进一步提升。月有圆缺，走是必然，愿你一切安好，且行且珍惜。

曹宁宁留言：就像女儿出嫁那天一样，只是一种不舍和不习惯，总要面对，回归现实生活是我们这群追梦人的最终归宿。

顾改回复：教练，我只是离开赛场，并没有离开球场，教练这么多年的教诲受益终生。教练不要伤感，我只是把重点转向了家庭，并没有离开乒乓球，没有离开大家。

……

这些年，成为国家队教练后，队里打乱了原有的带队秩序，"梦之队"的部分队员分给了别的教练，衡新也分到了外省的球员。我国乒乓球拥有世界上最先进的打法和技术，残疾人乒乓球也不例外，所以每次国际大赛的冠亚军争夺往往会产生在国家队队友之间。以前如果说衡新希望自己的队员夺冠，现在来看，他有了更加宽广的胸怀，无论教谁都一视同仁，不遗余力。他觉得国家信任他，他就该对得起自己的职责，不管是谁拿了世界冠军，都是为国争光。

2017年，是衡新全国人大代表履职的第五年，他在五年前就曾送给自己一句话：使命重在担当，实干铸就辉煌。

这么多年通过残疾人体育工作，他深深地感到：残疾人虽然通过努力也可以成功，但他们的身体原因造成的生活不便是不争的事实，他们在社会上的地位和被理解的程度还是令人担忧的。他心系残疾人，希望全社会提高对残疾人的关注，推动残疾人融入社会主流，向残健融合方向发展。

已过不惑之年的衡新，重新思考近半个世纪的人生。如果没有穿越漫漫黑暗，没有经历痛彻心扉的过往，永远不会明白看到星光时的喜悦，也自然不会懂得黎明的意义。这么多年的风风雨雨绝对不是获得了金牌所能表达的，他觉得那些过程更加弥足珍贵：艰苦训练、紧张备战、用心体会、倾力付出，一起承受挫折、携手渡过难关、共同分享喜悦……

如今衡新才真正理解了，什么是天道酬勤，什么是一分耕耘一分收获。每个队员都有着各自的坎坷，没有一份成功是轻而易举的、一帆风顺的。最终把我们塑造得逐渐完美的竟然是那些最艰难的时光，那些饱含痛苦与波折的岁月会在记忆中散发着永恒的光芒。

未来的日子里，衡新希望队员们珍惜自己的运动生涯，尽量延长自己的运动生命。为了国家残疾人乒乓球事业长盛不衰，希望自己不断培养新的梯队，他想到了新生代谷晓丹、杨中慧、刘府……希望他们能向师哥、师姐学习，后来居上，拥有挑战冠军、超越冠军的霸气心态和无敌的球技。

衡新在一次演讲中谈道：

> 人生的奋斗目标不需要太大，认准了一件事情，投入兴趣与热情坚持去做，你就会成功。我相信每个人都会成功！

桃李不言，下自成蹊

2016年9月7日下午，"2016齐鲁最美教师"颁奖典礼在山东教育电视台演播大厅隆重举行，山东师范大学教授袁锋，作为乒乓球残疾人奥运冠军教练荣膺此奖。

"国家给了我诸多荣誉，这些荣誉属于运动员和教练员们。国家经济发达了，对残疾人事业也越来越重视。没有残疾人事业的健康发展，就没有中国残奥乒乓球队辉煌的成绩。"袁锋这样认为。

二十年来，他亲手培养出了吕晓磊、茅经典、王聪、林焕、王哲、张超越等十几位世界冠军，王睿、柳萌、刘美丽、任桂香、张岩等一大批冠军运动员也跟着他训练过。

这些年，袁锋获得了无数荣誉，然而，他最看重的还是"老师"这个称呼。

袁锋是地地道道的济南人，当年以全省专业第一的成绩考入山东师范大学体育教育专业，1985年毕业时留校，走上了教师的岗位，教乒乓球课程。

如果不是那场比赛，袁锋可能会在大学里当一辈子老师，然而就是这样一个机缘，使他与残疾人乒乓球结缘，从而参与和见证了中国残疾人乒乓球事业的辉煌与发展。

1996年，第四届中国残疾人运动会在大连举行，袁锋任山东省残疾人乒乓球队总教练，他带领仅仅集训了三个月的七名队员参赛，一举夺得两枚金牌，填补了山东代表团在全国大赛乒乓球项目上夺冠的空白，引起同行业的关注。

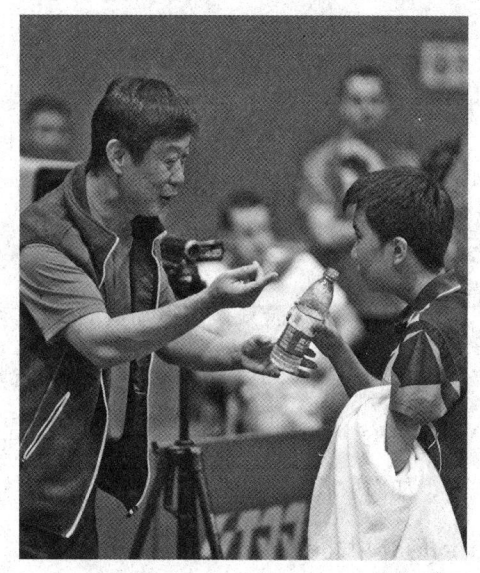

之后，在一些大大小小的赛事上，袁锋率队屡屡夺冠，越发显露出他的执教才华和能力。于是，许多在山东各地训练的残疾乒乓球运动员纷至沓来，拜师到袁锋门下。渐渐地，袁锋的名气越来越大，不少外省的残疾队员也开始请他给予点拨。

凭借卓越的执教成绩和业内的认可，1997年，袁锋进入国家残疾人乒乓球队担任教练。

乒乓球虽然是中国的国球，但在残疾人领域，欧洲一些国家走在了前头，早期成绩好的一些运动员也集中在欧洲。1960年，在罗马举行的首届残疾人奥运会上，乒乓球就被列入了比赛项目，而我国残疾人乒乓球运动员从1984年才第一次参加比赛，1988年首次摘得奥运会金牌，一直到1996年亚特兰大奥运会，我国总共才获得了八枚金牌。

可以说我国残疾人乒乓球事业起步晚、水平低。

担任残疾人乒乓球教练，困难重重，袁锋虽然早有思想准备，但没想到那么艰难。教残疾人和教健全人打球是两码事，没有经验可以借鉴，完全是从零开始。袁锋就全身心投入，翻阅大量的资料，并付出很大的精力和时间观看欧洲运动员的比赛录像，仔细琢磨研究技术特点。

然而教惯了健全学生，带这样的学员，使他一时难以适应。肢残运动员不仅运动受限，很多动作无法到位，甚至做不出来，连日常生活也有着诸多不便。

与聋人运动员沟通不畅，有时候说了好多遍，他们直点头，但打起球来还是一知半解，根本理解不透，这令袁锋十分苦恼。客观条件所限，并不是队员们不努力，袁锋就付出更多的耐心，不厌其烦地一遍遍重复讲解和示范，手把手地教。

要想找到适合残疾人运动员的打法，首先要做到感同身受，要换位思考。聋人运动员听不到球速，是否影响他的判断？一条腿的运动员身体重心不稳，如何扣杀？一只胳膊的运动员平衡能力是否受到了影响？轮椅运动员控球范围小，如何取胜？袁锋先从自己的身体上体验，他常常绑住自己的一只胳膊或者坐在轮椅上和队员们训练，研究各类残疾人乒乓球的打法和特点。

日子久了，袁锋就找到了一些规律。他针对每个队员残疾程度的不同，给他们制订出合理有效的训练计划，而且从球拍、胶皮到技战术，袁锋都仔细给予适合他们的打法设计。

没有爱，就没有教育。袁锋从一开始就深深地爱上了这些不幸的孩子。他仔细倾听他们的故事，发现他们每个人的背后都有着惨痛的经历。他们的身体先天或者后天原因造成的残疾，给他们的人生增添了悲剧色彩，给他们的心理也造成了各种程度的伤害，但他们有一个共性，就是对乒乓球的热爱。残疾人打球需要付出比健全人更大的代价，但他们从不言弃，他们表现出的执着顽强的精神感动着袁锋。

袁锋深谙为人师者，传道授业解惑。教育的目的，是替年轻人的终生自修做准备。要打好球，需要让这些残疾队员接受多方位综合素质的培养。袁锋决定用自己的人格力量感染和鼓舞队员。

队员们说，袁老师不仅仅是教练，从感情上来说更像父亲。队员们远离家庭，和教练朝夕相处，生活上有什么困难、思想上有什么困惑，第一个想到的就是向教练求助。这些年，除了教球，袁锋俨然成了"多面手"，只要是队员们需要的，他都去努力学习，并且做得非常出色：打手语、做按摩、做心理辅导、修理各种运动和康复器材……甚至还亲自下厨，给队员们改善生活。

队员们信任袁教练，比赛时只要他在场，队员们就特别心安，看到他的身影、笃定的眼神、沉着的姿态，队员们就会平添夺冠的勇气和力量。

1998年第一届亚洲锦标赛，当时国家队里只有刘美丽、吕晓磊、李振东等七个运动员。那一次，吕晓磊获得了单打银牌，之后他作为男单头号选手，先后和队友一起摘得2004年雅典、2012年伦敦残疾人奥运会TT10级乒乓球团体金牌。

袁锋是出了名的爱才、惜才，可以说吕晓磊是他一手带大的。晓磊出生在菏泽一个农村家庭，7岁那年不幸触高压电失去右臂，但幸运的是，他酷爱打乒乓球，在13岁时获得山东省第四届残疾人运动会单打亚军，从而代表山东省参加全国残疾人运动会。在这里，他遇到了恩师袁锋，跟随袁锋来到济南打球。由于年龄太小又有残疾，袁锋便把晓磊带到家里住，还把户口也落在自己家里，然后又安排他进入山东师范大学第二附属中学边打球边读书。

后来为了方便训练，袁锋就带着吕晓磊，两个人单独住到山东师范大学对面的筒子楼里。每天训练回来，袁锋都要亲自做饭给他吃。

吕晓磊不负众望，先后参加了四次残疾人奥运会，夺得了"三金一银"的好成绩，从一个顽皮的孩子成长为奥运冠军、大学老师、国家队教练，也成了袁锋的骄傲。

袁锋教练和吕晓磊在一起

说到自己的恩师，吕晓磊说："我从小就跟袁老师生活在一起，他是我的恩师，更像是父亲。感谢袁教练，是他教我打乒乓球，给我自信，把我送上了世界最高领奖台，还培养我求学成材。没有袁老师，就没有我的今天。袁老师有什么要求，我都会像他儿子一样全力以赴。"

教育人就是要形成人的性格。袁锋对于吕晓磊的成长轨迹还是比较满意的，他说：

> 晓磊很听我的话，知道我是真对他好。夺得世界冠军以后，找工作不难，机会也很好，那时候他本科毕业，就不想再上学了，我建议他继续上研究生，他也听话就去上了，还入了党，结果后来做了大学老师。我告诉他，偶尔和朋友喝点儿酒可以，但不能抽烟，抽烟对身体不好，他就不抽。结婚以后，我让他把钱都交给媳妇，大气点儿，好好过日子，他也照着做了。他的妻子非常贤惠，做饭特别好吃，里里外外一把手，真是晓磊的福气。这使我非常高兴，他过得好，我也很幸福。

吕晓磊仅是袁锋十几年教育助残中的一位，在山东师范大学乒乓球队里，好多队员不仅拥有残奥冠军的光环，他们还有着令人羡慕的大学生身份，打球上学两不误。在袁锋的教导和帮助下，他们拥有了和健全人一样的自尊与自信。

教育的根是苦的，但果实是甜的。在这条路上，袁锋付出了太多心血，吃了太多苦。他常年在外训练，无法照顾老人、妻子和孩子，他感觉亏欠家人太多。

那年，正在外地集训的袁锋接到妻子的电话：儿子得了病毒性脑膜炎，正在住院治疗，情况紧急！袁锋心急如焚，立刻赶回济南，看到病床上虚弱的儿子，妻子因不分昼夜地陪床眼窝深陷，袁锋心疼不已。但大赛在即，繁重的训练任务在身，袁锋陷入了两难。他最终还是选择了归队。在获得了家人的谅解后，他仅仅在家待了一天，就匆匆踏上返程。儿子青春期正需要父亲的时候，袁锋忙于训练和密集的各种比赛，很少陪伴。那时候，儿子好几天都见不到父亲的面，就连考大学，袁锋也顾不上过问，除了给孩子请个家教，其余的什么也做不了。

"孩子到现在都有点儿怕我，其实我很少严肃地教育他，就是陪伴得少了吧，挺无奈的，做事情总有得失，有时候面对鱼和熊掌要做出选择，不能兼得，特别无奈。希望有生之年能做点儿弥补。"袁锋叹了口气。

他清楚地看到，体育运动不仅有利于残疾人身体的康复，更有利于他们自信心的建立，而且与乒乓球结缘，会改变他们一生的命运轨迹，对残疾人来说有着更重要的意义。袁锋决心做那个铺路人，帮助他们实现自己的人生梦想。

这些年，袁锋不断吸纳残疾人运动员来训练，一切费用全免。因为食宿会产生一些费用，他就拿出资金，鼓励学生们做点儿小生意，挣了钱捐到大学同学会，用来填补缺口，资助残疾学生。

当前中国残疾人乒乓球技术在世界范围内已经处于领先水平，在国际乒坛上已高居"霸主"的地位，但是袁锋反对唯金牌论。打球只是人生的一段经历，漫长的人生才刚刚开始。他希望队员们忘记自己身体的残疾，从封闭走向开放，努力融入健全人的社会。

　　运动员身体残疾了，但不能带来精神残疾、心理残疾。要克服自卑，获得强大的自信，就要战胜自己，这是很不容易的胜利。晓磊小时候一直穿着长袖衣服，不愿意让别人看见自己的胳膊，后来心就完全打开了。他性格开朗、为人真诚，特别阳光，在队伍里非常有号召力，能把队员们凝聚在一起，他的状态使我感到欣慰。现在我的队员找的对象很多都是健全人，他们不会因为身体的原因觉得自己比别人差在哪里，除了生活有点儿不方便，完全没有自卑感。这就是个极大的成功。

袁锋是山东师范大学副教授、硕士生导师，在国家残疾人乒乓球队，他是仅有的几个"科班出身"的教练，这样的身份也注定了他是一位学者型教练。他认为发脾气是教育者最无能的表现，所以无论在赛场还是训练馆，袁锋从来都是轻言细语、耐心讲解，很少大声批评队员，显示出体育教练少有的儒雅气质。学生们都叫他袁老师，而不是袁教练，那是因为他不仅教孩子们打球，更教他们做人，使他们成为能够立足于社会的真正优秀的人。袁锋对孩子们视如己出，队员们打球、上学、就业，甚至婚姻，方方面面都让他操碎了心。

学高为师，身正为范。袁锋爱孩子们，但绝不姑息他们的错误。他用自身的个性和精神信念，激发学生提高检点自己、反省自己和控制自己的力量。

队员刘美丽说，平日里袁老师就像我们的家人，很亲，只有在整风的时候，才能感觉到是教练。

不仅是整风，而且袁锋带出的几个后来成为世界冠军的爱徒，曾经都被他"开除"过——

王聪是很有天赋的，他理解力强、悟性高、球感非常好，又肯吃苦，可以说是个打球的天才。但小时候也贪玩，玩游戏上瘾，我恨铁不成钢，就把他"开除"了。之后他父母来找我求情，说孩子耳朵不好，不打球哪有出路，觉得打了这么多年球，前功尽弃太可惜了，运动生涯不能就这么结束了。孩子也鼻涕一把泪一把地决心痛改前非。其实开除只是个手段，不感觉痛引不起他们的重视，也不知道珍惜。林焕、张超越都被我"开除"过。

其实，袁锋的"开除"只是吓唬一下而已，从小带大的孩子，付出了那么多心血，他哪舍得呢！但是这一招还真奏效，引起了他们的重视，坏毛病就下决心改了。

2017年在第二十三届听障奥运会期间，远在土耳其的王聪每天晚上给袁锋发微信，交流一些比赛的情况。要进入决赛了，王聪心里紧张。袁锋觉得以他的水平，只要保持好的心态就没问题。于是就给他回复了两个字：自信。比赛结束，王聪获得了"大满贯"，成为名副其实的世界"四金王"。

袁锋是如此淡定，与他交流丝毫感觉不到他是诸多冠军球星的"金牌教练"。带了五届奥运会，所有级别都带过，忙碌了二十年，得到了荣誉，同时付出了太多，也失去了太多，但做了自己喜欢的事情，袁锋觉得很值，那些曾经的荣耀已成为历史，退下来对人生反而有了更多的理解。

袁锋虽然离开残疾人乒乓球国家队了，但他依然牵挂和关心残疾人事业。中国残疾人乒乓球虽然奠定了世界上的绝对优势地位，但其他国家发展得也非常迅猛，决不可放松。要保持长盛不衰的战绩，教练队伍的建设尤其重要。

袁锋的父母都是教师，把毕生都献给了教育事业。父亲58岁去世，当了30多年老师，父亲生前经常说：有两个行业不能乱，一个是医生，关乎人命；一个是教育，关乎未来。

教育不好干。怎样才能不误人子弟？袁锋从小就决心像父母那样，如同蜡烛燃烧终生。接手残疾人教育后，他希望通过个人的努力，唤起全社会对于残疾人体育的热情，真心关爱残疾人，为残疾人做更多的好事、实事。

2017年袁锋带领学生参加全国大学生运动会，获得双打金牌，团体铜牌、单打铜牌和第五的好成绩。

54岁的袁锋还有新的目标：

退休前希望我的健全学生能拿到全国冠军，希望我的残疾学生再创佳绩。中国有8500万残疾人，我要帮助残疾人实现梦想，每个中国人的梦想实现了，中国梦也就实现了！

跨界儒帅的"心理战术"

国家队赵守礼指导每次出远门包里都会装着一些老照片，那是他的最爱，那里有他的爱徒，有并肩作战的战友，还有那些在乒坛挥汗如雨的青葱岁月……

这是马麟、连浩、葛杨，他们是2016年里约团体比赛的运动员，拿金牌的时候照的；这是焦志敏，是当时中国最好的运动员，世界冠军；这是庄则栋2002年和我的合影，我那时候还没退休呢；这是蔡振华，中国乒乓球队成立50周年大庆，在人民大会堂我们的合影；这是聋人队伍在正定集训刚照的合影……

这张照片，是孔令辉拿世界冠军回黑龙江开庆功会和我的合影。孔令辉在正定见了这张照片说，我小时候原来是这样啊！有时候看看这些孩子，对我也是一种激励。那时候他们还小，我是那么年轻，时间过得真快啊！看，这张是在日本的比赛馆门口照的合影，当时我带着一帮小队员去日本参加少年国际邀请赛，有十几个国家参赛，那时候孔令辉才11岁，我们几乎包揽了各项冠军。日本当地的报纸连着报道了好几天，他们都说，这些中国小孩水平真高啊！比赛结束后，日本球员的家长们争着把孩子们请到家里和自己的孩子一起住，当时看到他们那么真诚，那么热情，而且还有一些中国留学生做翻译，觉得比较安全，就同意了。有些没"抢"到孩子的，还在家里做好了菜端过来，几家人在一起吃，特别热闹。右三叫杨占宇，后来去日本打球了；右四是刘亚弟，现在做乒乓球教练……

赵指导每次看到这些照片都爱不释手，感慨万千。很意外的是在他的行李中竟然还有一些镶着镜框的照片，他说这样便于到了住处直接摆在桌子上，随时可以看到。

这是国家队在北京中残联公寓门口照的全家福合影。这就是我们的领队陈亦新，还有哪些不认识，我告诉你。

70岁的赵守礼，样貌与精神状态好似50多岁，丝毫看不到"老人"的影子。他身材高大挺拔，精神饱满，说话语调柔和而有力，令人信服，一举一动透着儒雅的气质。运动员们从没见赵指导大喊大叫发过一次火，他总是循循善诱，以理服人，他的"心理战术"相当厉害，每每奏效。

赵守礼上学的时候，乒乓球队来学校选队员，他们的条件之一是，学习成绩一定要好，他们认为这样的孩子智商高、学习能力强、有专注力，他当年就是因为学习好入选的。做了这么多年的教练，赵

赵守礼教练（中）和队员在一起

指导依然认同这个观点。他认为，乒乓球是聪明人的运动，它属于运动项目里技术含量非常高的，乒乓球把速度、力量、旋转、节奏等多个元素完全融合在一起，它不像某些竞技体育项目那样，身体素质好、有爆发力、弹跳力或者耐力就容易出成绩。这些对于打好乒乓球是远远不够的，它不仅需要技术，还需要智慧、敏捷的反应和很强的判断力。

赵守礼成为黑龙江队运动员后，良好的训练氛围，使他练就了扎实的基本功，球技也突飞猛进。因为战绩突出，他还当上了队长。运动生涯将要如日中天的时候，上级领导来了调令，让他去省体校做教练。听上去这是件好事，可对赵守礼来说，意味着要过早地放弃运动员身份，打了这么多年，付出那么多，他是立志拿冠军的。他觉得不甘心，真没打够啊！他不想去，然而组织需要，就得无条件服从。

19岁的年轻人，走马上任乒乓球教练。赵守礼从小打球，运动员出身，基础非常扎实，因而他教过的学生进步也很快。之后，他在体工队做了四年教练。当国家体育运动委员会办援外学习班时，赵守礼又被派往尼日利亚等一些国家打球。四年后，他回国接管了黑龙江省乒乓球男队。

怎样打翻身仗？刚上任的赵守礼提出成立乒乓球男二队的想法，得到了许可。二队招收了八个运动员，最终留下了六人，日后输送到国家队的孔令辉、王飞等三个队员，就出自这个队。

打乒乓球有个漫长的过程，必须从小培养，一般情况下小孩四五岁开始练，十几岁到专业队了才有些样子，出成绩差不多就十七八岁了，算起来至少也要十几年。有些人找到我，说想让孩子打球，我提出两点，家长要有思想准备，能做到才能打：一是有没有精力陪孩子，时间能不能靠上。打球要天天练，孩子小，要天天接送，能不能坚持。二是舍不舍得投入。

赵守礼的与众不同，还因为他是个"跨界"教练。几十年的执教生涯里，他先后做过健全人、残疾人、聋人的教练，而且三个领域的队员都拿到了奥运冠军。这在中国乒乓球史上也是罕见的。

　　接触残疾人运动员，也是一个偶然的机缘。当时黑龙江省残疾人乒乓球队没有训练场地，省残疾人联合会领导找到赵守礼，看能不能让残疾人到省队一起训练。

　　赵守礼对残疾人运动员进行了测试，发现大部分是肢残的，有小儿麻痹症的，还有上肢残缺的。有基础，可以练！赵守礼立即同意接收。领导说，行就接，不行也别勉强，影响了健全孩子的训练，得不偿失。赵守礼觉得，第一，帮帮这些孩子，我们不帮，这些孩子可能就荒废了；第二，可以通过这些孩子激励健全队员，有利于队伍建设。

　　他的意见得到了省体工队和体育运动委员会领导的大力支持。

　　队里的运动员看到这些残疾人，私下里悄悄问教练：教练，那些残疾人和我们一起练行吗？

　　"行，当然行，残疾人能做好的，我们没理由做不好。大家要互相激励才行。"赵守礼很坚定。

　　实际上，那些残疾孩子来队里，还真起到了很好的作用。健全队员们看到他们以后，觉得自己太完美了，应该知足。连我自己都很受教育，觉得没有任何抱怨了。这些孩子身体条件先天不足，就说一只胳膊的吧，因为行为习惯，受伤的一般是功能手，截肢的一般也都是强大的右手，只能改用不习惯的左手打球和做一切事情，细小的东西拿不住，重心又不好，约束了好多技术的掌握和发挥。

　　我经常跟残疾队员说，要树立奥运夺冠的远大目标。身体残疾是客观形成的，谁也改变不了，但命运可以靠后天的努力来改变。农村条件本来就不好，如果没有一技之长，就会成为家里的累赘，有的还会遭到遗弃，打乒乓球如果能打出好成绩，可以为自己赢得尊重，能够活出尊严。而残疾运动员认为，宁肯不要金牌，也想站起来。他们内心还是很苦的，这令我很心酸，更坚定了把他们带出来的信心。

乒乓球运动员必须有很强的韧劲，不能把力量全爆发出来，要能放得开、稳得住，要能做到收放自如。并且乒乓球是一个人的运动，除了双打，没有合作，在场上从头到尾都是一个人，再疲劳也没有替补，遇到问题教练可以提示，但最终都要独自解决。所以他们一般性格内向，但内心特别强大，有一种拖不垮打不烂的精神。

那段时间，赵守礼要求队员利用入睡前的几分钟，把一天下来发生的事情过一过，安静地温故知新，总结这一天训练中的收获和不足，为后面的训练提供参照，能达到事半功倍的效果。爱徒孔令辉觉得很受益，后来他做了教练，还把这个经验带到了国家队。

和专业队一起训练，使残疾人乒乓球队伍成绩提高很快。成绩最好的那年，黑龙江残疾人乒乓球队在全国比赛拿到了14块金牌，可谓"战果辉煌"。

在这样的成绩背后，有着赵守礼教练呕心沥血的付出。他认为残疾人的成功，不仅要克服身体的障碍、超常付出，而且精神付出更多。他希望队员们克服自卑的心理，拥有健康强大的内心。

记得那年去荷兰，健全人与残疾人比赛同时间举行，比赛是分开的，两个场馆紧挨着，但住在同一个酒店。我们的残疾运动员有顾虑，人家健全人会不会嫌弃我们。我就给大家开会讲不要自卑，我们也能升国旗、奏国歌、为国争光。很多人做不到，你们做到了，就是好样的。我们一点儿也不比别人差，要有自信。生命不管以什么形式存在，尊严都是平等的。实际上，健全人运动员素质也很高，他们也会主动谦让残疾人。看到坐轮椅的残疾人，还会主动搭把手帮着推一推。蔡振华指导还主动和我说：残疾人运动员有什么需要，尽管说。

咱们的残疾人运动员不仅摘取了奥运金牌，而且马麟、刘静还获得了国际乒联的"最佳残疾人运动员奖"，这个奖每年评选一次，健全人和残疾人各一名。作为国家队教练的一员，我为我们国家的运动员感到骄傲。

奥运之前，国家队还多次组织队员去西柏坡等革命圣地参观，接受爱国主义教育。我觉得这是很有必要的。我经常教育队员，残疾人也要做公益，帮助弱势、回报社会。千万要有一颗感恩的心。有的人走到今天，有了光环，忘记了自己是怎么一步一步走到这个位置的。要时刻回想，国家创造的条件、教练的心血、工作人员提供的服务和社会方方面面的支持。

比方说正定训练基地，这可不是一个普通的训练基地，成立二十多年了，训练环境和训练氛围都很好，高手多，吸引了大量的国内外的健全人、残疾人运动员到这里训练，国家队集训也大部分放在这里。所以也被称作乒乓球"冠军的摇篮"，受到了国家的高度重视。好多国家领导人都来看望过运动员。1994年，基地王主任还作为领队带领乒乓球队赴远南打比赛。这么多年，可以说基地见证了我国乒乓球运动从艰难到辉煌发展的光辉历程。基地里还专门建了乒乓球博物馆，珍存了大量宝贵的照片和史料。

奥运会之前，赵守礼跟队员讲得最多的是：一定要把心沉下来，不能浮躁。运动员参加比赛，肯定想拿金牌，然而打球的时候，不能想多了，要脚踏实地打好每一个球。

说到TT10级运动员葛杨里约夺冠，赵指导还想起了一段小插曲：

2012年伦敦残疾人奥运会上，葛杨和波兰一个选手打了个0：3，他很沮丧，怀疑自己是不是不行了，训练也不太用心了。我就激他：葛杨，该拿的都拿了，你也是奥运冠军了，如果不想打，就彻底放弃，勉强让你练你还不情愿，如果不想要了，就别遭罪了。如果还想拿冠军，就要玩命练，时间还来得及，冠军是靠流血流汗得来的，努力了，拿不了也不后悔。如果还想打，就拿冠军！你回去想想去。"赵指导，打！"这是他的答复。我说这就对了，把前面的东西全放下，从今天开始立志、拼搏。要有斗志，要有抢夺金牌的心才行。一个运动员最可怕的是不想要金牌，没有目标怎么能成功呢？于是葛杨在接下来的三个月玩命练，去"抢夺"金牌了。

2016年里约残疾人奥运会的冠亚军争夺战，葛杨遇到了老对手霍伊诺夫斯基，2012年伦敦残疾人奥运会上葛杨正是败给了这位波兰选手屈居亚军，可谓"仇人见面，分外眼红"。这场决赛打得如何艰难可想而知，葛杨先以5：11丢掉第一局，紧接着以11：8扳回一局。此后的两局双方各胜一局，大比分2：2平。比赛进入了白热化的决胜局。双方比分咬得很紧，输赢互相交替上升，达到14：14时，葛杨一鼓作气以16：14拿下比赛！

夺冠后的葛杨以一声大喊发泄内心积郁了四年的情绪。他说，我已经尽了全力，四年前他战胜了我，我决不能在一个地方跌倒两次，今天我做到了！

2017年7月，70岁的赵守礼带领聋人乒乓球运动员出征在土耳其萨姆松举办的第二十三届夏季听障奥运会。

7月27日下午，赵指导给我发来了一条微信：

中国队包揽了本届听障奥运会乒乓球比赛的全部7枚金牌，并获得了3枚银牌和2枚铜牌，创下了中国乒乓球队参加听障奥运会的历史最佳战绩！

女子团体比赛打得异常艰难，决赛对手乌克兰曾是第二十届听障奥运会冠军，史册、黄梦萍两人上届没进决赛，而在这届比赛中打得非常顽强，起到了老队员的作用，最终拿下了金牌。这次比赛，整个队伍特别团结，士气高涨、拼劲十足，非常好地完成了比赛任务。女子单打金、银、铜也在中国队员中产生，她们是史册、黄梦萍和王哲。

赵指导说，有时候看上去运动员们都在挥汗付出，为什么结果又大不相同？我认为除了悟性不同以外，一个优秀的、成功的运动员，都有共同点：心中有目标，踏实、好学、努力和坚持。

当然，一个成功的运动员，也离不开优秀教练的技战术传授和鼓励，还有像赵指导这样的"心理战术"吧！

赵指导却不以为然：

回想一下这么多年走过的路，训练中队员留下的血和汗，奥运夺冠后，面对国旗和国歌，那种激动和热泪盈眶，使我久久不能平静，此生真的知足了，和这样一些队员在一起奋斗、拼搏，是最幸福最快乐的事情，我仅仅做了我应该做的，而他们才是真正的英雄！

你的点赞最 "给力"

李振东教练受访视频

"有一次我让赵帅顺便给我把杯子拿过来，过了好半天都没拿来，后来才想起来，他的手不好，拇指没有握力，杯盖是圆的，他拧不上，真难为人家孩子了！"说到赵帅，教练李振东黯然神伤。不过他内心更多的是赞赏：

这孩子内心太强大了！一般能够打到决赛，水平都不会差，关键是心理素质，这孩子很能沉住气。那年团体比赛，赵帅和瑞典选手对决，当时他0：2落后，竟然能以3：2翻盘。最后一局，对手终于顶不住了，他打得太顽强了，一般人哪受得了！他当时和我说，教练，我必须强硬起来，抓住机会，我会静下心来，全力以赴的。按水平，赵帅一点儿也不弱，以前和这个对手也打过，他是3：1赢的。2012年残疾人奥运会单打半决赛时也是这样，一开始他处于弱势，0：2落后于英国选手，最终还是被他扳回，确实太厉害了！遇到突发情况，运动员有点儿懵的时候，才会凸显教练的作用，教练要整体看，到底哪个地方出现问题了，关键时候给他点拨。他打得很顺手的时候，根本不必管他，他自己太有数了！

这孩子太有天赋了，打球的灵性很足，胆子也很大，他最近模仿张继科的反手台内侧拧回球，竟然在两人比分10平的时候用出来，胆子也太大了！他当年刚来的时候，虽然之前就已经有了不错的基础，但在水平最差的三组，一场球都赢不了。当时在正定乒乓球基地训练的有150多人，天天打比赛，竞争非常激烈，他在淘汰的边缘坚持，非常能吃苦，我也知道他内心也很煎熬。那些年，打球的过程中抗压能力也形成了。一年后，赵帅和水平高的运动员打，也能赢一局了。到了二组中间，就很难再上去了，整个水平需要扎实的功力，要靠

赵帅在2016年里约奥运会决赛胜出，李振东教练激动地抱起他

厚重的积累，我告诉他要从细节上抠，少犯错误，该得的分一定要得，要有很强的判断力。打乒乓球无非就是发球、接球、进攻、防守，而接发球特别关键，容易丢分，光使蛮劲练不行，要动脑子。在对方捡球的时候就要算出来他大致能发什么球，长的、短的、正手、反手、旋转等等，学问大了。这孩子特别聪明，反应很快，判断力也很强。当年招他来的时候，在学校学习就很好。2012年就获得了残疾人奥运会冠军，算是年龄比较小的奥运冠军了吧！

我经常跟他说，我作为残疾人，作为一个教练，带残疾孩子打球，充其量只能帮助十几个孩子。你夺冠后，有名气了机会就多了，平台也更大了，你把英语学好，还可以去国际大舞台帮助更多的残疾人，我们本身就是残疾人，要设身处地为他们着想。他很听话，也树立了为残疾人服务的意识。

李振东说起爱徒赵帅，滔滔不绝，还连连竖着大拇指，那是他的骄傲。执教生涯能带出奥运冠军，也是值了。

有人说李振东不仅仅夸爱徒，他逮谁夸谁：

我们河北省残联选拔的残疾人乒乓球运动员，食宿、学费都由政府承担，这在全国都不多见吧！残疾人找工作太难了，大部分企业宁肯交残疾人保障金，也不愿意招收残疾人就业。残疾人来打球，不见得非要拿奥运冠军，毕竟冠军只有一个。只是希望他们能多一项生存的技能，多一条活路……

我们所在的正定乒乓球培训基地，以前是一所乡村业余体校，如今发展成国家乒乓球训练基地，现在已经成为国际化乒乓球培训中心。这么多年，乒乓球国家队无论是健全人还是残疾人运动员，参加国际赛事之前往往要到这里来集训，成为当之无愧的"乒乓球冠军的摇篮"。这里氛围好，拥有世界一流的乒乓球训练水平，每年也会吸引大批外籍运动员慕名来此训练，被国际乒联命名为"国际精英培训中心"。基地常年培养的乒乓球苗子，考大学高水平升学率达到百分之百，声名远播，所以说基地不仅仅是正定的名片，而且已经成为全国乃至世界的名片了。这离不开国家、省、市相关单位的支持。还有我们基地的主任，为了基地的繁荣发展，操碎了心……

李指导还专门带我去参观基地内的乒乓球博物馆，一进门一个巨大的木质乒乓球拍冲进视线，上有诸多奥运冠军的签名。硕大的展厅里陈列着大量珍贵的照片、各种奖杯、运动员的物品，令人瞠目结舌。置身其中，可以直观地了解我国乒乓球发展的历史和历年辉煌的战绩，会禁不住对我们伟大的"乒乓球国度"肃然起敬。李指导告诉我：

乒乓球绝对是高智商的运动，要斗智斗勇，水平到了才会有自信。打乒乓球真不是小孩的运动，但要从娃娃抓起，出一个好运动员要经过很多年的积累。打乒乓球好处太多了，我们这里有个特教学院，有些智障的孩子打球以后变化太大了！你一定要去看看。

我们约好第二天上午去正定特教学校，我很好奇，想验证一下李指导说的"变化"到底有多大。一进学校大门，校园里好热闹哇！刚好赶上学生们做早操。整个校园笼罩在轻松活泼的音乐里，他们的早操不同于普通学校的早操，伴着欢快的音乐，孩子们好像在跳舞，台前和队伍中有老师在"领舞"。看不出有什么队形，孩子们三三两两，像散落在天空里的星星，他们是那么自由、那么陶醉：有的闭着眼睛，软绵绵地挥着手臂；有的闭着眼睛疯狂地摇着脑袋，像跳摇滚；有的在原地拼命跳高，一直跳出汗来，跳到筋疲力尽；有少数几个"好学生"在模仿着老师比画，还有的干脆站在原地一动不动，目光凝滞，若有所思，似乎这一切与他无关……

我从来没有见过这么多智障儿童，他们的情况不同，呈现出的千姿百态的样子把我惊呆了。

做完操，有个小男生示意我蹲下，我照着做了，蹲下搂着他，他靠过来把脸贴在我的脸上，我的眼泪就止不住了。他不会说话，是表示友好吧！我把周围的几个孩子一起搂在怀里，紧紧地。在这个冬日的早晨，阳光温暖地照耀着他们小小的身躯，他们的眼睛是那么澄澈，羸弱的小生命明亮、无助得令人心酸。

"老师好，教练好，阿姨好！"一进乒乓球室，响亮的问候声此起彼伏。

"看，就是那个男孩，原来一句话都不说，你和他聊聊试试。"李振东对别人从来不吝赞美，尤其是这个男孩他说起过好多次，我早已如雷贯耳了。

"你叫什么名字？"

"孙梦飞，梦想的梦。"他咧着嘴笑，还有点儿腼腆。

"喜欢打球吗？"

"有点儿喜欢，不，很喜欢！"

"想不想拿世界冠军？"

"没想那么多呀！不过，谁也不是生下来就会的。我会加油的！"

"你觉得打乒乓球有什么好处？"

"我会画画了！玩打手游戏，我变厉害了！就是手快了！谁输了，要做200个俯卧撑，我现在老赢，都叫他们做。我打乒乓球是正手厉害，反手差点儿，力量不够。我自己主动跑步、锻炼力量，你看我的肌肉多厉害，你看看我的胳膊，再看看我的腿！"

"哇，硬邦邦的肌肉，好厉害呀！"我捏了捏他的胳膊和腿，"家是哪里的，远吗？"

"高平，很远。15岁前爸爸送，16岁以后我就自己走了，两周回家一次。坐两次公交车，再转一次。有一次坐130转134，在车上睡着了，坐过站了，又坐回来，当时很害怕，以后坐车再也不敢睡觉了。我还有个姐姐，我1.75米，我姐姐比我还高，学会计。爸妈最亲我，可能是我从小长得好看，我小时候更白，现在晒黑了。我妈妈有好吃的都给我留着。上次回家，妈妈说冰箱里有香蕉，我去拿，一看都长毛了。家里不常买，你说我妈妈是不是很亲我？我爸爸不管我，算是放养，他也不敢打我，家里就我这一个儿子，打我是怕我以后不管他了吧，他还指着我给他养老呢！哈哈！我们家我长得最帅，你说呢，我是不是很帅？"孙梦飞一下子打开了话匣子，他不停地笑着，幽默俏皮地说了一大堆。

"你的性格真好啊！和你说话很高兴。"

"我们老师也说我很幽默，刚来的时候我一句话不说，躲在角落里，就这样看人。"他把头低下，从眼皮上方看了看我，我就笑翻了。

"打球以后就突然敢说话了！我不是不会说话，我是不敢说，我怕说错了别人笑话我。在家里爸妈不会笑话。我原来就爱说话，也爱笑！爱笑的人表示友好，别人容易接受。他不爱笑，我一逗，他就笑。"他指了指旁边一个男孩，这一指，那个男孩朝他做了个鬼脸。

"你的好朋友是谁？"

"好朋友，在哪都有，俺人缘好，到了新环境马上就有新朋友了。我会主动打招呼，说你叫什么，咱俩说个话吧！我们就好上了。以前见陌生人害怕，姐姐说，和别人说个话，是不会被拒绝的。慢慢就克服了。有一次打比赛紧张，没有发挥好，还哭了。老师劝我说，输赢不重要。我觉得我的水平挺高的呢！"

看到世界冠军的教练来了，孩子们打开了"车轮战"。

"你看这孩子，多带劲儿！这俩已经有球感了，一练就起来了。这三个有很大进步了。"李振东兴奋极了，边打边表扬。

学校聘的乒乓球王教练说，正定特教学校智障学生乒乓球训练项目，成立于1994年9月，当时学校有这个想法后，到正定残疾人乒乓球训练基地寻求帮助，基地主任非常重视，全力支持。教练李振东从那以后经常带着弟子来义务指导，世界冠军运动员和教练来了，同学们练得更来劲了。

难怪李振东和这些孩子这么熟。

后勤主任褚书利对孩子们很熟悉，在这里训练的孩子，随便哪个她都能一口说出名字、年龄、班级和学习情况：

学校有学前班两个，培智班5个，智力差点儿的在培智一班。那个穿红衣服的，叫程敬科，15岁；这个叫杨灿，10岁。孙梦飞以前在健全学校上学，可能受冷落，形成了封闭的性格。刚来的时候，从来不说话，老师讲课他不会，就低着头直说对不起。老师说，没关系，一次学不会两次。他就有信心了，性格也开朗多了。打球提高了他的专注力，学习也进步了。有的孩子刚来的时候挑食、老生病，打球增加运动量就有了食欲，身体也好了。今年我们参加正定县中小学生乒乓球比赛，和健全孩子打，获得了团体第三名，孙梦飞获得了单打第六名，同学们抱着证书、奖杯照相，挺骄傲的。参加比赛了，拿奖杯了！这件事对他们影响挺大的。回来以后，学校里也不断地表扬，号召大家向他们学习。这是他们在普通学校得不到的。

孙梦飞还没和我说够：

阿姨，我还没有说完呢！我不爱玩游戏，有空喜欢看张继科、马龙的比赛视频，教室里的电脑可以上网。步伐最好的是马龙，张继科的反手很棒。我胆子很大，一个人在小屋里看鬼片，也不害怕。我要努力训练，长大以后想成为一个运动员。我打得确实不错，我长得是不是很帅，阿姨，我还没说完呢……阿姨，别走……

再次见到李振东，是在河北辛集全国残疾人乒乓球锦标赛上。看见我，李指导很神秘地说，我给你介绍个人，绝对励志，你肯定没见过这样的。他是辛集代表团乒乓球、游泳"双料"领队、教练和队员。1987年就参加过全国残疾人运动会、全国锦标赛，在乒乓球和跳远项目上获得过亚军，在河北省残疾人比赛得过冠军，很了不起。

听到他的成绩，似乎也没感觉到有那么了不起。下午有他的比赛，我决定进场观看。看到他第一眼，我倒吸一口凉气，确实"没见过这样的"。他竟然没有双手!两臂残肢截到胳膊肘,没有手怎么拿拍,怎么打球呀?光凭这形象,能打到全国比赛,就够励志了!他运动服后背写着名字:王运然。

比赛中,王运然用两只残缺的双臂夹着球拍发球、接球,如果不是亲眼看见,你根本想象不出他是怎么发球的,整个过程有多流畅自如,他不像别的运动员那样用手臂、手腕发力,可以利用臂长大幅度地去够球,他只能用整个身体带动双臂,球打向左方,整个身体就扑向左方。此时,对方一个远球,他已经来不及撤身后退,失掉一分。汗水从脸颊淌下,流淌在他的脖子、胸前,他没法擦拭。

整场比赛,王运然每赢一分,就高兴得喊一声,现场的观众就使劲为他鼓掌。他最终还是输掉了这场比赛,但他赢得了经久不息的掌声。

王运然的对手过来拥抱了他,他也哈哈大笑着抱住了对方。对手激动地说:"我很佩服他,他的乐观精神总能鼓舞别人,他今天没有失败,站在这个赛场上,他已经胜利了!"

比赛结束,他用剩余的半截手臂"拿着"红色的尼龙绸包和车钥匙,和队员们开着玩笑往外走。有人要求和他拍照,他欣然应允,报以灿烂的笑。他放下那个尼龙绸包,残肢被嵌上了深深的勒痕。

走出赛场,大会志愿者连忙前来服务,他们熟练地推着轮椅运动员,拆卸、组装轮椅快速、准确得令人眼花缭乱,一看就是有备而来。

李振东又开始点赞了:

> 看看人家辛集对比赛的重视,安排得太周到了,太舒心了!整个城市到处都能看到欢迎标语,像过年似的。道路畅通,城市整洁、美观,这服务一点儿也不亚于大城市……

老白的“四个梦想”

　　打开“轮乒交流的优酷自频道”，发现有一些图文并茂的多媒体作品：反手反胶快拉斜线弧圈球的技术动作对比分析、反手反胶和长胶相持练习、反手反胶发球抢控训练、反手生胶弹拨的技术动作对比分析、反手反胶弧圈球训练……没打过乒乓球的看到这些题目的时候，根本摸不着头脑，但是打开视频就一目了然了。里面有队员平日的训练录像，错误、正确动作的示范和点评。这都是白刚亲自做的。

　　他希望一些轮乒运动员和爱好者能够通过这些作品受到一些启发，加深他们对乒乓球的理解，提高他们的训练质量和实战能力。

　　在去训练馆的路上，我发现老白走起路来有点儿晃，感觉整个人都以右侧为重心。

　　“我用右腿作为轴心，上身尽量保持平衡，用左肩带动左腿，把左腿往前甩着走，就会省力。”说着他还示范了一下。

　　我用手捏了捏他的左腿，大腿骨很细，硬邦邦的几乎没有肌肉，好像直接摸到了骨头上，这使我心里一惊。

　　老白出生在西安，生下来体重不到四斤，1岁半时不幸患上了小儿麻痹症，造成左腿残疾。长大一些后，他身体瘦弱多病，父母希望他能参加一些体育锻炼提高免疫力，他选择了乒乓球。

高中毕业后，老白在西电集团公司一下属企业上班。为了备战第五届全国残运会，陕西省残联在西安市工人俱乐部进行封闭训练，他有幸参加了集训。

经过四个月的训练，老白学会了用横板和长胶在轮椅上打乒乓球。2000年5月，他代表陕西省第一次参加全国残疾人运动会乒乓球比赛。在团体和单打赛中，他一场球都没赢，以倒数第一的成绩回到了陕西。这激发了他向金牌挑战的欲望，他想通过自己的努力，从全国倒数第一打到正数第一，他想站在最高领奖台上，他要为陕西人争光。

39岁的白刚铆足了一股劲儿，果断地选择了停薪留职去练球，向着金牌冲击。他的决定意外地得到了家人的理解和支持。

不受苦中苦，难为人上人。2004年福州全国残疾人乒乓球锦标赛上，白刚获得了男子TT5级单打冠军！白刚用四年时间从全国倒数第一打到了正数第一，创造了39岁正式练球，43岁拿到全国金牌的奇迹！

2004年12月3日，白刚被选入残奥乒乓球国家队接受专业训练，他的球技增长更快了。

紧接着，白刚在2006年全国残疾人乒乓球锦标赛上实现

白刚教练在河北辛集全国残疾人锦标赛现场为队员录像

了男子轮椅乒乓球TT5级单打"三连冠"，并蝉联男子轮椅公开级单打冠军。在2007年全国残运会上又荣获了男子轮椅乒乓球TT5级单打和团体冠军。

随后，白刚跨进了国际赛场：2005年在第五届亚洲及南太平洋地区乒乓球锦标赛上，荣获男子TT5级单打冠军；2007年亚洲及大洋洲残疾人乒乓球锦标赛团体冠军和单打冠军；韩国亚洲锦标赛蝉联男子TT4－TT5级单打冠军。之后拿到了2008北京残疾人奥运会乒乓球比赛的入场券。

23枚金牌，10枚银牌，7枚铜牌，白刚的运动员生涯虽然短暂，却成绩斐然。他在这个过程中受尽折磨，也享受到了乒乓球带来的快乐，同时也深知如果没有党和国家的培养，就没有今天的成绩。退役后他想尽己所能回报残疾人乒乓球教育事业。几年后，他如愿走上了执教的道路。

2012年3月19日，白刚抵达北京，到北京市残疾人文化体育指导中心，上任轮乒主教练。该中心是目前世界上由政府投资兴建的比较大的残疾人体育综合训练基地之一，硬件设施非常优越。第二天傍晚，队员们热情地为他过生日，欢迎新教练上任。他面对蜡烛和生日蛋糕默默许愿：我一定要把这支队伍从低谷中带出来，不辜负领导和队员对我的信任和期望。

老白带的这支轮乒队，由六名队员组成，平均年龄26岁。刚接手时，这支队伍的最好成绩是2011年全国残疾人运动会单打第五名，作为主教练，他深感责任重大。

白刚了解到，经常在这里训练的有五个项目，在综合馆训练的三个项目中只有轮椅乒乓球没有拿到任何奖牌。

为什么在这么好的环境下训练却打不出好的成绩？为什么大家在一起训练，别的项目都能拿到奖牌，只有轮椅乒乓球拿不到？如何带领北京轮乒短时间内大幅提高运动成绩？他陷入了沉思。

为了尽快实现这一梦想，白刚拿出了当年自己勇夺金牌的精神，主动创造孤独，发誓不拿到第一枚金牌，哪都不去，他把自己"软禁"了起来。

他认为如果想在竞技比赛中后进变先进，就要求教练员和运动员提高专注力，在安静与孤独中顽强地训练和学习，所有的事情都要围绕乒乓球，干扰目标的要全部排除掉。

白刚在训练之余，大部分时间用来读书、写作及研究多媒体制作。他和自己有个约定：只有拿到第一枚金牌，周末才可以出门。15个月后，拿到第一枚金牌时，他终于如愿出门参观了中国美术馆。

北京轮椅乒乓球队要想走出低谷，打好翻身仗，谈何容易。他相信知识改变命运。残疾人运动员往往文化程度低，他大力提倡运动员要养成热爱学习和勤于思考的习惯，他相信，综合素质的加强会促进训练质量和比赛成绩的提高。

为了把热爱学习和勤于思考落到实处，他让队员每年必读一本好书并写出读后感，每周三下午定为读书阅览时间，晚上组织看训练或比赛的视频，每周六晚让队员花一小时建自己的乒乓球数据库，要求每周完成两篇训练日记。

白刚喜欢《西点军校成功密码》这本书，西点军校培养出了美国总统和五星上将及3700多名将军，在世界500强企业中，有1000多名董事长、2000多名副董事长和5000多名总经理都来自西点军校。白刚希望大家随时用西点军校22条成功法则来对照和检查自己，并成为激励自己前进的座右铭。

人无精神则不立，国无精神则不强。白刚尊崇两种精神：一种是长征精神，另一种是"匠人精神"。他认为，一手抓运动员的综合素质的培养，一手抓运动员的技战术训练，只有这样才能提高运动员的综合实力。

白刚很健谈，训练之余，他喜欢和队员聊天儿。他不光教会他们技战术，更希望他们做到"四个了解"：了解中国、了解北京、了解家乡、了解乒乓球。他经常组织沙龙，聊聊历史，聊聊运动员的榜样和大家喜欢的话题。

白刚和队员们一起住在训练中心的公寓楼里。他每天早上总是提前半个小时到训练馆，用来研究理论、思考战术、沉淀心情。他从背包里拿出一本最近正在读的《如何教好练好乒乓球》，这是半年来，他用清晨这不起眼的半小时读的第六本书了。

2012年至2014年，他利用三年中星期天和晚上的时间，编写出12本有关北京轮乒的信息资料，共262页，10多万字。

北京轮乒为了打好翻身仗，白刚和队员们五年的五一劳动节和四年的国庆节都在加班。每周两个晚上队员们加班练习一小时发球，个别体能好的运动员根据需要另行安排训练计划。

轮椅乒乓球运动员出身的白刚，打法不凶，防守好、相持好、落点好，特别适合当陪练。因此他不仅做教练，还同时给队员们做陪练员。他更加了解轮椅运动员的打法，了解他们的困难、想法，也容易找到出现问题的根源。

中午，我到餐厅和运动员一起吃饭，我吃惊地发现午餐结束，每个人的盘子里都是粒米不剩。原来，白刚一来就立下了规矩，制订了《北京轮乒训练管理办法》，用来约束运动员的不良行为，对于迟到、聊天、玩手机、捡球偷懒、训练日记不完成、餐厅剩饭、请假等现象，明确规定了奖罚条款，要求运动员自觉遵守纪律、养成刻苦自律的好习惯。

有人说，残疾人都很不容易，差不多行了。老白却觉得没有规矩不成方圆，扣罚也是为他们好，每个项目各自管理好，才能保证总体工作的良性运转。

这些年，白刚以身作则，从来没有请过病、事假，也从没有迟到和早退过，哪怕生病或受伤，也会带病组织训练和陪练，给队员们做出了榜样。

2016年巴西残疾人奥运会，北京轮椅乒乓球队以2金2银为本赛季画上了一个圆满的句号。四年来，北京轮椅乒乓球队以38金、28银及10铜的比赛成绩，从2011年全国残运会无金牌和奖牌的低谷中彻底走了出来。

2017年河北全国残疾人乒乓球锦标赛，北京轮乒的五名运动员荣获了3金4银和1铜，在全国残疾人乒乓球比赛中终于实现了金牌零的突破。

白刚却说，成绩只能说明过去，一切要从零开始，只有不断地学习才能进步。他希望北京轮乒成为国内外具有一定影响力的交流平台，成为培养轮乒冠军的摇篮。

老白文笔不错，我见过他写的2017北京体育大学残奥冠军班《轮椅乒乓球训练报告》，其中涵盖了训练安排、训练内容、比赛训练、教学研究四个方面，文字和图标结合，内容翔实、分析到位、布置入微，洋洋洒洒万余字，心生钦佩。他还建了公众号"轮乒家园"，不断地发表一些关于乒乓球感悟的文章，有一篇《轮乒梦想》荣获了全国残联征文优秀奖。他还想出一本《轮乒教案》，已经写了一些章节了。

"我写作能力不强，所以慢得很。"他总是这样评价自己。

"我今年已经55岁了，精力和体力已大不如从前，身体的毛病已开始增多。我想在60岁之前完成自己的'轮乒梦想'四部曲：当金牌运动员和教练员，这都已经实现了。我还希望能做一个有文化的教练，写些有关轮乒的教学文章。最后一个梦想，就是希望通过公益形式，成立轮乒家园，让热爱乒乓球运动的残疾人，能有一个免费打球的地方。我想利用业余的时间，指导这些人，为轮乒健身和康复出把力。"

你是我的眼

　　汤群6岁开始打乒乓球，10岁被选送到天津市业余体校，在天津市青少年比赛中获得女子单打冠军，此后区比赛稳获第一，市比赛也在前三名。她还获得过全国青少年乒乓球锦标赛第四名。她的梦想是以后做一名乒乓球教练。

　　1983年，汤群退役可以做教练，梦想就要实现了！但当她得知被分到了天津盲校时，如五雷轰顶，这是怎么也想不到的。盲校的学生看不见，怎么打乒乓球，我的特长怎么发挥啊！她愁得哭了好几回，一直拖到要除名了才去报到。

　　汤群成为天津盲校历史上唯一的女体育老师。刚见到盲人学生的时候，他们的长相使她特别害怕，面无表情，一点儿也不阳光，她根本不敢看，心情也不好，连饭都吃不下。那时候的盲人学生和现在的学生没法比，他们家里经济条件大部分都不好，有的年龄很大了才到学校，从低年级开始上，而最好的学习年龄已经过了。

　　上体育课时，面对18岁的小姑娘，学生们都在笑，说老师你还没我大呢！汤群就说没你大我也是老师呀，你也得听我的。

　　汤群毕竟是搞体育的，性格开朗直爽，时间不长就适应了。

在辛集残疾人乒乓球锦标赛上，我见到江西盲人乒乓球教练许宗梁、艾平，他俩都是盲校的体育老师，说起关于盲人学生的教学，颇为感慨：

"我们一个人教两个班，盲人学生学个广播体操也要一个学期，比方说'侧平举''绕环搭肩'，他们根本理解不了，也不能做示范，只能把动作分解了教，拿着每个学生的手比画。做体育老师没想到要说那么多话，每句话都得掰开揉碎了似的。我们经常换位思考，闭上眼睛平衡力确实很差了，就更理解学生们。跑步就更困难了，让低视力的学生在前面带着，老师跑在他们前面摇铃引领方向，告诉他们前面没有障碍物，一节课下来，累得筋疲力尽。"

北京盲人学校的韩东硕和高恒伟老师也带队来参赛了。韩东硕老师毕业于首都体育学院，刚就业时，看到有的盲人学生眼球摘除，眼窝凹陷，心里特别难受，甚至不敢直视。如今从事盲人教育二十多年，在他心里，这些孩子和健

汤群教练（后排中）在学校训练馆与队员们在一起

全孩子一样，只是要付出更多的爱心、耐心和细心。高恒伟老师对于盲人教学也有很深的体会：

> 刚开始来盲校工作时挺紧张的，每天都怕跟他们对视，怕看他们，夜里也总惊醒。因为体育课是在户外上而且有跑动、肢体接触，学生眼压高，怕碰撞，总怕他们碰到，碰坏头和眼睛。他们看不见，就做他们的眼睛。要不厌其烦地去说。大多数同学自理能力比较强，也比较聪明。普通学生可以做的事他们也可以完成的，像盲人乒乓球，他们会打得更好。

据盲乒裁判长王大中介绍，盲人乒乓球不仅是适合盲人的运动，也是一项适合健全人的运动。比如老年人，弱视青少年等群体，可以促进眼睛肌肉的训练，对预防老年痴呆、肩周炎都有很好的作用。

盲人乒乓球又叫"听音辨位"乒乓球，1933年源于日本，发明人是日本栃木县足利盲校的校长泽田。当时他设计了一种用于视觉障碍者感觉训练的游戏，并命名为"盲人乒乓球"，当时这种游戏方式给人的感觉像康复训练，不过大家在活动中享受到了极大的乐趣。

随后，在东京多摩残疾人体育中心，开始了有关盲人乒乓球的基础知识、训练指导法及裁判办法的讲座。盲人乒乓球在日本各地得到了广泛的普及。

1998年，日本盲人乒乓球队到天津盲校搞联谊活动，介绍动作和打法，还给学校赠送了球台和球拍。那是我国第一次接触这个项目，当时还没有人练。汤群觉得盲人学生们的体育项目非常有限，这个项目很适合盲人，也容易学。2000年，盲校组织了盲乒比赛，学生们很快就喜欢上了，练习得很有热情。她不断摸索，总结出一套教盲人打乒乓球的方法，很多外省市的盲校前来观摩，盲人乒乓球运动开始在全国推广。

2000年，汤群参加了中残联组织的盲人门球培训，回来就组建了天津盲人门球队。这期间和另一个体育老师配合，还管理过游泳运动员。2002年汤群开始带门球队训练比赛，当时她还是副手。2003年，她带领队员在第六届全国残疾人运动会盲人门球预选赛中获得第七名，2005年、2006年全国盲人门球锦标赛中，她的球队分获第五名和第二名的好成绩。

同时，汤群也是天津盲人足球队的领队，2006年她带领球队参加全国盲人足球锦标赛获得第七名。

2010年5月，全国残疾人乒乓球锦标赛第一次设立了盲人组，也是盲人乒乓球第一次出现在全国级别的比赛当中。汤群从自己的盲人门球队抽调了姚晓勇参加比赛，获得了男子单打冠军。

汤群带盲人乒乓球队训练后，就没有休过寒暑假，放假第一天就是球队开练第一天，开学的前一天就是训练的最后一天。学校4：10下班，汤群从没按时走过，每天带着孩子们练到5：30再回家。

那时候，盲人乒乓球刚开始兴起，世界上还没有比赛，也不知道前途在哪儿，有人说，差不多行了，汤群却不这么认为。她说，孩子们跟着我，信任我，我得对得起孩子们，带着他们打出成绩。

校领导看在眼里，找她谈话："学校没那么多经费，也没有补贴，看你每天加班，也挺累的。我都看不下去了，长期这样也不是事儿。"

"不用考虑那么多，我要为孩子们负责，他们那么努力，我不用心的话良心上过不去。我不要待遇，也没想过，不用为难，这是我自己愿意干的，你装作没看见就行。"

每次带着盲人学生外出比赛，汤群会感觉压力特别大，既要管好队员，又要看好行李。每个人上厕所要领到门口，到住处要挨个讲房间布置和物品摆放的位置，特别是易碎品要交代清楚，确保安全。住宿的时候，要把有光感的和全盲的搭配住，互相照应。最复杂的是坐火车进站过安检，特别不方便。火车站人很多，每个人的行李进入安检通道，出来时要迅速拿起，队员看不见，无法辨别，汤群就让队员把行李做上记号，过去以后，再一一分给大家。这么多年，她带队还从来没有丢过行李。上了火车，汤群把队员们的箱子挨个举过头顶，放到行李架上，下车再拿下来，汤群觉得学生们看不见，自己应该成为一个"女汉子"，保护和帮助他们。

在辛集比赛时，中午我在餐厅遇到汤群和她的孩子们。他们是那么醒目，一眼就看到了。低视力的同学在前面，后面的同学把手搭在前面同学的肩膀上，五个人排成一列，整齐地走进餐厅。

汤老师把餐盘放到每个同学手中，她没有多说，每个人都把盘子端得很平，配合非常默契，显然他们已经习惯了。

"红烧的小虾要不要？"

"我要！"

"我不要！"

"好，端好了。"汤群把虾盛到学生的盘子里。

"炒菜花谁要？"

"主食有米饭、馒头、炒面……"

……

当十几个菜和饭给每个学生盛好，把他们安排到座位上坐好，她又返回来给孩子们盛汤，再一次次端过去。

"每次我们一起吃饭，都是汤老师夹菜，一个菜夹一圈，每个同学爱吃什么汤老师都很了解，我们汤老师可疼我了！各种疼！"学生霍东然说话大嗓门儿。

这一通忙活坐下的时候，已经有人快吃完了。汤老师就简单吃了几口，起身准备和同学们一起走，临走还跟我打招呼："下午队员还有比赛，我把他们送回去午休，先走一步啊！"

在生活上，汤群无微不至地照顾着这些孩子们，但在训练时却绝不含糊，在学生心里，她是个很严厉的教练。

关于苛刻，姚晓勇最有发言权，他从打门球就跟着汤老师，直到获得盲人乒乓球冠军。他那时候正值青春期，因为技术观点不同，还经常和汤老师"吵架"，觉得自己对，不服，每次打到输了才真服了。有一次他打门球打了80多个回合，24分中只失误丢了一个球，汤老师却说一个失误都不行，不要轻易原谅自己，要做到万无一失、精益求精。姚晓勇觉得自己已经很努力了，想得到老师的认可。他很失落，也很生气，觉得汤老师太过分了，从没有满意的时候，简直不近人情。

"其实你们做得已经很好了，拿到金牌就说明了一切，训练时候老表扬会影响进步，要严格再严格，减少失误，胜算的可能性就更高。"同学们都懂了，严师出高徒。

汤老师要求高，平时训练会讲道理，急了也会批评。因为球打得不好，学生们大部分都被说哭过。但他们心里很明白，汤老师希望学生更好。

当了班主任以后，汤群对孩子们更多了一份责任，经常带孩子们去看病，给孩子们买吃的、买穿的，甚至带孩子们去理发。每天下班，她总要到学生宿舍看看，一切都安排妥当后才放心离开。

日复一日，汤群在老师、教练和母亲的角色中转换。枯燥的训练、严格的要求、无私的母爱，使孩子们从玩心上升到一种责任。汤群和孩子们相约，互相不辜负彼此的付出。

汤群告诉队员，技术都掌握了，乒乓球的线路、点位、速度的变化也弄懂了，就要靠自己悟了，竞技体育的成绩是时间堆积出来的，要刻苦、持续地训练并在训练中摸索总结，缺少积累绝对不行。

孩子们的成长都是要付出代价的。汤群想到自己小时候打球离家远，要倒三次车，跨三个区，三个多小时才能到家，每天回来都快10点了。当时，她坐

9路倒24再倒10路，或者坐94路倒24再倒10路，30多年了还记得那么清楚。她说，自己也是在磨炼中长大的，干体育就是要有韧劲。

有时候中残联借调汤群去做裁判，她不在，孩子们照样按部就班地训练。别的老师对她说，你不在的时候，孩子们训练特别认真自觉，练完了就走，从来不打闹，你是怎么教育的呀，挺让人吃惊的。

汤群每一个寒暑假都带着孩子们训练，学校里的生活老师们放假了，孩子们眼神不好，没人照顾，她不放心，怕出事，就在学校陪着孩子们住，基本不回家。每年春节年三十早上才放假，正月初三就恢复训练了。2011年备战全国残疾人运动会时集训，她和队员们8个月没回家，学生的家长们过一阵子会来看看，送一些东西。

汤群的女儿想妈妈，丈夫就在周末带着女儿去"探班"，女儿见到妈妈很高兴，但也会吃醋，经常问妈妈："人家都羡慕我有个当老师的妈妈，寒暑假可以陪我，可妈妈的假在哪儿呀？我到底是不是你亲生的啊？妈妈不疼我、不管我，对他们比对我还好。"

我就给女儿解释，他们眼睛看不见，更需要照顾，再说要打就打出成绩，否则就别打，想出成绩不刻苦训练怎么行呢！比赛能给盲孩子们带来成就感，他们也需要展示自己的机会，希望女儿理解我。有时候想想，确实挺愧对孩子的，女儿这些年简直就是"散养"的，都是老人和丈夫照顾，孩子小升初，初升高，考大学，全顾不上，都是老公管。我们结婚20多年，从没出去玩过一次。我女儿说我，妈妈你多冤哪！那天我们填简历，我填完就笑了，工作简历太单纯了，就一句话：1983年至今。哈哈！我这一辈子就干了这一件事，34年教龄，是不是太简单了呀！

我在天津见到汤老师的时候，天空下起了大雪，可她却不住地出汗。汗珠子顺着脸颊直往下淌，令人担心她是不是身体不舒服。原来早在2011年嘉兴第八届全国残疾人运动会前夕，汤群体检就查出子宫肌瘤，医生让做手术。全国残疾人运动会每四年一届，她不想错过大赛，孩子们刚刚开始出成绩了，不舍得离开。要集训、要带着孩子比赛，没人替，回来再说吧。结果总是没人替，训练不能停止，比赛不能不去，就这样一拖拖了五年。2016年体检时，发现肌瘤已经长大了不少，再不做就有恶变的危险了。她终于熬不住了，暑假前做了手术，手术做了三个多小时，还好没有出现意外。为了防止病变，只好吃一种药，于是更年期提前来了，出汗是因为吃药的原因。

盲人乒乓球确实容易误判，盲乒比赛不多，裁判经验少，看不清很容易误判。遇到关键球误判，汤群会很真诚地给裁判提出建议，鉴于她的训练资历和多年大赛的经验，裁判常常会尊重和采纳。

> 一场比赛打完了，如果不公正，就会给孩子造成打击，认为社会黑暗。孩子们都不容易，训练太苦了，不能因为我们的失误，断送了孩子们的梦想，那样就太对不起孩子了。

学生们青春期的时候老惹祸，汤群也是操碎了心。有一次，一个半盲的师弟在宿舍楼里称霸，让全盲的给他打洗脚水，姚晓勇和几个同学看不下去，就去打抱不平，把那个师弟给揍了一顿。之后，汤老师天天围着德育主任转，又道歉又讲情，就怕自己的学生受处分。

那天，有人到班里找汤群："汤老师，出来一下，有点儿事。"汤群心里就开始打鼓，莫不是我的学生又打架了吧。

"汤老师，教师节快乐！"乒乓球队的同学们手里捧着鲜花，一齐说。

汤群眼泪"唰"地就流下来了，想说谢谢，却什么也说不出。孩子们看不见美丽的花朵什么形状，什么颜色，却搭配得那么美。

姚晓勇说，做老师的最高境界是有一群学生认可，我们的汤老师做到了，可以说汤老师在我们心中达到了最高境界。

第七章

一番彻骨寒，
闻得梅花香

我不幸，但不代表我不行

最美"独腿"火炬手

废墟中站起来的"川妹子"

我欠张爷爷一个拥抱

没有掌声的比赛

我不幸，但不代表我不行

高延明受访视频

　　"别人把你当回事，你就别把自己当回事。"高延明喜欢说这句话。

　　在河北辛集"2017全国残疾人乒乓球锦标赛"赛场外，我和高延明在院子里阳光下聊了两个多小时，时不时被他纯正的东北普通话逗得哈哈大笑，如果不是看他坐着轮椅，他乐观开朗得让你怎么也不相信他是个残疾人，而且是腋窝以下毫无知觉的高位截瘫。

　　1989年，高延明毕业于辽宁省体育学院运动系体操专业，毕业后到鞍山矿山干校当老师。三年后，学校开展资产重组，鼓励年轻人创业。满怀抱负的高延明承包了学校的打字复印社，很快赚得了第一桶金，随即创办了公司，主营办公自动化，并敏锐地涉猎系统集成、局域网、安防、路由器、一卡通管理……高延明还多次与世界著名的自动化办公设备厂商合作，凭借自己的智慧与魄力，使企业迅速发展起来，不久就在商界闯出了品牌，成为行业的佼佼者。

　　天妒英才。就在他事业家庭顺风顺水、如日中天的时候，不幸降临了。1997年11月30日，这个冬日里平凡的日子，高延明的命运掉进了深渊。

　　这天，他约了几个朋友去游泳，喜欢跳水的高延明站在池边，一个漂亮的鱼跃，当身体沿着美丽的抛物线插入水中的时候，他的头部撞到了水池，顿时昏死过去。经检查，颈椎多处骨折。几天后，他虽然脱离了生命危险，但胸部以下完全失去了知觉，只能在轮椅上度过余生了。

"像我这样一个体育专业出身的人，喜欢运动，一下子动不了了，那痛苦无法用语言表达，比死都难受。"高延明给我看他后颈上一条十多厘米长的条状伤疤，那伤疤在扭曲地诉说着他当时的挣扎与绝望。

这个血气方刚的、把尊严视为生命的东北汉子一度失去了生活的信心。34岁的年龄，正是风华正茂，可他却成了高位截瘫的残疾人，丧失了基本的自理能力，一切都需要别人照顾，谈何尊严，又谈何义务和责任呢！一个几乎不能动的人，还有什么理想和抱负？

一般人可能真的活不下去了吧！无法想象他当时内心是怎样的煎熬。

当然会的，但不久就被积极的生活态度占据了。也多亏了亲人朋友的鼓励和帮助，我才熬过来的。

有人说，上帝为你关闭一扇门，总会给你打开一扇窗，不会把人逼到绝路的，即便是绝境，也会绝处逢生。只要你愿意，路的尽头依然是路。

高延明喜欢读书，他看到丰子恺说的一句话：既然无处可逃，不如喜悦；既然没有净土，不如静心；既然没有如愿，不如释然。他很受启发，既然逃脱不了厄运，就喜悦吧，就释然吧！

活着是一种体验，死了连体验痛苦的权利也放弃了。还是活着好，活着就有机会，就有希望！每个人都要经受磨炼，只是各有各的不同罢了。

　　　身体残疾了，但精神不能残疾。我不幸，但不代表我不行，要么就不活，要活就活出个人样！

身体和精神恢复后，高延明重新振作起来，当他坐着轮椅出现在公司时，全体员工都为他鼓掌喝彩。在他和妻子的努力经营下，公司日益壮大，逐渐成为行业的翘楚。

　　　也许我一生要强，追求完美，即使现在高位截瘫也一样要求完美，所以注定劳累一生，不过也不后悔。毕竟结果还是好的。

一个偶然的机会，他结识了乒乓球，从此就一发不可收拾地爱上了。他把乒乓球当作自己身体机能康复的主要训练项目。

渐渐地，他感到双脚的浮肿消失了，手臂有力了，上肢肌肉也变得结实了，右手还可以自如地拉动运动服上衣的拉链。

他身体的耐力也在增强，从一开始打球十分钟就累得气喘吁吁到打四个小时也不知疲倦。打球使他的身体越来越健壮，使他从中获得了巨大的快乐，乒乓球也渐渐成为他生活中不可或缺的一部分。

2006年底，高延明以42岁"高龄"入选中国男子残疾人乒乓球队，成为中国唯一一名男子TT2级运动员，也是中国男子残疾人乒乓球队伤残级别最重的运动员。

十几年来，他参加过数十场国内国际比赛，代表国家参加过2008年北京、2012年伦敦、2016年里约残疾人奥运会乒乓球比赛，他与队友一起曾获得过伦敦、里约两届团体冠军。然而，回忆起来，最难忘的要数2016年的里约之行了。

2016年是高延明最忙碌的一年。5月他参加斯洛文尼亚国际公开赛取得了单打第三，7月在北京国际公开赛上他取得了单打第一的好成绩。9月的奥运会，他也是有备而来，而且是准备最充分的一次。

他了解到，参加里约残疾人奥运会乒乓球TT2级比赛的有15位选手。赛前他对每个人都分别进行了视频技术分析，对每个人的接、发球和相持中的特点，做到了如指掌。这次他要朝着金牌发起猛攻。

那时候他每天至少训练五个小时，而且制订了科学、周密的训练计划。我看到他其中一天的训练日记：

2016年7月13日 周三 倒计时55天

1. 詹大顺正砍三条线15分钟，搓控15分钟。

2. 我发侧下到他中路偏正手，掏过来和接起点两种方法回我全台（只打到第三板）25分钟。

3. 我发反手大角奔他挡我反手和切我反手。

4. 打几个高球结束。

结束前搓控崔阳，要求以陪练的心态，必须把球送到指定的地点，很接近比赛时的心态。

下午休息时看资料。

晚上练习发球。

……

TT2级运动员残疾程度高，打球时除了上肢以外身体其他部位不能动，因此打球常常以落点取胜，就是让对方尽量够不着球而得分。为了够球，运动员就得将整个身体扑过去，这样一来就容易撞到球台。

高延明的腹部至今有个"面目狰狞"的伤疤。有一次训练时他的腹部撞到球台出血了，之后刚结的痂被大幅度的挥拍动作和撞击一次次掀开，高强度的训练使伤口一直无法愈合，新伤擦着旧伤，越来越严重，以至于最后留下了这么大的疤痕。

打球要出汗，高延明的汗腺损伤了不能排汗。他的脸憋得通红，体温高，还不断流清涕。他就喝大量带冰碴的水，还用毛巾裹着冰块贴敷在身上，以此给身体降温，坚持练球。

高延明对自己要求很严苛。在队里，他是残疾程度最高的队员，但他的训练比别人更刻苦。每次训练完，他的后背因猛烈撞击轮椅，都会出现一道道血杠子。

由于高强度的训练，高延明的身体严重透支，抵抗力下降引发了膀胱炎，高烧40℃。然而刚一降温他就立马投入训练，没想到又导致了血尿。用他自己的话说："鬼都不知道这几个月我是怎么挺过来的。"

要出发比赛了，到巴西里约热内卢全程30个小时，对高位截瘫的人来说是个严峻的考验。出发前两天高延明就基本不敢进食了，在飞机上也不敢吃东西，怕产生不便。营养缺失、旅途劳累，再加上训练时造成血尿引发的炎症没有彻底治好，兴奋剂检查严格又不敢乱吃药，高延明在比赛前一天又发烧了，每天只能吃一顿饭，半碗稀饭加上一点儿榨菜。

身体的状况要影响比赛了，他很着急。为了参加奥运会，自己、教练和那么多人付出了四年的心血，既然来了，坚决不能缺席比赛。

他带病准时出现在小组赛场地，在打第一场比赛时他感觉身体不听使唤，有点儿飘。对手是波兰选手，世界排名第二，两个月前的北京公开赛上高延明曾以3：0胜过他。可终因体力不支、发挥失常，高延明0：3输掉了首场比赛。

四个小时后，第二场比赛对阵东道主巴西选手。此时高延明身体严重虚脱，感觉随时都能晕倒，他有了放弃比赛的想法。教练急了：付出这么多就轻易放弃了吗？太可惜了，顶住一口气坚持下去！

巴西主场观众的吼声震耳欲聋。巴西选手迪罗比赛场上表现出的疯狂状态，激发了高延明这个东北爷们儿的斗志。双方多个来回打成了2：2进入决胜局，迪罗连连得手一直打到6：10，比赛的紧张程度使人喘不过气来。高延明在劣势和重病的情况下，冷静思考、敏锐吊打，最后以3：2取胜，以小组第二的身份进入了第二阶段。

有人调侃说，乒乓球是一个人的"中国女排"，没有团队，只有孤军作战，再累再苦也没有替补。

高延明拖着疲惫的身体走出赛场，如同刚下战场凯旋的壮士。队友们发现他的衣服上有好多血迹。他忘我地救球，身体又被球台边缘撞破了，鲜血染红了比赛服。高延明真是玩命，简直就是浴血奋战啊！

下来检查身体，发烧38.6 ℃，还是膀胱炎导致的，此时血尿变成了脓尿，医生马上给他打了点滴。

第二个比赛日上午是最重要的赛点。11：00，发着烧的高延明与韩国选手争夺前八，对手是亚洲锦标赛冠军，难度也很大。高延明凭着顽强拼搏的精神，以3：2胜出，成为亚洲选手中TT2级唯一一个进入八强的选手。

真是用了吃奶的劲了，想到为国争光，为荣誉而战，都有死在赛场上的悲壮！

高延明其实已经具备了夺冠的实力，如果不是身体出现状况，相信他一定会走得更远。

然而打乒乓球对于高延明来说，真正的意义并不在于拿世界冠军，实际上最受益的还是身体的康复。打球以前胳膊没力气，支撑不住身体，自己上下车根本不可能，出门要两个人抬，没有别人帮助，绝对出不了门。他感谢乒乓球，觉得如果不打球，可能得天天都躺在家里。

高延明的中指伸不直，食指弯不了，开一瓶矿泉水，只能借助小拇指和手掌的合力。为了康复，他经常拧魔方拧到手指抽筋。他每天在田径场坚持练习自己推轮椅，400米的跑道，练完2000米才肯罢休。手没有握力，戴着防滑手套都抓不牢，轮椅每转动一圈都要付出巨大的努力。高延明自己也说对自己挺狠的，每天都累到极点，闭上眼就能睡着。

"但现在，你试试，东北话叫杠杠滴！"他抬起手臂，像健美运动员那样展示硬邦邦的肱二头肌。

为来河北辛集参加这次全国锦标赛，高延明是从辽宁开车来的，他先从辽宁开了六个小时到天津，看了看老朋友，又用了三个小时到达辛集，一天九个小时的长途驾驶，对于健全人来说都受不了，何况他是个高位截瘫的残疾人。高延明却做到了。

高延明在辛集毫无悬念地获得了本次锦标赛TT2级单打冠军。领完奖，我提出坐他的车回酒店，想见证一下高位截瘫者开车的奇迹，他很高兴。我推着他穿过一个狭长的小胡同，走向百米外的停车场，遇到一个上坡，我把身体压低，腿用力蹬地，一使劲就上去了。可是下坡就比较危险了，如果掌握不了平衡刹不住就有翻车的可能，他告诉我，要斜着推，不要直接冲着坡去，当下到这个坡底时，我的手心冒出了冷汗。

他熟练地打开车门，用胳膊撑着将身体挪进驾驶室，我和志愿者们在他的指挥下，把轮椅两侧的轮子卸下来，放进后备厢，把轮椅架子放在后座。

"安全带系上！"他很爷们儿地命令我。我发现他的车是经过改装的，刹车和油门都改成了手动。

路上他讲着诸多奇闻轶事，谈笑风生，那一刻我完全忘了他的身体和别人有什么不同。

吃完晚饭，我提出送他回宿舍，他欣然同意，也没跟我客气。走出电梯才发现，他的房间在走廊尽头，走廊上厚厚的地毯形成的阻力，使轮椅推在上面比较吃力。这样一个举手之劳，给他提供了一点儿便利，反而使我产生了一些愧疚，觉得自己以前想得不周到，做得也太少了。转身之时，想到他长途跋涉上千公里，突然感到些许的难过，沿途没有熟人、没有志愿者，要吃饭、去卫生间、遇到台阶、上下车怎么办呢？他的腿毫无知觉，他是怎样拿出后备厢的轮子呢？真不敢想他是怎么克服的。

"人品精品同在，金牌品牌共存"，这是高延明的人生格言。如今他是命运的大赢家，面对事业和家庭，面对逆境，他是真正的巨人。看到他，你会觉得所有的苦难都不算什么事了。

高延明在鞍山自己出资建了乒乓球训练馆，每天带着残疾人参与体育锻炼。在他的带动下，不少比他还严重的截瘫病人身体机能有了明显的恢复，也有了自信和快乐。这次辛集全国锦标赛，与他同行的于忠涛获得了TT1级单打第二，陈振海获得了TT1级单打第四、双打第三的好成绩。他们不仅在球馆训练，比赛前还在高延明的家里住过。

分别多日，可高延明的话至今犹在耳边：

> 要不是残疾了，我哪能参加奥运会呢，老天爷还是公平的吧！乒乓球给我的生活带来了变化，使我重拾希望，是我今生永远不会改变的最爱。感谢奥运带给我精彩的人生，让我收获了荣誉，拥有参与社会活动的自信，更使我的身体机能得到了康复，真是痛并快乐着！我想用我的行为影响更多的残疾人，去参与适合自己的体育锻炼，达到身体康复的目的。身体健康快乐最重要！

如今我更深地懂得了罗兰说的话：每个人心中都应有两盏灯，一盏是希望的灯，一盏是勇气的灯。有了这两盏灯，我们就不怕海上的黑暗和风涛的险恶了。高延明正是拥有了这两盏灯，才会无所惧怕、所向披靡的吧！

最美"独腿"火炬手

"教练好!"王教练扭头一看,一个拄着拐杖、眉清目秀的小姑娘热情地向他打招呼。

"你认识我吗?"

"认识,去年你来过我们萧县,我见过你,还问我打不打乒乓球。"

"你叫什么名字?"

"刘美丽。"

"想打乒乓球吗?"

"嗯!"小姑娘认真地点了点头。

刘美丽就把王教练带到家里,经过反复劝说她父母才同意了。

打球要去萧县,离家7公里,吃住都在王教练家里。为了方便打球,刘美丽就转学了。那是1994年,刘美丽小学三年级,她和十几个残疾小伙伴一起,在这里开始了艰苦的启蒙训练。

当时条件很苦,王教练却不收学费,打球还好说,这么多孩子要吃饱饭就成了问题。刘美丽只记得那时候都是吃最便宜的菜,土豆、白菜、萝卜,一买就是一车。如果买了一车白菜,就天天吃。很少吃到肉,也几乎见不到油。师母很支持，每天给孩子们做饭，照顾他们的饮食起居。有时候，师母也去做点小生意贴补家用。师母不在，孩子们就学着自己做饭。刘美丽记得自己曾经做过土豆，把土豆切成大大小小的块，直接放到锅里"炒"——应该说放上水煮，"炒"熟了大家围在一起还吃得蛮香。

有了这十几个孩子，王教练家本来就不大的房子显得更拥挤了。到了雨季，房子还会漏雨，常常是外面下大雨，屋里下小雨。房子里阴暗潮湿，散发着很浓的霉味。但这些残疾孩子有了玩伴，学习之余一起打球，晚上两张大床并在一起，睡成一排，倒也不觉得有多苦。

那时候正处于生长期的刘美丽，因为运动量大、营养不良，瘦得像棵小豆芽，妈妈看了很心疼。可是家里没什么好吃的，刘美丽周末回家，母亲就索性把下着蛋的鸡杀了，给她补充营养。

刘美丽喜欢吃鸡腿，哥哥弟弟就把两只都让给她。

"好吃吗？"妈妈看到女儿愿意吃，一口也没舍得动。

"太好吃了！妈妈也吃吧！"刘美丽把另一条鸡腿放到了妈妈碗里。

两天后，刘美丽正在训练，扭头一看，妈妈来了！她连忙跑过去。

妈妈用衣袖擦了擦额头流下来的汗，拿出一个小布包。打开来还有一层小手绢，到底是什么东西呢？刘美丽瞪大了眼睛。

打开层层包裹，最后呈现眼前的是——一条鸡腿！

刘美丽当时就惊呆了！妈妈走了七公里路，就是为了来送条鸡腿。她一

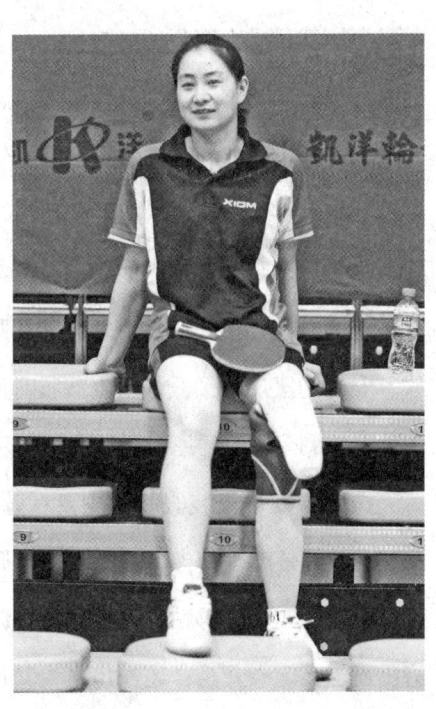

句话也说不出口，眼泪在眼眶里打转，妈妈的爱顷刻间传遍了全身。

"想给你留着下次吃，可是又怕坏了，就给你送来了。"妈妈把鸡腿塞到刘美丽手上，怜爱地看着她。

刘美丽手捧着那条鸡腿，目送着妈妈离开，妈妈每走几步都向她挥挥手，示意她回去训练。看着妈妈远去的背影消失在浓雾中，刘美丽泪如雨下。

王教练是个特别吃苦耐劳的人，他做事认真、执着，认准了的事情就会坚持到底，这对刘美丽影响很大。以至于当大部分队员坚持不下去退缩了，而刘美丽和任桂香等三四个小伙伴却一直咬牙坚持着，最终走上了冠军之路。

刘美丽打球很有悟性，当年就代表宿州参加安徽省乒乓球锦标赛，获得了冠军，随即得以有机会代表安徽参加全国比赛。

1997年，在香港举行的第一届远东及南太平洋地区残疾人乒乓球锦标赛上，刘美丽夺得了她的第一枚世界级金牌，从此她被选入残疾人乒乓球国家队，开始了残疾人乒乓球国际赛场的夺金之路。

国家队没有大赛集训的时候，刘美丽和队友们都会回到王教练那里练球，一直持续到2000年。

刘美丽的不幸来自3岁时的一场车祸。当一辆大货车从她的脚掌碾过的那一刻，她的人生就与不幸产生了联结。

出事后，与大货车的纠纷一时解决不了。孩子的腿不能等，当刘美丽被送到医院的时候，还是迟了，感染已从脚掌蔓延到小腿，不得已要截肢了。那时候，农村的医疗水平低，医生截肢时没有考虑日后安装假肢的问题，截肢后小腿膝下只剩余了三四厘米，这为她以后的人生带来了很大的麻烦。

按照常规，安装假肢至少要在膝下预留10厘米，刘美丽小腿残肢截余太短，80%都是肉，骨头少，所以安装假肢后，她就比别人痛苦得多。每走一步都得拖着腿走，疼得钻心，更何况打球了。打球需要跑动，她的残肢每次都会磨出血泡，上点儿药，还没痊愈，又得接着训练，再破皮流血，再上药，所以总是伤口擦着伤口。训练后，残肢末端血肉模糊，每次疼到极限没知觉了，她才算是"适应"了。

穿假肢的疼痛给刘美丽的身体造成了很大的压力。每次训练完，她一步也不想走，也很少出去逛，她只想尽快摆脱假肢，坐下来休息。

刘美丽想过放弃打球，在心中千万次想过，每次穿假肢的时候都会想，但是，她总是鼓励自己要坚持。还没出成绩的时候，想得更多的是这些年的努力不能白费；拿到冠军以后，她突然发现，打球已经不是自己的事情，还关乎国家的荣誉，是一种责任了。国家这么多年花精力培养运动员，要心怀感恩、为国争光，因为自己腿的客观问题轻易放弃，对不起太多人的付出和期望。如果放弃，自己都无法原谅自己。

2004年，国家配备的假肢质量好一些了，我的疼痛得到了一些缓解。但因为残肢预留得短，穿了假肢也不能承重，整个身体完全靠另一条腿支撑。站立运动员打乒乓球靠腿7分，靠手3分，像我这样的TT9级真不如TT8级。看上去还有半条腿，它反而帮了倒忙，很受拖累。身体条件不好，我只能比别人付出更多，每次我都很早到球馆，晚上也会主动加班，才能达到教练的要求。这就给了别人很能吃苦的感觉吧。

小时候看到别的小朋友跳皮筋、嬉笑打闹、玩各种游戏，刘美丽羡慕极了。她每次出门，挂拐走路的姿态明显和别人不同，有些好奇的人会驻足观看，那些异样的眼光，使刘美丽感到非常难过。但这样的天灾人祸，谁又能扭转呢？除了劝自己接受，又有什么办法呢？

刘美丽觉得打球吃点儿苦无所谓，伤腿带来的不单纯是活动不方便，更重要的是肉体的疼痛导致的心理折磨和失衡，这是大部分残疾人需要克服的。

刘美丽觉得打球之后最大的收获，是找回了自信，体现了自己的价值，也赢得了应有的尊重。她觉得，那么多健全人连奥运会都参加不了，而自己作为残疾人可以登上世界最高领奖台，为国家争得了荣誉，她应该为自己骄傲。

　　我永远也忘不了一生中最为神圣的200米，那200米饱含着中国八千多万残疾人和全国人民的重托。

刘美丽成为2008年北京奥运会火炬手，那是她的光荣，也成为她为国争光、实现梦想的动力。

刘美丽追求完美，但随着年龄增长，她的心智慢慢成熟起来。这些年她在国际、国内各种比赛中获得过几十次冠军，她参加过四届残疾人奥运会，获得过单打、团体冠军，她曾经有着美好的愿望，希望自己每次都夺冠，但未能如愿。她失败过、斗争过、懊恼过，但她总能迅速调整好心态，不让挫败的情绪影响接下来要干的事情。她认为，人生总会有遗憾，比赛哪怕赢了也不可能很完美。失败很正常，第二也很正常，别人都在付出，不可能每次冠军都属于你一个人。只要努力了，就应该无怨无悔。

进入国家队以后，刘美丽有机会在山东师范大学训练，她和吕晓磊算是袁锋教练最早带出的残疾人运动员。退役后的刘美丽，经常陷入回忆：

　　那时候我从农村来，底子差、条件不好，处处不行，袁老师对我的关心使我心里感觉很温暖。他知道我的腿不能走路，每天骑摩托车到我的宿舍接我去球馆，有时候还会找辆自行车给我骑。在举目无亲的山东，我感到了亲人般的关怀。当时想恐怕只有父母会这样了解我，随时帮我解决遇到的困难。袁老师大部分时候让人觉得像家人，像和父母在一起一样放松。只有我们犯了错误，整风的时候，才觉得是教练。

　　袁老师是队员们的主心骨，每次比赛，大家都希望他来做指导。有时候队员多、轮不上，也没办法。有他在，比赛的时候心就很定，技战术分析不透、拿不准的时候，他只要点拨两句，心里就有底了。成长过程中遇到很多教练，和袁老师是生活、训练中最默契的，他说什么我都能听得进去，觉得他是真正对我们好的人，内心特别信服。他说的话每次照着做，都很管用，他能控制住各种局面，会把运动员的状态调整到最好。

袁老师带的孩子品质都很好。他言传身教，注重对我们人格和意志方面的打造，他说学打球要先学做人，要有团队意识。

退役以后，经常想起陈智明、马广林等指导给我的帮助，不管离开多久，只要一见面就能回到以前没有距离的状态，这是亲人之间才会有的感觉。

如今，刘美丽有了自己幸福的小家，也做了母亲。妈妈从老家赶来帮着带孩子。老公是个健全人，刘美丽的腿不能承重，多是由他来抱孩子。在他心里，这个美丽的姑娘就像她的名字一样美好，善良的他没有感觉她有什么残缺，他爱她坚强完整的灵魂。他告诉刘美丽：我在乎你的快乐，不在乎别人的眼光，腿疼就不要穿假肢，拄拐照样可以出门。

打球得到社会各界的帮助和支持，刘美丽愿意尽己所能回报社会，将自己的训练和参赛经验，将自己超越困境、勇于挑战的人生体会分享给更多的人，将自己的热情和能量，奉献给残疾人事业。这是她退役后的梦想。

退役后的刘美丽在安徽省残联残疾人体育训练指导中心工作，很多体育赛事由他们中心来管，她也分管乒乓球项目。自己多年的运动经验可以在工作中得到运用，使她感到欣慰。

刘美丽用一条腿走出了两条腿的精彩人生，她的路还很长，挑战无处不在，她的梦想会一一实现。

废墟中站起来的"川妹子"

王睿受访视频

　　2014年仁川残疾人亚洲运动会乒乓球项目颁奖现场，站在最高领奖台上的小姑娘叫王睿。当雄壮的《义勇军进行曲》奏响之时，她胸前的金牌散发着耀眼的光芒。她拼命挥舞着手里的花束，她的心在狂跳着，她笑得那么好看，一直笑到两颊绯红，泪水盈满了眼眶。

　　我庆幸自己能够活着，虽然失去了一条腿，但我能够打乒乓球，能够站上世界最高领奖台，能让国歌因我而奏响，我觉得自己是世界上最幸福的人！

　　王睿强大得超乎想象，面对苦难，她总是用自嘲和调侃来对抗。对于最近的一次手术，她是这样笑着描述的：我的残肢皮没长好，切掉一些，再重新缝上就好了。

　　天哪！把皮剪开，切掉再缝合，有那么容易吗？像衣服开了线，重新缝上那样吗？她说得轻描淡写，似乎没有疼痛，也没有伤疤，像在说一件很不起眼的小事。太令人吃惊了！

王睿的笑容总是那么直接，笑声总是那么清脆，如果不是左腿上那刺眼的伤疤和高位截肢的右腿，你根本不相信她曾经遭遇过怎样的劫难——

2008年5月12日14：28，四川省德阳市什邡湔氐中学。

"窗户倒了！快跑啊！"随着哗啦啦玻璃破碎的声音，同学们一边哭喊着一边拼命往外跑。

靠窗的同学最早发现窗户倒下来了，也不知道发生了什么，只是出于本能逃离危险，他们尖叫着往外跑，随后整面墙倾斜着排山倒海般轰隆隆倒过来。

"同学们，地震了，快躲到桌子底下！"随着一个男生的大喊，没来得及跑出去的同学们迅速扑向课桌下。

就在一瞬间，整座楼剧烈晃动，墙体倾斜，一声巨响，房顶从高空坠落，一座三层的教学楼顷刻间坍塌，扬起的巨大的尘土使四周变得漆黑一片。

几分钟后，一些女生因为恐惧开始大声哭喊——

"楼怎么塌了，我害怕！"

"我动不了了，可能腿断了！"

"我的胳膊在流血！"

"我什么都看不见，怎么办啊！"

"我喘不动气，是不是要死了！"

……

随后哭喊声越来越大，连成了一片。

"同学们，别哭了，我们要保留空气，少说话，保存体力，等待外面的人来救我们。"一个男生的话音刚落，同学们立刻安静下来。

一楼的同学都跑出去了，二楼是个微机室，当时没有微机课，这次地震遇难的同学都集中在三楼。

三楼有三间教室，初三的三个班在上课，王睿的教室是最里面的那间，教室倒塌时她虽然比较幸运地钻进了桌子底下，但顶层的楼板死死地压在她的双腿上，使她一动都不能动。她感觉双腿发麻，失去了知觉。不知什么时候她眼前发黑，晕过去了。

发生地震后，爸爸王永东跑向弟弟的小学，确认没事后，又直奔湔氏中学找王睿。

远远地他看见整座教学楼成了一片废墟，就开始哭着大喊。

"王睿！王睿！王睿——"爸爸不停地叫着，带着哭腔。听不到回应，他便号啕大哭起来。

外面传来好多呼喊，王睿迷迷糊糊地从嘈杂的人群中听到了自己的名字。"王睿！王睿！王睿！"是爸爸！王睿听到亲人的呼唤，似乎来自遥远的地方，好像在做梦。

"王睿！别睡觉啊，要坚持住，解放军来救援了！"王睿迷迷糊糊地听到了舅舅、姑姑、姑父、干爹的声音。他们在轮流大声呼喊着。

"王睿！如果你还醒着就应一声吧！爸爸要急死了！王睿——"爸爸的声音因为撕心裂肺的大喊，很快变得颤抖而沙哑了。

听到爸爸的呼唤，王睿流下了眼泪，此时她虚弱无力，似乎答应一声都会使她再次晕厥。

"爸爸——我是王睿。"她在伸手不见五指的黑暗里，使出了所有的力气回答着。

"哎哎！爸爸在，孩子，别怕啊，爸爸救你出来！"爸爸激动地喊着。

学校离部队驻地不远，政府和军人组成的搜救队来了！

王睿听到外面人声鼎沸，似乎在商量着解救方案。

"挖掘机来了，直接用挖掘机挖吧，把房顶先挖开！"

"不行，我不同意！万一伤到孩子怎么办？"

"万一挖到一半再塌了怎么办？不行，坚决不行！"

很多人在说话。也不知道最终达成了什么方案，人们从外面小心翼翼地开始搬动废墟。铁铲声、电钻声、挖掘机的隆隆声好像就在耳边。还有狗的叫声。

楼房倒塌的时候，王睿迅速钻到了课桌底下，而这张课桌也恰到好处地起到了支撑作用，使她拥有一些空气，不至于窒息。

她动了动手腕，上半身还能动，双腿被重物压着，没有知觉。头发湿了，血把头发糊在了一起。她伸手摸了一下，不知是谁的手，冰凉冰凉的。

此时她感觉周围是深深的瓦砾堆，四周漆黑一片，耳边传来同学们隐隐约约的说话声。

"同学们还好吧，怎么没人说话？"

"我们被埋在地下多长时间了？"

"可能有五六个小时了吧！"

"怎么还没挖到我们这里，我要坚持不住了！"

"我这里空气不好，一直在流血，也许不能活着出去了，如果你能活下来，请给我爸妈带个话，就说女儿不能尽孝了，对不起父母，请他们原谅。"是同位潘平在和旁边的一个男生交代后事，她预感到自己活不下去了。

"潘平，你要挺住，别说这些，我们都能得救的！别放弃！"那个男生鼓励她。

"潘平！潘平！"王睿使出吃奶的劲叫着。

可是没有听到回应。

她感到非常口渴，舔了舔嘴唇，嘴唇上全是土。

王睿头顶的这张"英雄的桌子"顶起来好大一块预制板，桌子一旦搬动，预制板可能会倒塌砸到周围的同学，于是人们决定先把其他人救出，最后再来处理这个位置。

救援人员从巨大的预制板断裂处爬进来，想把旁边的同学抱上去，可是因为空间狭窄，他们只能排除他身上覆盖的障碍，然后把伤员平移出去。"一二三！一二三！"大家一起用力。

"出来了！出来了！来来，担架！"王睿听到有人获救了，越发急着想出去。

地震时巨大的震动和冲击，空间狭小缺氧，王睿又昏了过去。

5月13日凌晨，王睿头顶巨大的带着钢筋的预制板被撬开了一个洞，一束手电的强光照进来，有人看见了她："这儿有个女孩！快来！"

"那是我女儿，是我家王睿，快救救我的孩子！"爸爸扒开人群大声喊着。

有人从打开的洞钻进来，爸爸也钻进来了。王睿听到了爸爸的声音就开始哭："爸爸！爸爸！我的腿不能动！"

"王睿别着急，爸爸来了！"

预制板悬空在课桌上方，摇摇欲坠，随时都有倒塌的危险。爸爸和救援人员真是冒着生命危险啊！此时万一预制板倒塌，他们就都没命了！

王睿是倒数一两个获救的，他们一起想办法，用千斤顶代替了桌子顶住预制板，把王睿的腿抽出来，她获救了！

在王睿被抱起的一瞬间，她突然看到一只铁青色的手，那是一只毫无血色的手，手臂大部分埋在土里，只露出了一小截，手指微曲，旁边还放着一本课本。她心里一紧，隐约知道这是谁，可能已经……

她在黑暗中呆了十多个小时，终于重见天日。感觉身体像面条一样没有一丝力气。为了防止地面的强光刺伤眼睛，在放上担架的同时，她的眼睛被人蒙上了一块黑布。

　　医院不敢进了，也有随时倒塌的危险。面包车把王睿和其他伤员拉到一个广场上。下大雨了，这里搭建了一些防雨棚，安置了许多病床，用来紧急处理一些伤员的外伤。

　　王睿的头没有外伤，脸上的血是同学的。腿没有骨折，看上去并无大碍，所以就被送到了这里。

　　第二天，王睿发现自己的小腿不听使唤，还有些发黑。经医生检查，由于压得太久，血液不流通，部分在坏死，需要密切观察。同时医生用尽各种办法消炎以控制病情，但根本阻止不了坏死部位的蔓延。本来坏死还在膝盖以下，从5月12日到5月15日，短短三天时间，病菌迅速向上感染到大腿。

　　王睿出现了呼吸困难，还伴随血尿。为了保命，她必须接受截肢手术，否则就有生命危险了！

　　一直持保守治疗态度的父母，欲哭无泪，只能接受这个残酷的现实。他们不想失去女儿。

　　原定于5月17日的手术，医生果断改在了5月16日。再拖一天，死神可能就会夺走她的生命。

　　王睿看着自己整条腿都黑了，很着急，也知道保不住了，但她并没想到这意味着什么。

手术很成功，王睿从麻醉中醒来。爸爸在身边，他把头埋在女儿的床边，不敢看她的眼睛。以后没有了腿，孩子的人生会平添多少困难和委屈，爸爸心痛到无法面对。

王睿的右腿截肢了，只有大腿残留了一小截。左腿当时被石头打掉一块肉，也在迅速感染和腐烂，医生就不停地清创、植皮，创面越挖越大。两条腿同时在疼，不是一样的疼法，却是一样的死去活来。她还经常做一些可怕的梦：房子要塌了，她拼命往外跑，还是被砸在里面；走着走着突然发现前面有个悬崖，但怎么也停不下脚步，最终掉进了悬崖；同学临别遗言总在不停地复播；还有那只刺眼的、铁青色的手……那段时间她经常在惊吓中尖叫着醒来。

孩子快抓紧妈妈的手

去天堂的路

太黑了

妈妈怕你碰了头

快 抓紧妈妈的手

让妈妈陪你走

妈妈我怕

天堂的路太黑

我看不见你的手

自从倒塌的墙

把阳光夺走

我再也看不见

你柔情的眸

……

每次听到这首歌，王睿都想狠狠地哭一场。那一天，整个世界都倾塌了，那地狱般的漆黑，那弥漫着死亡味道的十个小时，那充斥耳边撕心裂肺的呼唤……

香港一个做假肢的企业来成都做慈善，免费给地震中的伤者安装假肢。王睿也有了一条假肢。

即便是装了假肢，她走起路来还是和别人不一样，因为她截肢到大腿，假肢很长，膝盖是不能打弯的。

王睿不敢出门。每次听到邻居或陌生人说，哎呀，这么漂亮的姑娘腿不好，真可惜啊！她就会大哭一场。

在她眼里这些同情心等同于嘲笑，深深地刺伤着她。她觉得自己好无辜，好端端地上着学，就成了残疾人。这能怨我吗，你们有没有想过我失去一条腿有多痛？同情又有什么用呢？我不需要同情！

2009年春节，当时的语文课代表刘琴发起，组织同学聚会。王睿如期而至。当她挂着拐跨进门的一刻，同学们扑过去和她拥抱在一起，大家哭成了一团。地震之后，这是他们第一次见面。湔氏中学3个班100多名学生中，70余名学生和1名老师遇难。班里46名同学，幸免于难的仅16人。而这次聚会只来了12人，有的同学还没有从心理阴影中走出来，不愿接受现实。

有人提议去墓地看看遇难的同学。

湔氏中学和龙居小学伤亡惨重，因为毗邻而居，政府安置了一块共同的墓地，安葬着两所学校在地震中遇难的孩子。部分同学的骨灰虽然被家长领走了，但也在那儿竖着一个墓碑，上面有照片和名字。

天阴沉沉的，乌云压得很低，立春了，还是冷得刺骨。呼吸在低温下顷刻变成团团白气。王睿拄拐的手被冻得生疼。墓地旁边新种下的小树虽然纤细，也长出了高高的个子，肃穆挺拔，像处在发育期的孩子。

王睿摸着墓碑上吴丹的名字，眼睛模糊了，眼前的一切使她难以置信。吴丹长得小巧可爱，弹跳力特别好，每次跳皮筋她都能跳到很高，她性格温和可人，许多男同学都暗暗喜欢她，讨好她。处于青春期的女孩，多愁善感，王睿经常把心里话写在纸上递给吴丹，她也会及时地收到吴丹的回信。近在咫尺却互相写信，她们经常在人群中与对方的眼睛相遇，不约而同地莞尔一笑，彼此拥有对方的小秘密，这种感觉多美妙啊！这使她们互相依赖，心离得很近。如今吴丹在照片里灿烂地笑着，好像就在身边。

王睿在医院里住了一年多。出院后，第一时间就是回家找自己的"百宝囊"。那是个放着珍贵书信和照片的盒子，那是她青春的美好印痕，是与同学交往仅存的遗物，在那些被思念啃噬的日子里，这些该是她唯一的念想了。

然而，她没有找到。地震时家里的房子倒了，幸亏当时家里没人，没有伤到。家人只能住在政府临时搭建的板房里。"百宝囊"丢了，谁也无法理解这对她有多么重要。这算是永远没法弥补的遗憾了。王睿难过极了。

王睿有三个好朋友，吴丹、潘薇和同位潘平。吴丹和潘平性格最好，王睿和潘薇性格火暴，时常闹点儿小矛盾，吴丹和潘平就来做"和事佬"，小矛盾很快就烟消云散了。四个人简直是完美搭档，越来越要好了。

潘薇在地震中头部受伤，有一块头皮不长头发，眼皮也掉了一块，痊愈后不太明显，还好。不幸的是，吴丹和潘平离开了这个多彩的世界。

之后的每年春节，同学们都会团聚，去墓地看看遇难的同学，然后一起吃顿饭，彼此安慰，互相取暖。而王睿也会得到同学们无微不至的照顾。这些共患难又死里逃生的孩子们，他们从废墟中站起来，他们的外伤虽然已经痊愈，但内心的伤痛却如同残留的疤痕永不消逝，他们曾一起并肩作战、与死神勇敢搏斗，而如今却胆小得再也不敢触及死亡这个话题，他们对于生命的理解和珍惜程度远远超出了这个年龄，他们共同拥有旁观者永远走不进去的不可言传的领域。他们共赴生死的经历，使他们变得无比亲密，成为今生患难与共的挚友。

受伤后，爸爸不让王睿回学校，她也从没有回去过。一年后她想回去看看。

这里已经找不到学校的踪影，那个地址成了一片巨大的空地。当时的教学楼不见了，连校门都没有了，校园里的废墟已经清理干净，空荡荡的，安静得好像什么也没发生过一样。仅存的一堵围墙上，挂满了照片，有的是2寸免冠照，有的是平时的生活照，大约有二三十张吧。围墙边放着一些安详乖巧的小花。

2009年夏天，王睿如愿以偿地回校复读，并考上了高中。然而她却不想上，她害怕那些怜悯的眼光，或者是无知的嘲笑，她感到无地自容，甚至想找个地缝钻进去。她在日记里写下：我想逃离学校，找个地方躲一躲。当她提出这个想法的时候，爸爸竟然同意了，虽然他已经给女儿交纳了学费，但他理解孩子心里的苦。受教育还有别的办法。或许休学一段时间后，孩子就走出来了。

那时候王睿觉得自己特别倒霉。生母在自己2岁时就去世了，连最疼她的爷爷也在她9岁的时候离开了人世，如今好朋友也没了。幸存的同学都没事了，只有自己被截肢，成了残疾人，连学都不敢去上。自己好惨哪！她经常暗地里掉眼泪，根本看不到活下去的希望。

继母是个贤惠的女人，默默地照顾着王睿的生活起居。但没有血缘关系，王睿并不接受她。再加上受了伤，王睿就更委屈，经常发无名火。

有一次，继母要给王睿洗裤子，她把沾满泥点子的裤子放在地上，去打水。王睿就大喊大叫：你为什么把我的裤子扔地上，别人的怎么不会，你就是欺负我是吧！嫌弃我是吧！

继母一言不发，她理解王睿心里的苦，继续洗着衣服。为这事，王睿两个月没跟继母说话，爸爸也经常叹气，夹在中间很为难。

长期在家待着心情肯定不会好，可这么小的孩子不上学又能干什么呢？爸爸为女儿的前途发愁了。

王睿想起自己在省城住院期间，乒乓球教练周再行和郭西京曾先后来看过她，希望她振作起来，建议她痊愈后去打乒乓球。

去打乒乓球吧！产生了这个念头后王睿很兴奋。在球队大家都是残疾人，也许那种眼光就不存在了吧！

2009年10月，她如愿以偿进了省残疾人乒乓球队，开始练习乒乓球，那年她17岁。

刚进入球队，王睿感觉又新鲜又兴奋。打球很辛苦，可是打球却让她找到了快乐，忘记了自己的残疾，也远离了自卑。然而不久，艰苦的训练使她得了"幻肢痛"，高强度的训练，越发加剧了这种疼痛。

"感觉好多针在扎右脚，痛得天快亮了才能睡着，刚睡着闹钟就响了，还是要艰难地爬起来按时到场训练。可是我的右脚在哪里呢？没有右脚还会疼得死去活来，谁信哪，是不是很冤枉？"王睿眉飞色舞地说着，咯咯地笑出声来。

2010年，王睿收获了人生中的第一块奖牌，虽然是省运会铜牌，但她的冠军梦从此张开了翅膀。

自从出来打球，王睿就变得越来越懂事了。

说到继母，她不好意思地笑了。"我那时候太脆弱了，从小没母亲，缺少安全感，又超敏感。说者无心，我这听者就有意了。别人说几句无关紧要的话我也会感觉到委屈，再说受了伤，就更委屈了。我脾气很倔，知道错了也从来不肯认错。继母已经很好了，我那时候太不懂事了。"

王睿用打球以来第一次发的奖金，给继母买了套保暖内衣，以表达自己无声的歉意和报答。当保暖内衣塞到继母怀里的时候，继母的眼睛湿润了，直说："别花钱！别花钱！"

王睿心疼父母，家里这些年种木耳，太潮湿了，父母关节都不好，但不种怎么办呢？弟弟还没成年。她说以后要多挣钱，让父母享享清福。

"我跟你不见外啊！假肢太难受了！"说着，她很熟练地脱下长长的肢具，倚在床边，大腿根部露出了颜色很深的截肢断面。我的心猛地一收，不忍心看。我想过去看看，但终于没有，我怕我的心会痛，眼泪又会掉下来，中断了我们的谈话。

穿这个假肢腿不能打弯，上楼梯只能一级一级地往上挪。最可怕的是夏天打球的时候出汗，感觉里面湿漉漉的，全是水，就像脚踩到了泥里，要是遇到比赛，肯定会受影响。也没办法，只能咬牙坚持。

每次训练完或者比赛结束，她都会用双手揉捏尚余10厘米长的右腿，残肢和假肢连接的部位使她疼痛难忍。固定假肢的硅胶套，常规两三年更换一次，她运动剧烈，几个月就磨坏了。

备战残疾人奥运会期间，王睿每天训练都在八个小时以上，右腿残肢常常被假肢磨得血肉模糊。教练看到伤口很不忍心，让她休息半天，可她只是用随身带着的消毒水擦洗一下，仍顽强地坚持训练。

王睿特别喜欢一句话：自己选择的路，跪着也要走完。每次受伤她都希望伤口快点儿结痂，不能让伤口影响打球。

教练周再行没想到这孩子这么能拼，起初招徒弟，是想让她通过打球恢复身体机能和自信，真没想到她能在世界锦标赛、亚洲运动会上斩获金牌。

训练时，王睿穿着假肢跑动不方便，遇到难接的球，还要奋力扑过去接，有时候重心不稳，常常摔倒在地。

明明知道可能会够不着，也绝对不能放弃，要争取每一个机会，救球是运动员的本能，说不准还能够着呢！

回到宿舍，高强度的训练后球友们都瘫软在床，王睿还要咬牙给自己"加餐"：练习手部的灵活度、锻炼肌肉力量。王睿体能不错，她一口气能做二十多个俯卧撑。

王睿像很多"90后"一样，有自己的偶像。她最喜欢的乒乓球运动员是马龙和丁宁，希望自己能像他们一样拿奥运金牌。

看他们打球我很兴奋，有时比自己上场还紧张，特希望他们赢。

这些年，王睿相继在世界锦标赛、亚洲运动会、亚洲锦标赛上夺冠。但她觉得最难忘的不是夺冠瞬间，而是2015年全国残疾人运动会单打比赛中的冠亚军争夺战，第五局在9：4自己领先的情况下被队友任桂香翻盘胜出。她认为自己完全有拿金牌的素质和技术，只是还需要打得更精细、更沉稳。

她喜欢国家队的张小玲阿姨，她打了六届残疾人奥运会，六十多岁了还在运动场上。

看身体状况和竞技水平吧，尽量延长运动生命。我还年轻，有机会的话想上大学、继续深造。我现在可喜欢出门了，感觉生活有目标、有价值、有希望。不穿肢具也无所谓，夏天我还敢穿短裤出门呢！打球给了我信心，内心变强大了吧！少了一条腿也可以活得很精彩，而且可以更精彩！

我欠张爷爷一个拥抱

最初"希望之家"刚组队的时候，队里选拔，我惨遭淘汰，如果不是启蒙教练为我说情，争取到了一个机会，就没有我的今天了。

"希望之家"组建乒乓球队，郭兴元一下子就喜欢上了，立即报了名。那时候条件不好没有轮椅，他就拄着拐杖站着打，后来老摔倒，他就趴在台子上，撑着台子练。

生命的华彩从艰辛的起点开始描绘。2002年，学校接到徐州市残疾人联合会的通知，为了备战5月份的江苏省残疾人运动会，要求选拔男、女队各三名队员。当时女队顾改、周影、胡丹入选，男队前三名是冯攀峰、曹宁宁、石艳平，郭兴元位列第四，面临淘汰。结果一出来，他大脑一片空白，心里难受极了。

他把想要打球的强烈愿望告诉了衡新教练。衡教练看他那么热爱乒乓球，训练又刻苦，就跟张校长提出，建议保留，给他一次机会，如果打得好就留下来。

郭兴元特别珍惜这次难得的机会，技不如人，就得玩命练。接下来的七八个月他每天都加班训练，虽然很累，但觉得很充实，大赛在即，还感觉时间不够用。

他对训练和比赛的关系是这样理解的：

训练不是一天、两天或三天的事情，它是不屈，它是毅力，它是坚持！它是一年、两年、三年……一直延伸下去，直至运动生涯终结的那天！训练质量高，比赛结果就好；训练质量不高，比赛结果就难以尽如人意。训练掺杂着苦涩，有时让人感觉乏味，有时让人疲惫。训练是运动员的必修课，每个运动员都有过经历，也必将经历，所以没有任何运动员抱怨它的苦涩与乏味。训练是为了比赛，比赛是为了荣誉，比赛是训练的结晶。比赛是将所有的训练结果，所有的精力，所有的一切集中在一起爆发，因为它是瞬间，所以它的规格比训练高出十倍、百倍、千倍……比赛就是台上的瞬间，虽然是瞬间，却给了运动员人生的感受，这种感受有激动、有自豪、有失落、有沮丧，集酸甜苦辣于一身。

俗话说：台上一分钟，台下十年功。训练就是要刻苦、要认真，这样比赛才会从容。一切训练都是为了比赛，为了那赛场上的瞬间！

那时候队员们因为长期坐在轮椅上，每年冬天腿脚血液循环不好都会被冻伤。出了汗会流到身体下面，再加上坐垫不透气，好多队员屁股都磨出了泡，有的因痔疮还做了手术。但郭兴元从没想过放弃，他告诉自己，只要还在球台上就要坚持到底。

困难与折磨对于人来说，是一把打向坯料的锤，打掉的应是脆弱的铁屑，锻成的将是锋利的钢刀。

在江苏省残疾人运动会上，郭兴元很争气地一举夺得团体、单打、公开级三项冠军！这是谁都没想到的。一个差点儿被淘汰的队员，却取得了最好的成绩。不久，郭兴元和队友冯攀峰作为省里残疾人乒乓球队的重点培养对象，参加了在南京举办的第六届全国残疾人运动会，他获得了乒乓球男子TT4级单打冠军。这是"希望之家"的队员们拿到的第一个全国冠军，这个冠军鼓舞了整个球队的士气，由此他也顺利地进入了残疾人乒乓球国家队。

之后，郭兴元在亚洲残疾人运动会、世界锦标赛等国际残疾人赛事上屡屡夺冠。

回顾十七年的乒乓球生涯，经历了无数大赛的煎熬，最让他难忘的，当属2003年的上海亚洲锦标赛了，那一次，他哭了，哭得特别伤心。

那时候，他出道不久，从被淘汰到拿省运会冠军，再到进入国家队，虽然不容易，但也算是个幸运儿，他资质最差，但成绩最好，一切似乎顺风顺水。

这次比赛再拿到冠军，就可以直接参加2004年雅典残疾人奥运会了，郭兴元似乎看到领奖台了，他感到有点儿飘飘然。

比赛中，看台上好多观众为他加油：094加油！094加油！连他和队友对阵，观众也会给他加油，这使郭兴元热血沸腾。

然而，这场比赛他却以失败告终，和雅典奥运会失之交臂了。郭兴元委屈得痛哭流涕。他真的是太想赢了！那年他13岁，一路得胜，他还没有做好面对挫折的准备。他后来分析，认为自己那时候心态不好、心气太高。其实进入决赛也算是超常发挥了，这次比赛虽然有好多原因，致使他没有发挥出最高的水平，但他很清楚自己的现有水平与世界顶级水平相去甚远，如果给那时候的自己打分，他认为太不成熟了，应该算不及格。

五年后，郭兴元无论从技术上还是心态上都有了长足的发展，面对大赛有了更多的自信。2008年残疾人奥运会，郭兴元一路告捷，到团体比赛时，作为队里的主力，郭兴元就更加胸有成竹了。然而，命运又给他开了个玩笑，当时决赛对韩国，郭兴元在2∶0领先的情况下，连输三局，被对手翻盘。与团体冠军擦肩而过。

颁奖时，队友张岩、白刚都哭了。这届奥运会，国家队提前四年就开始备战，比赛前一晚大家还在看录像呢，感觉胜券在握，郭兴元也觉得应该拿2分的，却轻敌了不慎失利。白刚在队里是个大哥，能帮助别人的都会尽力，他年龄大了，准备参加完这届奥运会就退役，郭兴元感觉对不起队友，这场比赛使他懊恼了好多年。

直到伦敦残疾人奥运会上，郭兴元和队友夺回男子TT5级团体冠军时，想到2008年那一幕，郭兴元还是深深地自责。

如今郭兴元已经结婚，并且在北京安了家，还有了个健康可爱的女儿，妻子是个漂亮的北京姑娘，在中学里教书。

人们不免有些疑问，一个健全的、名牌大学毕业的漂亮姑娘，为什么看上了坐着轮椅的郭兴元？他到底凭着什么赢得了姑娘的芳心呢？

在两人的婚礼上，姑娘给出了满意的回答：他信守承诺，有主见，是个靠得住的人。

这段美好的姻缘来自2008年奥运会。当时在首都师范大学读大一的姑娘林聪，在奥运村洗衣房做志愿者。郭兴元去洗衣房送洗衣服，经理不经意间问郭兴元，是否有奥运会纪念章，他想收藏，旁边工作的志愿者听说了也想要，郭兴元爽快地答应了。第二天取衣服的时候他就把队里发的纪念章都拿来了，人手一枚，大家欢欣鼓舞。没想到郭兴元那么大气，经理高兴得与他合影，还送他一个泥人作为纪念，觉得投缘大家就成了朋友。奥运会后，听说郭兴元来北京，经理就召集大家吃饭，把志愿者们也叫来了，顺便叙叙旧。聊得多了，林聪就与郭兴元加深了解了。

可是这桩婚事遭到了姑娘全家的反对。郭兴元觉得也是情理之中的事情，谁愿意把闺女嫁给一个坐轮椅的男人呢？首先行动不便，闺女可能要付出更多的精力帮助他、照顾他，岂不是委屈？

郭兴元决定登门拜访，以自己的真诚征得女方家长的同意。他想亲手下厨做个菜。去之前，他做足了功课，怕做不好，还给队友吕晓磊的妻子打电话请教了一番。

路上，俩人精心挑选了新鲜的大虾。回忆第一次上门，郭兴元心有余悸：

第一次去简直比参加奥运会还紧张，这可决定了我后半生的幸福啊！没想到进了门，她妈妈不出屋，不愿意见我。我去厨房做了一盘油焖大虾，不幸的是一紧张盐放多了，菜做咸了。妈妈勉强吃了一口就吐掉了，我的心凉了半截儿。吃完饭我和她爸爸交谈，爸爸担心别人会说林聪是冲我钱去的，我说2008年之前我还不是奥运冠军呢，我们问心无愧就行，不能管别人说啥。爸爸看到我身体能够自理，生活不受什么影响，也有点儿放心了。

　　对于郭兴元的未来，家里人希望他去南京发展，南京那边会给他安排事业单位的工作。但是他有自己的主意，他更多地站在林聪的角度替她着想，她家里就一个孩子，在北京也有稳定的工作，让她离开家比较为难。自己家里毕竟姊妹多，再说自己也没有稳定下来。他决定到北京发展，换个环境，挖掘一下自己的潜力。他知道这样做困难重重，在北京人生地不熟，能干点儿什么呢？但他做好了准备，无非就去打球呗！

　　郭兴元写了个申请，要求转会北京，结果顺利得到了肯定的答复。

　　郭兴元很珍惜婚后的生活。对待姑娘的父母也像自家的父母一样孝顺。他觉得以后老人年龄大了不能爬楼梯，老城区的房子早晚要换，就多方打听，为老人参谋换了新房，如今房价早翻番了。现在家里有大事也愿意征求他的意见。

　　郭兴元打球没有荒废学业，他毕业于河北经贸大学经管学院。他认为先接触社会再读书，理解力会更强，这样的求学经历也促使他形成了理智、缜密的经商逻辑。

　　郭兴元喜欢结交朋友，也爱虚心向高手学习。打球之余，他还做点儿生意。他发现一处烂尾商铺，位于将来要开通的地铁口，认为是个商机，于是租了下来，经过布局改造后对外租赁，赚得了第一桶金。

　　随后，他注册了一家投资管理公司，做金融投资、招商对接服务、广告传媒企划等业务。残奥冠军可信度高，生意做得有声有色。

在辛集比赛期间，郭兴元在皮草城给家人买了好多东西，一片孝心有所安放，郭兴元开心极了。他内心要感激的人很多：

> 衡教练是关键时刻、在低谷的时候拉过我的人，他是我的"师父"，而不是"师傅"，又是师又是父的人，我从小叛逆，老惹教练生气，现在想想非常内疚。吕晓磊在队里算是老大哥了，原来在队里就一起打球，认识十几年了，我们都叫他"磊哥"，现在在国家队做教练，因为他是运动员出身，能站在队员和教练角度考虑问题，我们都比较服气。还有林教练、陈领队、北京基地舒建平主任……好多帮助和支持过我的人真数不过来。

> 生活中，我媳妇一直支持我、关心我，还有我的家人、朋友，他们都是那么无私地爱护我、帮助我，这是我的幸运。我要把这份爱延续下去，尽自己的能力做有意义的事情。

郭兴元如今成家立业、事业有成、拥有冠军的光环，一切都向着成功的方向发展。然而，他说出了一个永远无法实现的遗憾，那就是欠张爷爷一个拥抱：

> "希望之家"的校长张辅世，因为把小儿麻痹症的孩子们当作自己的亲孙子看待，孩子们都叫他张爷爷。当时我们这样的患儿很多都是脊柱侧弯，长到发育期就会压迫心脏，如果不做手术，也许活不过三十岁。可是十几万的手术费，对于农村家庭来说，简直就是天文数字。张爷爷就通过挪威慈善机构给我们申请手术费用，当时冯攀峰、刘静、李倩都是在"希望之家"做的手术。手术后恢复期躺在床上特别枯燥，张爷爷就给他们买一些玩具，那时候我们特别喜欢去他们的房间玩。

为了锻炼我们，张爷爷组织我们去繁华的地方逛街、购物。他还开办了各种特长班，希望我们长大能有自己的特长，能养活自己。

当时我们出国打比赛要办护照，都是张爷爷亲自跑。签证中心还没上班他就去了，大热天在门口蹲着等，想到那一幕就不忍心。

记得在一次活动上，张爷爷向市领导为我们争取更好的康复和学习条件。他张口特别困难，好像自己手里捧着一个钵，在为我们化缘。我们心里别提多难过了。

有一次张爷爷陪我们去比赛，他做后勤，在观众席上一直为我们鼓掌。比赛结束合影时有人建议，让我和爷爷拥抱一下，我没有答应，我说爷爷，等我拿了全国冠军，我就来和你拥抱。可是我2012年拿到冠军时，爷爷2011年已经去世了。现在每次获得冠军，我都会想起和爷爷的这个约定。这是个永远的遗憾了。错过就永远错过了！我经常提醒自己，一定要珍惜当下，想做的事情一定要尽快去做。

张爷爷去世的时候，我们正在香港参加亚洲锦标赛，比赛结束了我接到电话，大家哭声一片，归心似箭。领队特批我们可以第一时间赶回老家……

此时郭兴元想对爷爷说：

张爷爷，是您从小给我们希望，给我们动力。当年"希望之家"里您的孙子们都长大了，我们都特别爱您、想念您！您一直为我们的未来担忧，现在我们八个人都拿到了奥运冠军，成绩很稳定，大部分也成家立业了，还为祖国争了光，这一定是您希望看到的，我们完成了您的心愿。张爷爷放心吧，您的教导将会影响我们一生，我们的今天是因为有您这样的人付出了无私的爱，我们不能让爱我们的人失望。我们会加油！

没有掌声的比赛

你一定见过盲人吧！你了解他们吗？在那伸手不见五指的世界里，他们是怎样学习和生活的？听说他们还能踢足球、打门球、打乒乓球。眼睛看不见，这怎么能做到呢？带着这个好奇，我走进了天津视力障碍学校。

刚下过一场大雪，马路上厚厚的积雪使人寸步难行，太阳出来了，似化非化的雪，经过汽车的碾轧，显出深深的黑色的车辙，道路极其泥泞。踏进校园，却是出乎意料地干净整洁，要不是看到地面上潮湿的、阳光下半干的水渍，简直会产生一种错觉，好像这里错过了昨晚的大雪，那整夜纷纷扬扬的飘洒似乎和这里毫无瓜葛。

汤群老师说，如果盲道被积雪覆盖，视力障碍的同学们将寸步难行。逢雨雪天气，学校的老师们总是会天不亮就把校园清理干净。这使人心里泛起一阵暖流。

校园里行走着一些下课出来活动的同学，他们三五成列，后面的双手搭在前面同学的肩膀上，走在前面的是有些光感或者有些微弱视力的同学。

黄色的盲道有序地向着各个方向延伸，每到一个路口或者建筑物前，盲道的花纹就变了，同学们就知道要在这里拐弯了。

我们来到一楼的乒乓球训练馆，馆里有三张乒乓球台，还有一排健身器材。我端详着球台，它和普通意义上的乒乓球台有些不一样。汤老师介绍，盲人乒乓球台的台面为深绿色，中间没有任何接缝，球台侧面以及两端各设置了60厘米的侧边框和150厘米的底边框，边框高为1厘米；球网高出台面4-5厘米。球台的长、宽、高与一般乒乓球球台相同。

"汤教练，我们来了！"说话的叫霍东然，她和几个同学一起进来，她嗓门儿很大，性格开朗。

"怎么知道汤教练在这里？"

"我们汤教练身上有种特殊的香味，和任何人都不一样。她在，整个气场都不同。"

队员们开始练球了，我了解到，盲人乒乓球有着特殊的用具和比赛规则。球员使用的球拍比普通的球拍更大一些，是长方形的，且不粘胶皮。普通乒乓球规则是让球跳过球网，盲人乒乓球比赛则是让球从网下滚过。球是特制的，直径为4厘米，里面放入了四颗小钢珠，控制了球的弹跃，滚动起来会发出轻微的声音。

李昊然

盲人球员只能靠"听声辨位"来判断球路的方向，所以比赛必须保证场地的静音，要在封闭且隔音效果好的房间里进行，禁止观众进场观看。打得再好也得不到喝彩和掌声，否则会影响运动员的判断力，心不静也影响发挥，因此有人把盲人乒乓球称作"没有掌声的比赛"。

盲人乒乓球比赛同样是五局三胜制，每局的比赛也是11分。球员在球桌上把球推到对方区域，算完成一次进攻。球桌四面立着边框，如果球员没有把球挡回去，让球撞到己方的边框，就算输了一分；如果推球的时候球碰到了球网，或者飞出球桌，也算输球。

因为有些盲人运动员还会存在微弱的光感，所以为公平起见，开赛前所有的选手必须佩戴黑色的眼罩。

看到他们你来我往打得很热闹，我也跃跃欲试。结果我在没带眼罩的情况下看着球击打，也很难打过去，几个回合下来，一个球也没赢。这使我非常吃惊。

最吃惊的还在后面。我还想戴上眼罩体验一下，当眼前漆黑一片的时候，一种恐惧感突然来袭，我甚至都不知道台子在哪，我摸索着找到球台的边缘站好，身子略弓。在一切都看不见的情况下，成败似乎都由耳朵决定了。

"发球！"按照规则，发球方要给出信号。

"好！"随着回应，我知道球肯定是过来了，球里的钢珠不是会滚动出声响吗？那声音好小啊，几乎听不到，更不知道在哪个方向。我胡乱挥起了球拍，没挡住，球碰到了我方的边框。轮到我发球，刚发完球，还在估量着球大概到了什么位置，突然听到了击球的声音，对方已经稳稳地将球推了回来。我在球台上盲目地挥着拍子，几个球打完了，我竟然一拍都没有碰到球。

摘下眼罩，我半天都没回过神来，感叹队员的球技。重新见到光明，心里竟产生了浓重的酸楚，差点儿掉出泪来。

练完球，同学们在球台边聊起了天：

"打球很上瘾，几天不打就很难受，我喜欢球滚动的声音。"

"打乒乓球可以使我的心静下来，我现在越来越有耐心了！"

"打球以后我的耳朵变得更灵敏了，反应更快了，动作也更协调了！"

他们用手摸着这个光滑的小球，虽然不知道白色究竟是什么样，但是只要一摸到，心里就变得很踏实。

"感到最难过的是什么？有没有天塌了的事情？"我问李昊然。

难过的事情太多了！天塌的真没有，现在更不会有了。经历过太多失败，什么事都能想开。遇到挫折也会失落，但很快会振作起来，各方面都不会受到影响。

"家人对你好吗？"

很好。我在家排行老三，还有哥哥姐姐。妈妈在各方面对我照顾得无微不至。小时候和哥哥吵架，妈妈都叫哥哥让着我。每次打电话妈妈都会仔细嘱咐天凉了添衣服之类的。以前觉得妈妈的唠叨有点儿烦，觉得自己长大了可以照顾好自己。现在就更理解了，只有父母才会这么操心，时刻把我挂在心上。以前在家的时候也会和爸爸聊天，上学时聊学习，打球以后告诉我别偷懒，好好训练。每次回家，都是妈妈洗衣服，从不舍得让我做。

"觉得打乒乓球难吗？"

练真不难，打好却很难。我是小学四五年级先练的门球，初中才开始打乒乓球，17岁参加乒乓球比赛。我觉得苦练特别重要。记得2009年年末我们练了一个寒假，2010年全国残疾人乒乓球比赛第一次参赛就打了个第三，当时特别紧张。现在训练中都没有过多失误，汤老师要求很高。技术扎实了，发挥就很稳定，比赛时候也没那么紧张了。

"你和汤老师吵过架吗？"

哈哈，吵过！把她气得说"真想把你从楼上一脚踹下去"，哈哈！我们和汤老师感情特别深，她是真心为我们好，不仅给我们技术辅导，还有巨大的精神支持。我们视力不好，理解能力会差一些，她就反复讲，很有耐心。汤老师训练的时候虽然对我们要求很严，但比赛的时候，我们输球了，她也会安慰我们说没事，还有下一场呢，别太大压力，发挥出自己的正常水平就行。她的话绝对管用，我们心态马上就平和了。如果允许的话，我愿意尽可能地多参加一些比赛。

"霍东然，你上几年级了？"

"职一了，职三实习。现在学按摩。我很羡慕姚晓勇和李昊然开按摩店，不过觉得他们也很不容易。"

"她是锦标赛冠军，全运会迷糊！"李昊然笑着调侃。

"揭我短哪！"霍东然笑着大喊。

"赵艳淼一鸣惊人，第一次打全国残疾人运动会就拿了第三。14岁来盲校，在盲校找到价值了，是个人见人爱的小淑女。"汤老师疼爱地拍了拍旁边一个眉清目秀的小姑娘。

"淼淼是车见车爆胎！"霍东然那么活泼，难怪大家叫她"开心果"。

"淼淼年龄小，一开始父母不舍得，没离开过家。我就让年龄大的队员带带她。她有个双胞胎姐姐，眼睛还好。淼淼可能是生下来在暖箱里放的，伤到眼睛了。她小时候特别好强，还学过骑自行车，她一只眼睛有光感，能看到老师。"汤老师继续说。

"巧了吧，集训我俩在一起，后来学校调宿舍，我又和她在一起了，非常愉快的。""开心果"又发话了。

"东然，有没有想过，能看见就好了？"

"我的眼睛是先天的，不可挽救的那种，能看见反而不习惯了，我小时候一只眼曾经做过手术，太亮了，很不习惯。我还是喜欢现在这样。我的大脑中有个学校的方位图，好像能看见一样，眼睛有点儿光感，楼和楼之间有光很亮，建筑物很黑，但是陌生的地方，适应能力就很差了。不过他好认，看他颜色白的，皮肤白，头发白。"

"你不是说我吧！"白化病的尚楷文说。

"对，就是说你呀！"东然很俏皮，"我喜欢在这里上学，没有违和感。以后按摩也会很枯燥，我觉得打球可以锻炼心境，为以后走上社会打好基础。跟汤老师混，我的选择是对的！"

"是吗？不是那会儿哭鼻子了，球打不好，我数落她，那年她就得了个冠军。24岁了，都老大不小了！"汤老师笑起来。

"23岁好不好，我还没过生日呢，我不愁嫁啊！"东然笑着又转向我："汤老师把我给批得可狠了，但还真管用，一辈子都忘不了。"

"你内心强大吗？"我感觉到东然很乐观。

"还行吧！平常心情很好。有时候学习压力大也发愁，有不理解的，想办法找资料，慢慢完成，没有特别崩溃的时候。有一次体育课上拉伤了腿，疼得很厉害，站都站不住，球也练不了，很着急，但也不会绝望，觉得过两天就会好。现在很珍惜学校的时光，和同学们好好相处。"

"听说你走丢了一次？"

"啊？你怎么什么事都知道呀！那次在火车站，人太多了，挤来挤去，不知怎么跟着别人走了，跑二楼去了。汤老师吓坏了，大声喊我，那种感觉太可怕了，很无助，觉得叫天天不应。害得我一年都没走出阴影。以后走到哪儿都要拽着汤老师，不敢松手。"

"浩月，2015年你在全国残疾人运动会获得单打亚军，练了多久？"

"很幸运，我练了没几个月。我属于低视力，用放大镜可以学习汉字，不用学盲文，可能学乒乓球技巧比他们理解得快。之前在普通学校，小时候眼睛好的时候，就喜欢打乒乓球。十三四岁得的病，有一天正上生物课，突然发现看不清了，放学勉强回家的。去医院查，医生说我属于遗传性的，我妈妈和姥姥视神经都不好，姐姐没事。吃了些药不好，就到盲校上学了。刚开始很不适应，不过现在也不是很难过了，学习没有障碍，可以打乒乓球，同学们相处得也特别好。"

"我打了一年了，以前在普通学校上学，来这儿很快就适应了。""很好认"的尚楷文说。

"张国龙练了多久了？"

"我也打了一年了，还没参加过比赛。我属龙，2000年的。"

"他和森森是一年的，是个美丽的误会！""开心果"插了一句。

张国龙继续说："我12岁得病，视神经萎缩，当时视力下降得很快，从正常到看不见仅一个月时间。天天在家哪也去不了，不知道以后该干什么，心里很难受，觉得还不如生下来就看不见呢，太痛苦了。父母带着我到处跑着治疗了一年多，没治好就来盲校了。现在知道自己以后该怎么办了。来这里五年了，已经适应了这里的生活，还学会了盲文。现在觉得看见过也很好，别人描述什么，我就能想象到。我喜欢打球，但比赛时心理上也会很紧张……"

2017年全国残疾人乒乓球锦标赛在河北辛集举办，在入住的酒店一楼电梯口，我看见了汤群教练，热情地向她打招呼。

"卢老师！对，是卢老师！"听到有人叫我，我在拥挤的人群中没有发现谁看向我，仔细一看，原来是盲乒运动员李昊然、霍东然、赵艳森、尚楷文、刘浩月！他们虽然看不见我，却在愉快地笑着，我的心里涌起阵阵感动，叫出了他们的名字，还忍不住抱了抱身边的"开心果"霍东然。听到我说话就知道是我了，时隔几个月，能够在嘈杂的环境里辨别出我的声音，真令人佩服。看到他们，心里感觉那么亲。

征得视力残疾组裁判长的允许，我有幸走进赛场观看了比赛。场地不大，在独立封闭的房间里，比赛时房间从里面反锁，屋里只有裁判员、两位盲人乒乓球运动员、各自的教练员和赛场的志愿者，没有观众。一局结束，没有掌声，更没有欢呼。

赛场安静极了，只有"发球！""好！""哗啦哗啦"和裁判宣布比分的声音。带着小钢珠的乒乓球在两名队员之间被推来推去，十来个回合都没分上下。比赛全然是在"听"中进行，盲人的耳朵就成了眼睛，运动员靠耳朵辨球路，听到时，他们就"看"到了。怪不得有人把盲人乒乓球还称作"耳尖上的运动"。

这次比赛，天津视力障碍学校成绩显赫，两名女运动员、三名男运动员参加，包揽了男、女乒乓球比赛视力残疾组第一名。我想起了汤老师说的"互相不辜负"，他们用自己的努力做到了。

我时常想，他们当中有的孩子是有光感的，在黑暗的世界里偶尔也可以看到一丝光亮。当我走过他们的身边，不知道是否曾经在他们的视网膜上留下过一点儿虚幻的影子，但至少我和他们一起走过一段快乐的时光。他们听到过我，也"看"到了我，甚至在将来还会"认出"我。

在黑暗的世界里，他们用耳朵谛听来自这个世界的各种陌生的声音，他们用耳朵捕捉着乒乓球的轨迹，用年轻的朝气挥舞着球拍，在你推我挡中，从球台边走向自己灿烂的未来。

第八章

关上一扇门，
打开一扇窗

无声的世界，有声的精彩

今生最大的遗憾是没有当兵

超越自己，超越梦想

让『蜗牛』孩子飞奔

『惟妙惟肖』姐妹花

无声的世界，有声的精彩

　　春节后，为备战听障奥运会，聋人国家队在河北正定集训。我前往正定采访。采访黄梦萍遇到了困难，她听障比较严重，无法交流。国家队赵守礼教练给我一个很好的建议：史册和黄梦萍住在一起，是双打搭档，互相也很熟悉，史册交流没问题，还会手语，可以让史册做翻译。这是个非常完美的建议。

　　在宿舍里见到生活中的黄梦萍，很难和赛场上的她联系在一起，一个安静、温柔、漂亮的小女孩，完全没有赛场上的杀气，虽然我说什么她听不懂，但每次史册翻译过了，她就会大笑不止。

　　黄梦萍微笑地看着我俩聊得火热，着急地问我们在说什么。史册说在聊小时候的事，你也聊聊你自己吧！

　　她腼腆地笑了笑："我小时候和好朋友一起打乒乓球玩，教练去学校看到我，说球感很好，给我爸爸打电话，问同不同意让我去打球，爸爸就同意了。"

　　"你的启蒙教练是谁？"史册给她翻译"启蒙"，她不懂，后来史册说，第一个教你的教练是谁？"熊伟，哈哈！"终于弄明白了，黄梦萍很开心。

　　"你是哪年开始打球的？"

　　"我是1990年出生的，9岁开始打球，13岁被广西壮族自治区残联选中参加训练。家里只有我一个孩子，爸爸妈妈很爱我。"黄梦萍的手语被史册翻译得很好。

"你的耳朵是怎么造成的，你自己知道吗？"

"不知道，问过爸爸妈妈，也没有告诉我。"她的表情并不沉重。

"和史册打球费不费劲？"

"嗯嗯！"她大声笑着使劲点着头，"我们水平差不多，太了解了，很难打。我平时见不到史册，我在广西，她在杭州，只有国家队集训或者比赛时候才会见到。"

"黄梦萍很厉害，2009年第一次参加听障奥运会，就拿到了四块金牌，大满贯，了不起。"史册边和我说着，边翻译给她看，还竖了竖大拇指，引得黄梦萍哈哈大笑。

"黄梦萍单纯得像个小姑娘，感觉心理年龄好像与她的年龄不相符。"我对史册说。

"对啊！她真的很简单，可能和别人交流得少，听得少，想得也比较简单吧！前一阵子我刚回来，她就要和我练双打，我想恢复一下体力再练，让她别着急，她就很不理解，觉得我不同意，还有点儿不高兴。体力不好跑不动，也练不出效果的。要跟她好好解释开就好了，她也很可爱的。我第一次见她的时候，是2003年第六届残疾人运动会，也是我们第一次参加比赛，她留着

很短的头发，像个假小子，她打起球来很凶的，速度很快，幅度也很大，比男生力量还大。不过那场比赛我是冠军。"

黄梦萍问我们在说什么。

"我们第一次见面是2003年，我第一，你第二。还有说你打球力量很大，比男队员还厉害。"史册用手语告诉她。

"嗯嗯！"她笑着点头，"咱俩还有合影呢！照片在家里。"

"她听力不好，教练讲球听得懂吗？她是怎么学会的，我看教练也不会手语啊！"我问史册。

"说到这个挺好玩的，2008年我们在一起集训的时候，跟她确实没法沟通。她以前在广西残联训练，手语一般交流还可以，专业术语她就不会了。到了国家队，战术、技术她就弄不懂了，训练就有了一些障碍。正规的手语她看不懂，但能看懂王冬梅的手语，写字也只能看懂50%，没办法，教练就把要说的话先告诉我，我告诉王冬梅，王冬梅再告诉她，一件事要'四传手'，黄梦萍才能明白。打比赛上场前，教练叮嘱，她也点头，但临场经常凭感觉乱打。教练觉得心里没底，对她很不放心。重要的团体赛有时候也不敢派她，怕丢分。"

"她有没有羡慕你能够听到？"

"还真不知道，我问问她。"史册转向黄梦萍，"你羡慕我能听到吗？"

黄梦萍眨了眨眼睛，表示不懂。

"羡慕。"史册用了很夸张的口型。

她还是摇了摇头。

史册用手指在手心写这两个字给她看，但因为笔画多，她没认出来，还是摇头。

史册有点儿着急了，一时找不到"羡慕"的同义词。她很聪明地换了个说法："你有没有想过，要是能听到就好了？"

黄梦萍终于明白了史册的意思，她打着手语：没想过，听不到也没什么。

不知道能说话是什么样，习惯了，没关系。我从记事起就这样，觉得聋人和正常人差不多。

"确实，聋人四肢健全，和肢残的不一样，如果不讲话，谁也看不出来。她好像也没有多么苦恼吧！"说着，史册又问了一遍："你愿意听到声音吗？你愿意讲话吗？"

"嗯嗯！"她使劲点着头，接着打手语：虽然听力障碍已经习惯了，但是如果能听到，生活会更方便吧！以前没手机，不敢出远门。现在很多问题可以用手机查百度，还有地图，还可以问警察、服务员。小时候训练经常缺课，学校里教拼音落下了没学会，我自己学的五笔，现在我都是用五笔输入，生活方便多了。

听队员说黄梦萍脾气很急，容易发火，我想问问她自己怎么看。

"哈哈！我脾气不好，很容易着急。以前不好，但现在好多了，长大了。"她摇了摇头，接着不好意思地笑着。

"你说妈妈爸爸爱你，是吗？"

黄梦萍腼腆地笑了，她用手语告诉我：是的，爸爸妈妈爱我，小时候偷懒，有时候太累了，不想打了，爸妈逼着我坚持，给教练打电话，教练也会批评我，我就很生气。以前小，不懂事，现在理解了，想通了。爸爸妈妈是为了我好，很感动。我每次出去，妈妈总是叮嘱我10∶30以前必须回来，我就讲条件，能不能晚半个小时，11点回家，妈妈坚决不同意。好不容易和朋友出去玩一次，还没玩够，妈妈不停地发微信催我回家，我就很烦。现在就理解了，妈妈是担心我呢！我从内心感谢爸爸妈妈对我的爱，我也不能为他们做点儿什么，出国比赛的奖金一半给爸爸，一半给妈妈。2009年拿到四块金牌，所有的奖金我都给家里了，报答父母。

说到黄梦萍的成绩，大家都会竖大拇指。2017年7月，在土耳其举办的第二十三届听障奥运会上，黄梦萍和史册，这一对世界听障乒坛最具实力的双打搭档，会师女子单打决赛，聚焦了所有人的目光。高手对决异常精彩，难分高下，双方一直打到第七局，黄梦萍最终以4：3战胜史册，摘得桂冠。黄梦萍夺冠后筋疲力尽、泪流满面。

黄梦萍在她独有的无声世界里，安静地绽放出了最美的样子。她虽然听不到，但雷鸣般的掌声是她见过的最好看的声音。

今生最大的遗憾是没有当兵

姚晓勇从小就对军事感兴趣，他热爱部队，梦想着成年后穿上那身帅气的军装。

然而一场意外，使他的梦想成了永远的遗憾。

姚晓勇四年级那年，和同学玩的时候撞到了眼睛，造成眼底出血。之后上课老是看黑板模糊，上午严重，下午就能好点儿。他跟弟弟去放羊，回来对妈妈说看不到绳子，妈妈以为他偷懒，不愿意放羊，也没在意。两三周以后情况严重了，妈妈赶紧带他去医院，医生给打了一针，就缓解了，后来只要视物模糊就去打针。两三个月后，打针也好不了了。妈妈带着他跑遍天津、北京各大医院，得到的诊断是，继发性青光眼白内障、葡萄膜炎。在天津最后一次看病时，医生说别看了，去哪都治不好了。

姚晓勇失明以后，突然脾气大了好多，经常无端地发火，甚至歇斯底里。世界一下子变得伸手不见五指，没有一丝光亮，他不知道该怎么活下去。妈妈理解儿子，每次儿子发火，她不规劝，也不吭声，她知道孩子心里苦，自己也悄悄地抹泪。妈妈能做的就是默默地陪在他身边，把饭菜端到他面前，把洗脚水放在他脚边，悉心照顾他的饮食起居。

姚晓勇的爸爸在他8岁时就去世了，妈妈独自带大孩子们。儿子看不见了，妈妈受不了这样的打击，也几近到达崩溃的边缘，但她强忍着，不能让孩子看出来，她是孩子们的精神支柱，怎能垮掉？

妈妈是个有文化、有主见的人，当年考大学差一分而落榜。姚晓勇看不见了，不能去学校上学，妈妈决定把他送到盲校读书。她的决定得到了亲戚们的反对，他们觉得盲人孩子读书没什么用，不如留着钱给自己养老。可是妈妈不以为然，她认为孩子必须去学校学知识，在家里就真的废了。

姚晓勇进入天津市视力障碍学校读书，首先要学习盲文。汉字和盲文是完全不同的两套认知系统，晓勇是后天失明的，他总是在想象那个字的笔画，这对他学习盲文有些不利。班里的同学摸读平均每分钟能达到200个，而他只能读50个左右，但他可以用五笔输入法打字，是真正的"盲打"，而且错误率极低，他对于字根的理解很扎实，学过汉字的经历又成了他的优势。

在学校，同学都是盲人，晓勇克服了自卑和沮丧的心理，心态得到了很好的调整。之前他在家从没洗过袜子，也没叠过被子，但学校要求学生整理内务，宿舍里的被子还要叠成豆腐块。他样样做得好，生活完全可以自理了，连擦玻璃的活儿都能干。

在普通人的视野中，盲人的世界是不可知的，他们经常拿着一根棍子，在路上跌跌撞撞地走，眼睛看不见，他们的生活一定很艰难。

老一代盲人通过收音机了解世界，21世纪的盲人，手机、电脑这些现代化通信设备都用得很溜，明眼人能做的，我们都能做。

姚晓勇每天都会用手机语音软件在网上"看"各种新闻，玩一些非常复杂的游戏。不想做饭了就叫个外卖，出门的时候也会用滴滴约个出租车。这简直不可思议，我急于想要得到证实。

单说约了出租车，怎么能找到呢？马路上的车太多了，我们平常约的车如果不注意车号，都很难从车海中分辨出来到底是哪辆。

我约车的时候，会跟司机说，我看不见，你到了按喇叭提醒我。我们的耳朵是非常灵敏的，除了听声音，还能准确地辨清方向。盲人多才多艺的有的是，我同学全盲，在网上做音乐，谱曲作词、做伴奏，还有个同学在相声协会说相声，简直说得太好啦！

姚晓勇也很优秀，他学习很用心，那年他参加全国按摩医师证考试，2700个盲人学生，大约30%的通过率，晓勇一次就考过了。

毕业后，姚晓勇和师弟李昊然在天津市河西区开了一家"利康"盲人按摩店。在这里，他认识了女朋友卜芸芸。说到女朋友，姚晓勇开心地笑了：

2008年他们学校组织帮残、助残社会实践活动到我们店里来，我们认识以后互相留了QQ号，那时候我20岁，她19岁。明眼女朋友生活会方便很多，和我在一起，感觉对她不公平。那时候我年龄小，有股闯劲，也不太自卑。现在我可能就不会去追求明眼人，知道现实与梦想的距离了，她没谈过恋爱，对我很依赖。我觉得自己挺幸运的，我这20多年没有什么成功的，认识卜芸芸是我这辈子最成功的事情……

"当时不懂事，被骗了呗！"卜芸芸笑着说，"当时觉得他不像我周围的男生，除了念书就是吹牛、打球。他读书很多，懂的事情也很多，他带我看中国、看世界，还给我讲爱情故事，说我俩是命中注定的缘分，我就信了。不过他对我真的很好。"

"我就是喜欢她的单纯，不单纯还真'骗'不来。"晓勇大笑。

"小卜大学里学国际贸易，非常优秀。他俩刚认识的时候，我找卜芸芸谈过，和盲人谈恋爱付出的太多了，要想清楚，千万不要伤害我的学生，让他受打击。周围的人知道了他俩的事都说让晓勇要珍惜。10个人，18个人这么说。"汤群教练说。

"为什么10个人里18个人要这么说呢？"

"有的人要说两遍，哈哈！"汤教练是在开玩笑，"为了盲人奉献力量可以，为了爱情组合在一起，换了我也没有这个勇气。就是我的闺女找个盲人，我也接受不了，所以也很佩服芸芸。"

我们很好奇卜芸芸的妈妈是怎么看待这个问题的。

"我们俩刚开始交往的时候，我告诉了妈妈，然后我们母女对着哭，妈妈说，找个盲人男朋友，要承受太多来自生活、身体、社会等等各方面的压力，自己选择的路要自己往下走，不能有任何抱怨。这些年我们俩也有吵架的时候，我就会想起妈妈的话。"说着，卜芸芸夹起一些青菜放到姚晓勇的接碟里，又盛了一小碗汤放在他面前。她已经完全了解了晓勇的饮食喜好。姚晓勇低下头，嘴巴靠近盘子边缘，用筷子把菜扒到嘴里，其间有些遗落在桌子上，卜芸芸不动声色地收拾好。俩人举起装饮料的高脚杯，微笑地碰了一下，这一幕是那么自然，那么默契，感动瞬间击中了我的心。

席间卜芸芸和姚晓勇耳语了一会儿，他俩就牵着手一起离开了，原来卜芸芸要去卫生间，晓勇站在门口等着她。过了一会儿，俩人又牵着手回来了。

姚晓勇和卜芸芸相识九年了，俩人却并不着急结婚，他们想一起打拼，再攒点儿钱，有了经济基础，买了房子再成家。如今他们已经在天津首付买了套

70多平方米的房子，晓勇说要是指望按摩的收入，是绝对做不到的。不打球哪有奖金哪，他从心底里感谢汤教练。

姚晓勇之前是个门球运动员，经历了那场门球比赛后，姚晓勇才真正意识到打球要讲究"体育道德"。直到后来打乒乓球，他一直铭记教诲——

那次全国残疾人运动会资格赛，是我第一次参加。小组赛时，有4个小组，取前三名。12个队伍再淘汰3个。胜出的9个队伍才有资格去江苏参加第六届残疾人奥运会。那时一天三场球，第一场上午对辽宁输了，第二场对吉林2∶3又输了。输了两场，后面三场需要全胜才能出线。半小时后要对甘肃，如果赢了，可以和山东、江西打。

对吉林那场输了，我就不想打了，死活不想上了。必须全赢，多难哪！我顶不住压力了，使劲哭。汤老师来和我谈：晓勇，我们练了那么久，汗不能白流，你的位置没人代替，你不上，其他队员也打不了，我们整个队伍就得弃权，现在你不打，已经不是你自己的问题了，还要为团队负责。别留遗憾，打不好也没人埋怨你。别哭了，男子汉，擦干眼泪还得上战场！

半小时后的那场我们最终赢了甘肃，紧接着和山东打又3∶0领先，我们立刻得意忘形了，拿山东话喊"天津加油"起哄。我们赢了，本不该叫暂停的，教练叫了暂停说，你们干吗，有没有基本的体育道德？从那以后，我们再也没有犯过这种错误，知道遵循"体育道德"，尊重对手，赛出风格。

汤老师说，这场比赛对晓勇打击特别大，我在考虑如何引导他，让他如何挺过来，最终走下去，这对他的人生来说真是一大转折点，通过那一次，他就一下子成长了。

盲人乒乓球引入中国以来，天津视力障碍学校介入比较早，2000年还举办过全校盲人乒乓球比赛。2010年5月，全国残疾人乒乓球锦标赛第一次设立了盲人组，那时候姚晓勇还在门球队备战7月的门球比赛，学校里还没有正式的盲人乒乓球队，姚晓勇平日里很喜欢，在学校经常打，打得很不错，就被抽调去参加。没想到这次比赛，晓勇获得了男子单打冠军，而且是国内的第一个盲人乒乓球冠军。

姚晓勇读书多，明事理。他被看作学校盲人乒乓球队里的"军师"。那次在石家庄打比赛，李昊然第一次参赛，他非常紧张，连输两场，直接崩溃了！同时李昊然隐约觉得裁判不公，有点儿较真了。他给教练发了个短信，说明天不参加比赛了，爸爸妈妈听说后也帮着做思想工作。

汤群让姚晓勇跟他谈，他们都是盲人，有着同样的经历，说话更有说服力。晓勇就劝他，现在你已经有位置了，轻易退出太可惜了，不仅对不起自己这段时间的付出，更对不起教练。晓勇的开导起了作用，李昊然欣然归队坚持比赛，最终还夺得了冠军。

姚晓勇心很细，自从十几年前入校的时候，他第一次听到汤老师的声音，就再也忘不了了。他不仅能说出妈妈的生日，还清楚地记得教练的生日，每年到这一天，他都会送上真诚的祝福。

有过运动员的经历很重要，竞技体育就是要有争第一的心，我俩的按摩店，房子是李昊然的父母买的，我们没有房租，营业额在递增，已经有盈利了，至少我们现在不赔钱了。来按摩过的客户80%都能成为回头客。慢慢来吧！

年后姚晓勇给一个加拿大华人做按摩，做完了，人家还给了200元红包。姚晓勇跟他用英语交流，表示已经付费了，不能再收钱。他说，愉快接受也是一种高尚的美德。于是晓勇就愉快地接受了，还表示了真诚的谢意。

姚晓勇的微博里有这样一句话：用平和温暖的心态来看待世界。

"我今生最大的遗憾就是没有当兵。"姚晓勇不断重复着这句话。

我们一起吃完晚饭，天已经黑透了，走出饭店，天空中的鹅毛大雪洋洋洒洒下得很急，两个多小时的时间世界就变得一片银白了，我们在天津遇到了今年的第一场大雪。卜芸芸撑开雨伞，两个人挽着手消失在夜幕中，雪地上留下了两行平行而清晰的脚印。

超越自己，超越梦想

张旭光和田春波夫妇怀里抱着襁褓中的大胖儿子，喜上眉梢，他们对未来充满了希冀。夫妻俩商量，就叫孩子超越吧，寓意不怕困难、勇于挑战、超越自己、超越他人而走向成功。

1998年，小超越5岁时，到了年龄和其他的孩子一样上幼儿园。没几天，老师打来电话，说发现他的听力和别人不一样，有些话根本听不见。

张旭光和田春波夫妻俩立即带着孩子去医院检查，得出的结论是：听力的确有问题，而且治愈的可能性很小。

这个结论如五雷轰顶，听不见的人生，孩子将如何面对呢？

夫妻俩带着儿子从此踏上了求医之路：北京、上海、哈尔滨、大庆、齐齐哈尔……做手术、吃中药、打点滴，能用的方法都用尽了，可丝毫没有起色，每次他们都是乘兴而去，败兴而归。

最终经过北京解放军总医院各科专家的会诊，小超越被确诊为耳聋，没有治疗意义，可能是高烧导致。夫妻俩彻底绝望了。然而医生的建议又给他们点燃了希望：通过语音康复训练，再用助听器辅助，孩子还是有希望达到与人交流的程度。

妈妈田春波立即辞去了工作，带着小超越到北林、铁力等地的康复学校进行语音训练。

在康复学校，每天妈妈和小超越一起上课，无微不至地照顾孩子。课后她按照老师教的方法对小超越进行康复巩固练习。有了老师的教导、妈妈的鼓励，小超越咿咿呀呀张开了口。小超越戴着助听器发出的音节不标准，只有妈妈能听懂。有时遇到发音困难的音节，妈妈就放慢动作，给小超越示范口型和舌头的位置，把他的手先放在妈妈的声带上，然后再放在自己的声带上。这样反复练习，小超越就能找准发声的部位，理解声带的变化了，难点在一个个被克服。那时候，妈妈还经常带着小超越逛街，看到什么新鲜的内容就鼓励他大胆说出来。

一年多过去，在不计其数的重复练习下，小超越的语言功能发生了质的改变。他能看着口型听懂别人的话，并能简单地表达自己的想法了。但这样的情况重回幼儿园还是有困难的，园长对接受一个这样的孩子很犹豫，但最终还是被家长的苦心所感动，收下了他。回到幼儿园，小超越很努力也很争气，每天在完成日常的课业后，坚持进行语言康复训练。

一次，小超越妈妈在电视里看到残疾人乒乓球比赛中，有聋人参加。她想：孩子要是有一技之长，不是可以增长自信吗？她有了把孩子送去打球的想法。

2002年的一天，妈妈给9岁的小超越报了乒乓球班。刚开始的时候，小超越打球时总是打不到球，而且球和球拍经常打到脑袋，他没有找到乒乓球的兴趣点，再说他性格内向，也不喜欢与别人交流，上了几次兴趣班后，他说什么也不去了。

小超越11岁那年放假在家看电视时，电视里正在播出第四十六届世乒赛男团半决赛，是中国小将刘国正对阵韩国老将金泽洙。整场比赛激烈精彩，小超越的心随着比分起伏，在双方总比分2：2的情况下，第五局刘国正放手一搏，力挽狂澜逆转了8个赛点，使中国队晋级决赛！教练蔡振华用了四个"最"来形容这场比赛：这是他执教11年来最精彩、最紧张、比分最紧、压力最大的比赛。

观看这场比赛激起了小超越对乒乓球的兴趣。他决定向刘国正学习，要勇于拼搏，打进国际赛场为国争光。

如果说梦想是一盏明灯，小超越用勇气和行动点燃了这盏灯，并且照亮了他通往成功的大道。心中有了目标，小超越练球多苦都不怕。这个看上去很普通的男孩，凭着打球的天赋和努力，终于崭露头角。2005年，在绥化市第二届运动会中，小超越参加乒乓球少年组团体比赛时力拔头筹，获得了第一名。

取得了好成绩，小超越增添了自信，仿佛离刘国正更近了。妈妈也在心里为他高兴，并且给了他更有力的支持。为了使孩子迅速提高球技，妈妈带着小超越去北林、庆安等地训练，还花钱给孩子找陪练。

高强度的训练，对于一个十二三岁的小孩来说，能坚持下来真的不简单。多少次，累极了，他就想放弃。妈妈对儿子说："这是你自己的选择，哪能随便放弃，你不是要向刘国正学习吗？你只有超越这些，战胜自己，你的梦想才能实现。"

"如果没有妈妈的鼓励，就没有我的今天。"超越说这话的时候很动情。一路上有妈妈的陪伴，超越才会越来越坚定，意志力越来越顽强。这条路上的艰辛只有母子俩最清楚。

之后的两年，小超越辗转到北京八一队集训基地、山东滨州八一队、河北保定王辉牛剑锋俱乐部训练。

这两年里，小超越除了完成队里的训练，还不断给自己"加码"，为了锻炼体能，他一天能做四五百个俯卧撑。这期间，他还有幸得到了国家级乒乓球运动员牛剑锋给予的高水平指导。

2006年的一次残疾人运动会，一个人的出现改变了张超越的人生轨迹，他就是山东师范大学体育学院教授、乒乓球教练袁锋。

这场球超越没打好。他年龄小、大赛经验少、心态也不稳定，没能进前八，但是袁教练还是看好了这个憨气十足、敢打敢拼的孩子。

2008年，在河北保定第三届"正大·郗恩庭杯"全国乒乓球邀请赛中，张超越获得了团体第二名的优异成绩。

15岁的小超越如一颗新星冉冉升起，站到了全国比赛的领奖台上，而且是健全人的比赛，他下一步要冲刺的是国际赛场。

次年，张超越作为中国代表队的一员参加了台湾听障奥运会。由于没做好赛前准备，在进行男双半决赛时，他扭伤了脚。张超越强忍着疼痛，坚持打完比赛，然而，他只获得了团体第三、男双第三、混双第五的成绩。张超越觉得很不甘心。

这次比赛成绩虽然不尽如人意，却引起了山东特教学院的注意。回国后，山东特教学院破格录取了他。有了深造的机会，有了更加专业的训练平台，张超越如虎添翼。

为了备战全国第八届残运会，张超越加大了训练强度，腿软骨不慎受伤，他只休息了十几天就又回到训练场，还不断请高手陪练。

在第八届残疾人运动会上，张超越和队友一举拿下团体、混双、男双的金牌。比赛结束，他第一时间打电话与父母分享这个喜悦。

然而，获得过全国大赛冠军的小超越，在2013年残疾人奥运会上，状态不好，团体赛丢分了。回来以后，他感觉没脸见袁教练，一直回避不练球，袁锋知道他心里不好受，也没有逼他，觉得让他自己想一想也好。

他有个特别好的姐姐，虽然没有血缘关系，但她待超越如同自己的亲弟弟，经常做了好吃的喊他去吃。

看到超越的状态，姐姐很着急，跟他谈心："你想这样到几时，想半途而废吗？想想打球这么多年，你父母为你付出了多少，你自己又付出了多少？真的要放弃吗？也该醒醒了吧！"姐姐的一番话喊醒了他。

人生能有几回搏，此时不搏，更待何时！对，不能半途而废，我还要搏一搏！

战胜自己就是最伟大的胜利，重打锣鼓另开张！第二天，当超越精神抖擞地重回训练场时，袁教练开心地向他点了点头。

2016年在杭州举办的全国聋人乒乓球锦标赛上，张超越和王聪是室友，他们回忆超越近年的成绩。

"全国残疾人运动会：团体双打第一，单打、混双第二；亚洲锦标赛：单打、双打第二，团体第一、混双第三。"王聪比超越记得还清楚。

"王聪特别聪明，打球方面也是我的榜样。"浓眉大眼的超越憨厚地笑着，脸颊露出了深深的酒窝。

2017年7月，张超越从土耳其世界听障奥运会上凯旋时，胸前挂着2枚金牌：男子团体冠军、男子双打冠军。

面对奖牌，超越的内心充满了感激之情，他的眼睛湿润了：

这些年，为了我打球，父母吃了很多苦，想对他们说感谢。现在我也不小了，他们年纪也越来越大了，我不能让他们太操心。特别想感谢的还有我的教练袁锋和马广林。我们从不叫袁教练，总是叫袁老师，那是因为，在我心中，他把我当作自己的孩子一样心疼，他不仅仅是乒乓球教练，还是我各个方面的老师，是我的再生父母，是最值得尊敬和感谢的人。以后袁老师有需要我做的，我会全力以赴。

让"蜗牛"孩子飞奔

"我叫关昂奇，大可奇，小名奇奇。"他这样介绍自己。

"我从来没想过这个'奇'是'大可奇'，太特别了！"显然妈妈对儿子的自我介绍感到非常满意和欣赏。

关昂奇今年28岁，说起话来却像个小朋友，特别可爱。妈妈说奇奇很可怜，他生下来就先天发育不良。右眼看不见，只有光感，右耳听力也很弱，3岁时还去北京做了先天性心脏病手术。他是那种被称作"蜗牛"的智障孩子。

然而，当这位妈妈聊到奇奇时，你丝毫感觉不到她有多么难过或者觉得丢脸。相反，你会觉得有这样一个"长不大"的孩子，妈妈也跟着萌萌的，变年轻了一样。

2008年奥运会前夕，奇奇在家看电视。当看到患有唐氏综合征的葛根夫，作为火炬手传递火炬的时候，他羡慕极了。后来看到报纸上介绍，原来葛根夫比自己小一岁，是个乒乓球运动员，曾经获得过全国特奥会乒乓球冠军。

"妈妈，我也要像葛根夫那样打乒乓球、拿冠军。我想自己去体育馆问问有没有这个项目。"奇奇很自立，常常有自己的想法，但凡是积极的，妈妈都会支持。这一次妈妈也毫无例外地同意了，但是要求把情况问清楚并写下来。

不久，奇奇就去了体育馆。没想到一进门竟然遇到了"偶像"葛根夫，他开心得跳了起来，拉着他的手紧紧不放。

善良的葛根夫腼腆地笑了，遂把他引荐给了教练。

"教练好！我想来打乒乓球，你要不要我？"奇奇开门见山。

教练看了看他的身体条件说，明天你来试试吧！

奇奇从来都重视妈妈说的话，他带回一个纸条递给妈妈，上面写着上课时间、一周几节课、一节课多久，学费多少，需要买什么东西等等。

第二天一早，奇奇就去上课了。他很感激启蒙教练陈小舟，他怕我写错字，格外嘱咐说"舟"就是舟舟的"舟"。妈妈说，舟舟爱好指挥，是智障孩子们的榜样，是奇奇喜欢的人。

想打球而且还是和自己的偶像葛根夫一起打球，愿望这么容易就达成了，奇奇兴致很高，训练也很努力。

关昂奇（右三）在河北辛集全国残疾人乒乓球锦标赛期间与作者（右一）和葛根夫（左三）等队友合影

2010年，他第一次到福州参加全国特奥会取得了单打第三的好成绩。双打是和秦乐，一个年龄稍长、成绩不错的老队员搭档，他俩打了个第一。周围的人都对奇奇刮目相看了。得到别人真正的敬佩，奇奇获得了巨大的自信。

从2011年开始，他的双打搭档就换成了葛根夫。"葛根夫虽然是我的好朋友了，但一直是我的偶像，从没改变过。他打得比我好，值得我学习。"奇奇认真地说。

妈妈觉得打球给奇奇带来诸多好处，他的智力得到了开发，心态更阳光、反应更加敏捷、身体更加灵活，与人沟通也更加顺畅了，平衡能力也得到了改善。

"奇奇，你觉得自己是不是很棒？"奇奇的笑容感染了我。

"我和别人不一样，我的智力发展迟缓，有时候思维想法不够用，但我会努力，我也会很棒的！"奇奇对自己的评价是那么客观，又是那么自信和快乐。

这令我好奇，我想知道，这个小"蜗牛"是经过了怎样的成长历程，从缓慢的爬行到快速奔跑起来的。

原来是爱，改变了奇奇的命运。

奇奇的妈妈金乌云是个美丽优雅的女人，精致的五官、端庄的举止和得体的打扮，给人很有修养的第一印象。面对这个"蜗牛"孩子，她最初也非常感叹，一样的怀孕，一样的生孩子，怎么别人的正常，我的孩子为什么就这样呢？她深深地苦恼过，也纠结过。

金乌云觉得有个这样的孩子，父母要变得强大起来，要更有耐心，付出更多精力，最重要的是要尽早接受孩子智商不高这个事实，要在孩子很小的时候心甘情愿地接受，并积极想办法干预和改善。

"智商不高，要在开发他的情商方面下功夫。"这是一个很有威望的老专家告诉她的。为了开发情商，妈妈真没少动脑筋。

妈妈知道这个孩子和别人不同，却不娇惯他，刻意放手让他去做力所能及的事情。她认为衣来伸手、饭来张口地照顾他，等于扼杀了孩子的生存能力。

孩子出门在外会遭欺负，也可能会挨打或者受骗，金乌云认为"舍得"很重要，放手让他去做，人生是他的，他总是要独自面对的，只有在挫折中他才会长大。

妈妈永远都是笑容满面，她爱这个孩子，并且为他的点滴进步骄傲。奇奇刚学写字的时候，经常会写出格，妈妈鼓励他说，笔画不能少，只要写对了就很好，你会越写越好的。

"我的字不算好，老师说不好看，我就让妈妈买来字帖练字，现在提升了很多！"奇奇摸了摸头发不多的圆脑袋，露出羞涩的笑容。

奇奇在呼和浩特市智障残疾人"阳光家园"学习。他喜欢写日记，写自己的见闻和感受。老师批改特别认真，还经常表扬他，得到了鼓励，奇奇更爱学习了。

有一次，奇奇去买菜，回来发现别人少找了几元钱，气得直掉泪，觉得肯定是那人欺负自己算账慢，故意找错钱。妈妈就安慰他：说不定别人不是故意的呢，下次你要认真算账才行，别人算错了，你可以纠正他嘛。

在河北辛集比赛期间，他的室友张寰直夸奇奇懂事。奇奇醒得早，6点就起床了，他没有开灯，摸着黑去卫生间悄悄地洗漱，然后轻轻关上门出去晨练，怕影响别人睡眠。

奇奇对人很有礼貌，房间里没有矿泉水了，他会坐着电梯到一楼大堂对服务员说："请给我们房间送点水来，旁边的房间也没有了。谢谢！"

奇奇坐在我对面的椅子上，当妈妈发现他的坐姿不好看时，就过去用手把他的腿搬到合适的位置，过了一会儿，奇奇又把腿撇开了，妈妈又过去搬他的腿。妈妈是那么温柔自然，那么耐心而不厌其烦，温暖有爱的举动击中了我的心。

和奇奇聊天时心情是那么好，他有时候搔搔头，有时候看看天，真诚的眼神，幽默的话语，憨笑着的表情，把我带进了一个纯净美好的世界—— 一个互相信任、互相关爱、没有欺骗、没有名利之争的世界。

我想起一个小故事：

上帝给小男孩一个任务，叫他傍晚牵一只蜗牛去散步。可是蜗牛爬得实在太慢了，小男孩就不断地催它、唬它、责备它，蜗牛却用抱歉的目光看着他，仿佛说，我已经尽全力了！小男孩又急又气，就去拉它，扯它，甚至踢它，蜗牛受了伤，反而越爬越慢了。小男孩觉得很奇怪：上帝为什么叫我牵一只蜗牛去散步呢？他大声问上帝，得不到回应。他干脆跟在后面，用近乎静止的脚步随蜗牛慢慢地爬。咦，这时候他突然闻到了花香，仔细一看才发现原来这里是个美丽的花园。接着，他听到了鸟叫虫鸣，感受到了和煦的微风，还看见了满天的星斗！为什么刚才没有注意到这一切呢？

他忽然明白了：原来上帝不是叫我牵蜗牛去散步，而是叫蜗牛牵我去散步呀！

所以，面对"蜗牛"孩子，我们也要抱着感恩的心情，体谅他、善待他。他虽然进步很慢，但是已经尽力了。

我和奇奇聊天时把一些关键词写下来，他好奇地趴过来看我的笔记本，我写得比较快，也比较省略，有的还连笔了。对于不认识的字奇奇会很礼貌地问明白。为了让他看清楚每一个字，我把每一个字都写成了正楷。

奇奇有个弟弟，比他小一岁，从小就是个学霸。弟弟和奇奇感情很好，妈妈经常对弟弟说，你要感谢哥哥，如果没有这样的哥哥，就不可能有你了。

奇奇学东西慢，但也会努力学。系鞋带要学两个月，但终于学会了。学校布置作业要给长辈洗脚，他也认真完成，给妈妈洗，给姥姥洗，洗之前还会学着妈妈那样，试试水烫不烫，那个认真的态度别提让人多感动了。

奇奇是不幸的，但是他得到了更多的关爱。

奇奇妈妈金乌云发来一张照片，是奇奇和特奥教练秦利成的合影。是前几日教练查看奇奇训练时拍的。她这样评价秦教练：不计个人得失、默默奉献多年。金乌云说：

2009年，秦教练通过别的家长认识了奇奇。像这类智力发育迟缓、智障的孩子，肢体协调能力很差，学会一个动作需要费很长时间，没有耐心和爱心的人，是不愿意来做他们的教练的，也很难被同行业理解。秦教练能真情实意地为这些残疾孩子奔波付出，找他的同学、朋友拉赞助、募捐，实在让人感动。

平时训练中，秦教练总是免费给学员粘球拍。智力障碍的残疾孩子双脚发育和正常孩子不一样，很难买到合脚的鞋，秦教练就想尽办法给这些孩子弄到合适的训练鞋。有时候我们做家长的都想放弃，他却一直激励家长和孩子们要努力向前！

暑假奇奇和弟弟一起学游泳，妈妈还给哥俩请了专业教练。弟弟早学会了，奇奇总是学不会，说摘了眼镜眼晕。舅舅说，游泳不仅是一项运动而是一种生存技能。每年夏天舅舅都骑自行车带着奇奇去露天浴场，三个暑假过去了，奇奇终于可以像鱼一样在水里游动了。奇奇想学切菜，姥姥大力支持，说孩子只要不切到手就行，无论切成什么样姥姥都高兴。有时候切得块儿太大了，姥姥就不厌其烦地再改刀，现在奇奇切土豆丝又快又好啦！

奇奇的家里有很多书，各种童话、成语、歇后语，只要是他感兴趣的，妈妈就会买给他看。他从小记忆力和理解力都会弱一些，妈妈总是不厌其烦地重复无数遍讲给他听，加深印象奇奇就忘不了了。

为了带好这个孩子，妈妈深刻领悟到，大人觉得无所谓的小事情，对于孩子来说就可能是很大的事情。奇奇不像普通孩子那么有求知欲，但遇到不明白的事情也爱打破砂锅地问，妈妈无论在忙什么，都会放下手里的活儿，认真地听孩子诉说，耐心细致地解答，她很清楚，不耐烦容易扼杀孩子的好奇心。

在爱的包围中长大的奇奇，内心也装下了满满的温情。

一次他和妈妈去饭店吃饭，看到饭店门口坐着一个衣衫褴褛的老人，经过妈妈的同意，奇奇给老人买了两个大包子，还端去了一碗西红柿鸡蛋汤，拿来了筷子。

"帮助别人很快乐，有小小的成就感！"他把脸一扬，很自豪的样子。接着，他又说了一遍。

奇奇有着活泼开朗的性格。一次，他在洗车行偶遇"内蒙古第一笑星"二人台演员武利平。奇奇每次在电视上看他演的喜剧小品，都会大笑不止，现在见到真人了，好激动啊！妈妈鼓励他去和叔叔打个招呼。

他鼓了鼓勇气上去搭讪："是武叔叔吗？我特别喜欢您，能给我一张您的照片吗？"武利平很爽快地拿出一张和女儿的合照，还按照奇奇的要求签上了名。奇奇如获至宝，高兴地谢了又谢。

第二天，他坐着公交车，拿着照片去给姥姥看看，可到了姥姥家发现照片不见了，他把双肩包翻了个底朝天也没找到，奇奇难过得大哭起来。

接下来的日子他总是不笑，还经常对妈妈说："妈妈，我的心情不好。"

没想到半个月之后奇奇又遇到了武利平，他听说奇奇弄丢了照片，就专门送来了火炬手个性化邮票。看到"北京2008奥运会火炬接力纪念"字样，还有叔叔的签名"祝奇奇小朋友快乐！武利平"，旁边还画了个笑脸，奇奇乐得手舞足蹈，他把这个"宝贝"翻拍下来，别人想看就只能看照片了，"真迹"收藏在家里，这回再也丢不了了。

90岁高龄的姥姥是个铁杆球迷，经常大半夜起来看世界杯。说到姥姥喜欢看什么球，奇奇说："看男排、看女排，看男足、看女足，看男篮、看女篮。"

他摇头晃脑的样子简直太欢乐了！

受姥姥的影响，奇奇也变成了铁杆球迷。奇奇拿着平板电脑给我看照片，那是有一次看完比赛，奇奇拿着自己的篮球追过去请韩德君签名。"辽宁篮球队中锋运动员韩德君，55号，是我的偶像！"

照片有点儿重影了。他没有说妈妈没照好，怕伤妈妈的心，很礼貌地说照这张相的时候妈妈的手有点儿抖了，稍微有一点点虚。

奇奇喜欢弹电子琴，还在学素描，他不仅在体育方面找到了自信，沉浸在艺术的氛围里更是快乐无比。

"我的妈妈是世界上最美的妈妈。"奇奇很由衷地说。

"我又要被夸晕了！"妈妈大笑着，"孩子的快乐是最重要的，为孩子创造快乐是我的责任！"

"惟妙惟肖"姐妹花

"是对双胞胎！"宋霞拿到B超报告的时候，皱了皱眉头。丈夫却很高兴，这是多大的缘分啊！现在计划生育，家家都是独生子女，我们两家都没有这个基因，却一下子添了两个孩子，真是太好了！两个孩子做着伴长大也不会孤单，多好啊！

一家人在喜悦中安静地等待着孩子的降生。没想到宋霞怀孕八个月的时候，意外发生了！羊水突然破了，不好，看样子要早产！宋霞被紧急送往医院，双胞胎容易难产，在这之前她已经做好了剖宫产的准备。医生立刻做了全面检查，感觉孩子并不大，胎位很正，完全具备自然生产的条件，而且还列举了很多顺产的好处。不用剖宫产，当然好了，全家人都同意。

宋霞被推进了手术室。可是因为羊水流失较多，不久她就处于难产的境地，生不下来了。

孩子在产道卡住了！听到这个消息，产房外面的丈夫可急坏了！医生用了各种方法催产，谢天谢地，老大终于出生了。

"是个女孩，四斤一两。"然而宋霞却没有听到孩子的哭声。

16分钟后，老二出生了，也是个女孩，四斤三两。老二情况很不好，由于窒息太久，已经没了心跳。宋霞听到医生、护士们在紧张地抢救：清理呼吸道、给氧、人工呼吸……半个小时后，医生把孩子抱到宋霞面前，她虚弱地看了看孩子，孩子浑身青紫得发黑，怎么那么黑啊，而且为什么没有听到哭声呢？孩子出生不是都要哭吗？

医生说，孩子出生时缺氧导致窒息，不过已经抢救过来了，两个孩子是早产，身体比较虚弱，需要在温箱待几天。没问题，放心吧！

听到得了两个千金，丈夫特别高兴，就给孩子起名叫"惟妙、惟肖"吧！

出院后的每个月，宋霞都会带孩子们去医院检查发育情况。孩子小的时候还不明显，渐渐地就发现不对了，自家孩子似乎发育比较迟缓，别人的孩子8个月已经会爬了，可姐妹俩8个月还坐不稳。这是怎么回事呢？

孩子一岁零一个月的时候，宋霞推着小车子，带孩子去附近的公园散步。她注意到一个小朋友疯跑着去捡球，一问才十个半月大，宋霞羡慕极了，自己的孩子一岁多了还不会走呢！难道早产会有这么大的差别吗？

医生的话，似乎给夫妻俩吃了一颗"定心丸"：孩子早产，身体的基础比较弱，发育迟缓一些也很正常，只要加强喂养就行了。

家里自从有了两个孩子，生活就变得很拮据，经常捉襟见肘。丈夫在部队工作，月工资1200元，嗷嗷待哺的孩子花销大，每个月除了给孩子买奶粉、尿不湿，所剩无几。无奈，宋霞夫妻就索性搬到父母那里住，可

李惟妙、李梦德和本书作者在一起

以得到老人的一些帮衬。可这样"啃老"也不是长久之计，宋霞就把孩子交给父母带，自己找了份保险公司的工作去上班。单位很远，路上要坐两个多小时的车，她早上6点离开家，晚上8点才能回来。每天照顾孩子、洗漱完毕就到夜里了，她感觉疲惫不堪。

丈夫看在眼里疼在心里，劝她不要上班了，在家安心带孩子，两个孩子需要照顾，也需要早期教育。宋霞没同意，觉得自己再挣一份工资，生活就不至于太艰难。

那天，宋霞去上班了，丈夫带着孩子去体检。不久他打来电话："孩子得了脑瘫，别上班了，赶紧请假回来吧！"

"孩子好好的，别逗我了，什么叫脑瘫，从来没听说过，我知道你不愿意让我上班。"

"不是逗你，情况比较严重，快回来！"丈夫在电话里语气很沉重。

回到家，看到诊断书，宋霞就吓傻了！夫妻俩怕误诊，紧接着又去了省立医院、齐鲁医院和儿童医院检查，得到的结论都一样：脑瘫。

医生说，如果一生下来就干预，哪怕是六个月之前干预，效果将大不一样。可惜孩子生下来症状比较轻，表面上看，脑瘫的迹象并不明显，才错过了最佳治疗时机。

宋霞想不通，同样都是十月怀胎生个孩子，为什么我的孩子就是这样的？她感觉命运太不公平了！

难过之后，夫妻俩清醒地认为，绝对不能放弃，就是倾家荡产也要给孩子治疗！如果不治疗孩子可能连走路都不会，这一生甚至要长期卧床了，谁能照顾她们一辈子呢？最起码要让孩子做到生活自理吧！

姥姥心疼外孙女，她觉得孩子身体弱，把名字拆开或许能好点儿吧，于是给妹妹惟肖改了名字叫"梦德"。

宋霞辞去了工作，带着两个女儿走上了漫长的康复之路。

在儿童医院脑瘫康复中心，康复治疗的病人很多，从上午9点到下午5点排得满满的。姐妹俩身体肌张力很高，胳膊不能翻转，每天的作业是锻炼上肢和手的灵活度。孩子一岁多只会说重复的字，肌张力也影响了对舌头和嘴的控制，医生每天要按摩她们的舌头，增强她们的认知，以提高语言功能。除此之外，还有理疗机、推拿、功能训练、针灸、电针、封闭等十几个项目。

宋霞带孩子很用心，每天帮助医生为孩子做康复治疗，风雨无阻，姐妹俩的身体状况渐渐好转。几年下来，她也成了半个专家了。她说，脑瘫孩子小时候靠医疗康复，长大了药物就起不到什么作用了，要为孩子做好终身康复的准备。

"妈妈，为什么那些人总爱看我们？"渐渐长大的大女儿，突然有一天问妈妈。

"那是因为觉得你俩漂亮，愿意多看两眼，妈妈也觉得很高兴，为你俩骄傲。"宋霞对着女儿露出灿烂的微笑，孩子开心地点了点头。

两个女儿患了脑瘫，腿没有力量，平衡能力又不好，走起路来歪歪扭扭，难怪有人看，宋霞心里难受，但决不能让孩子感到自卑。

好在两个闺女比较乖，一直到小学四五年级，学习成绩一直不错，可到了六年级就比较吃力了。

宋霞觉得孩子身体条件不行，除了学习，也没有参与过任何体育项目。那年夏天，她听说济南市残联要组织肢体残疾儿童乒乓球夏令营，觉得参加夏令营还可以多一些和别人交流的机会，就想带着孩子去看看，孩子们高兴得又叫又跳。

夏令营里的教练吕晓磊、苏红胜老师看到，两个孩子个子高、肢体长、灵活度也不错，具备打乒乓球的条件，就鼓励孩子常来练球。考虑当时六年级了，功课紧没时间，宋霞就没让孩子去。后来吕晓磊又打来电话说，打球对孩子的身体康复很有帮助，夏令营不收费，欢迎来打球。

2015年9月，姐妹俩正式去山东师范大学练球，那年她俩13岁。她们所在的球馆是残疾人乒乓球训练基地，平时在这里练球的还有一些残疾人世界冠军。良好的氛围、高水平的队友和教练，使姐妹俩一下子就爱上了这个运动。那时候每天下午放学，去球馆练一个半小时乒乓球，成了雷打不动的项目。

脑瘫孩子腿部力量小，身体的肌张力恰恰需要用腿的力量去抗衡，打乒乓球脚下的步伐要跟着球不停地挪移，无形中锻炼了孩子腿部的力量。妈妈发现，两个孩子自从练球以来，身体不那么僵硬了，四肢更有力量了，性格也变得更加开朗活泼，连学校里的老师和同学们也感觉到了姐妹俩的变化。

如今，这一双小少女已经从大明湖小学升到中学，15岁个子就已经超过了1.7米，眉清目秀，亭亭玉立。

为了上学方便，宋霞夫妻在女儿上学的泉城中学附近租了房子，以便孩子们可以走着去学校。姐妹俩受身体所限，很多事情做得不标准，如果不赶时间，妈妈会让她们尽量自己做。妹妹梦德的身体条件没有姐姐好，动作缓慢，有时候系扣子、穿衣服需要15分钟。梦德自己也能系鞋带，但因为手指没有力气，往往不到学校鞋带就开了，这时候妈妈就会来帮忙。

在泉城中学，学校倡导友好和谐的学习氛围，同学们相处得特别融洽，从来没有人嘲笑姐妹俩，反而把她们当作励志的榜样。老师们也希望同学们向姐妹俩学习。

这对孪生姐妹从小形影不离，亲密无间。初一的时候，老师故意不把她俩分在一个班，是想让她俩更独立，不互相依赖，各自交往自己的朋友。即便是这样，因为她们长得很像，同学间经常搞混闹出笑话。

"妹妹力气小，她们班同学经常帮她背书包。有一次，一个不认识的男同学突然来拿我的书包，我不给，他就硬抢，我就说搞错了，搞错了，我是姐姐！我知道他肯定是认错人了。"姐妹俩开心地笑了。

"我在班里有好几个好朋友，一般都是他们帮助我，我的力气小，但别的方面我也愿意帮助别人。"妹妹腼腆地说。

姐妹俩从小受到脑损伤，学习却很努力，姐姐班里将近50个同学，她的考试成绩排在二十几名。

"妹妹刚脱10。"妈妈笑着说，"就是脱离了班里的后10名。梦德反应慢，写字也慢，老师没少费心思，别人讲一遍就懂了，可是给她讲三遍都不一定懂。特别感谢老师，也觉得对不住老师，老师付出的和得到的太不成正比了。老师还安慰我说，已经很好了，身体这样，还超过了10个健全的孩子，不是孩子不努力啊！"

我们的身体有残疾，就需要更加努力证明自己，我们会比健全人更加优秀的！

说话时，妹妹的眼睛有点儿斜视，而且眼神会往上瞟，妈妈就在她面前挥一挥手，眼神就正视了。整个过程在不经意间发生，竟然是那么欢乐。

"两个孩子经常感到学习吃力，而且打球也没有别人进步快，学习紧张了也想让她们短期地停练一阵。可姐妹俩一打球就兴奋，几天不打就难受，真不忍心。"妈妈很无奈。

姐姐用左手打球，在球馆，教练有时候让听障奥运会冠军王聪带她，姐姐进步很快，教练说，惟妙越打越有"聪味"了。

姐妹俩每天和世界冠军队友在一起练球，觉得似乎和冠军一步之遥，她们信心十足。

这次到河北辛集参加全国残疾人乒乓球锦标赛，按照身体条件姐妹俩被划分到TT6级，但这个级别报名的只有姐妹两人，她们就和TT7级的三个运动员合并打，而TT7级里有任桂香、王睿等冠军运动员，姐妹俩这次来多半没什么成绩，但宋霞夫妇觉得毕竟是全国比赛，希望抓住这个学习的机会让孩子见见世面。

　　一场比赛下来，妈妈在围挡外递来毛巾和水，还往孩子嘴里塞着零食补充能量。

　　"我们要好好练球，以后也要当冠军！我们还要走出国门，参加国际比赛，为国争光！"姐妹俩不约而同伸出食指和中指，做出"胜利"状，我赶紧拿出相机记录下了这宝贵的瞬间。

名词解释

聋人奥林匹克运动会

聋人奥林匹克运动会（Deaflympics）简称聋奥会，它的前身是世界聋人运动会（Deaf World Games），又译为听障奥林匹克运动会。1924年在法国巴黎首次举行，之后是每4年举行一次夏季运动会。在国际聋人体育联合会主导之下，1949年第1届聋人冬季运动会在奥地利举行。2001年5月，国际奥林匹克委员会决议同意更名为聋人奥林匹克运动会（Deaflympics），并于2001年7月意大利罗马第19届聋奥会起实施。聋奥会已有90多年的历史，举办过23届夏季聋奥会，16届冬季聋奥会。2017年第23届夏季聋人奥运会于土耳其首都安卡拉举行。

残疾人奥林匹克运动会(Paralympic Games)

简称残奥会。始办于1960年，是由国际奥委会和国际残疾人奥林匹克委员会主办的、专为残疾人举行的世界大型综合性运动会，每四年举办一届。世界残疾人体育组织"国际协调委员会"为残疾人体育运动的管理机构。从2008年夏季残奥会和2010年冬季残奥会开始，残奥会不仅与奥运会在相同城市举行，并使用相同的运动场馆和设施。残疾人奥林匹克运动会进行比赛时，按照一套预先制定好的分类和分级标准，残疾性质和残疾程度不同的运动员分别参加不同类别和级别的角逐。残奥会理念：超越、融合、共享。

盲人乒乓球简介

盲人乒乓球是盲人运动员用球拍击打一种可发出声音的专用乒乓球在台面上滚动，进行比赛。在对方击打过来的球进入接发球区且未碰到自己的边框之前，要将球击回，若对方的球碰到自己的边框或是飞出台面时，则一回合的比赛结束。

比赛中，无论全盲、弱视一律佩带眼罩。比赛开始之前以抽签或其他方式，确认发球方或选择场地。每人发五个球后，交换发球权。正式比赛采取每局21分制或者11分制，三局两胜。

球台台面为白色或者浓绿色，标准球台台面通常是用没有接缝的一整张木版制成。球台侧面及两端设置侧边框（60厘米）和底边框（150厘米左右），侧边框和底边框高1厘米。连接球台两端底边框中心点的线称为中线，将球台分为左右两部分；侧边框顶端的连线称接发球线，比赛过程中的接发球区就位于接发球线、底边框和侧边框之间的范围内。球网要高出台面4cm到5cm。球台的长、宽、高与一般的乒乓球球台相同。

发球时从自己台面的右侧面向对方发向对面球台的左侧。发球前，必须告诉对方"发球了"，在对方回答"好"后，方可以发球。

自己得分：击出的球碰到对方底边后还落在台面上；击出的球对方没有接，球两次碰到对方底边框或侧边框之后才飞出台面；击出的球在对方接球前停在对方接发球区内；对方没有将球击回或者接球后球飞出台面。

对方得分：发球失误（A发球时两次击球；B发球前球拍触球；C发球时球触网）；击出的球直接飞出台面；击出的球对方没有接球，球碰到对方底边框或侧边框后直接飞出台面；击出的球触网后球停止或飞出台面；击出的球没过对方接发球线。

运动员成绩

后 记

在这个安静的早晨，我端坐在书桌前，一年来结识的那些美好的事物，纷纷走向我。那一双双眼睛，真诚地注视着我，在我的眼泪几近干涸的时候，使我潸然泪下。我相信，当岁月流逝，很多记忆渐行渐远，那些眼睛会一直注视着我，使我不能有丝毫的懈怠。

一位哲人说，世上每个人都是优秀和缺陷并存的，犹如被上帝咬过一口的苹果。有的人缺陷比较大，那是上帝特别偏爱它的芳香。我喜欢这个说法。我见到了众多这样的苹果，他们在遭受致命的打击后从绝望中涅槃重生，他们发出了灵魂独特的芳香。

此时我拍的几百张照片，串起了这些感动的瞬间，他们是我记忆中的精华。能够用惊奇的眼光，目睹人间最动人的故事，通过文字呈现出来，我觉得是命运对我的恩赐。

有人说，不幸是一所最好的大学。其实各人有各人的不幸，没有一帆风顺的人生。然而如果命运没有为我们匹配走向幸福最基础的条件，我们该怎么办？输在起跑线上的人生该怎样继续？

我走近了这样一个群体，他们给了我们完美的答案。他们的身体因为先天或者后天的不幸遭遇，造成肢体残疾、听力障碍、视力障碍、脑瘫、智障，但他们远比我们想象的强大，也比我们想象的美好和值得敬佩。

世界上没有完美的人，但身体和精神是不能同时残障的。比身体的缺陷更可怕的是精神的缺陷，是思维的固化，是没有精彩地活过。

与残疾人打交道，有时候无法理解为什么报以微笑或者付出帮助时，他们并不愿意接受。采访前我读了一些心理学方面的书，使我更深地理解了残疾人拥有和健全人一样的尊严和追求。他们比健全人更加敏感，他们需要真正的理解和尊重，需要心理上的对等，而不是简单的同情。

我彻底放弃了一个健全人优越的立场，用平行的视角，做一个最好的听众。因为投身于他们的感受，我就成了他们，就觉得他们身上发生的事情都发生在我身上，因为感同身受，我就和他们有了共同的痛苦和喜悦。赛场上，为他们的胜利而欢呼；赛场下，看到他们倾吐后的笑容和眼泪，我的内心感到十分安慰。此时只需要默默地牵一牵手、递一张纸巾或者给一个紧紧的拥抱。

他们用坚强乐观，活出了自己生命的意义，我和他们互为记忆的印证。日出日落中，好像看到我种的果树发芽、苗壮、长出青涩的果子，然后果子慢慢变红。每个人都有自己对于生命价值的判断，都有自己的沸点，而我觉得这样的过程使我燃烧。

这些年，文学的使命感和正义感、社会现实的张力，成为我写作的动力。同时，采访的过程也满足了爱心的倾注，满足了对于陌生事物的好奇心。现实生活是最好的课堂，一切都充满了未知，有时候接触的人会说出意想不到的话，做出意想不到的事，那时候我会觉得自己像一个探险家，可以接二连三地探寻到更有价值的线索。

我用脚步丈量这块热土，用心陪伴、交往和沟通，我把我的所见所感融进了自己的血肉，倾心书写。在这样的过程中我也受益其中，我知道我走在修炼的路上、心灵成长的路上。在每一个停留之处，感受不同的生命状态时，我一次次找到了丢失的自己。

这些残疾人都是乒乓球赛场的健儿，乒乓球带给他们巨大的荣誉，然而最大的变化是自信和乐观。他们没有一个怨天尤人的，每个人都很爱笑，他们的笑容是那么有感染力。他们觉得只是自己的身体有些不方便，其他的无所不能。

记得在河北正定，我们给国家队拍大合影，衡新教练带领大家一起喊"自信、自立、自强，我运动、我健康、我快乐！中国队加油！"他要求说到"中国队加油"时，伸出右手，握紧拳头，在面前挥一挥。话音刚落，几个队员一起说：教练我没有右手！于是惹来哄堂大笑。原来后天残疾的运动员大部分失去的是功能手右手。于是在这样的笑声中就改挥左手了。

张海迪说，人生的道路上谁都会遇到困难和挫折，就看你能不能战胜它，战胜了，你就是英雄，就是生活的强者。

他们是生活的强者，面对他们，我觉得惭愧。我觉得我应该更加乐观和知足，应该珍惜健康的生命，做更多有意义的事情。

我的叔叔卢清滇曾经给我发来一段话：善良，是世界上最美的成全，也是最好的投资，你给出了善良，一定会收获温暖。因为一个人的善良里，藏着他的运气，在不可预知的未来，你所积攒的福报，往往会给你带来意外之喜。我把它写在本子上，记在心里。

特蕾莎说：让我们总是微笑相见吧，因为微笑是爱的开端。一旦我们开始彼此相爱，就会想着为对方做点什么了。一颗纯净的心会自由地给予，自由地爱，直到它受到创伤。

我愿意这样善良下去，微笑下去。虽然我们所做的只是汪洋中的一滴水，但若缺了这一滴水，爱的汪洋就会少了一滴。罗素说，最好的教育就是同情心的教育，他叫"扩展的同情心"。我们很容易同情我们的亲人朋友，但是对我们无关的人的苦难往往会熟视无睹。如果这本书能够达到同情心的扩展，该是多么令人高兴。

有时候觉得写一部长篇就像黑暗中开车，虽然只能看见眼前的一小片光，但总是可以这样小心翼翼地走完全程，这样的过程是艰难的。

此时眼前出现很多采访中的"奇遇"：在徐州火车站采访完曹宁宁已经是晚上11点了，狂风夹着雨点，冷得彻骨，突遇降温，我们都没穿棉衣，找到酒店的时候，冻得一句话都说不完整；在邳州采访完冯攀峰和闫硕，返回时邳州飘起了第一场大雪，火车大面积晚点，于是紧急跑去改签，上演了惊险一幕，在闸门关闭前5分钟返回进站口，上了车，两腿发软，浑身已经被汗水湿透；在南京，为了采访便利，住在离训练基地比较近的酒店，条件不好，老鼠整夜在天花板上窜动，床铺硬得一翻身就被硌醒；在辛集、在杭州、在正定，每天采访十几个小时，半夜收工……

而即便是充满了各种困难，目标认准了，就只能义无反顾，永不改变既定的目标。

这部作品的创作不同于以往，倾注了太多人的努力。截稿之际，心中涌现阵阵感动，要感谢的人很多：感谢山东教育出版社刘东杰社长自始至终给予的大力支持与关怀，感谢王慧主任、责编朱泓桥、宋婷，与我一起留下了那么多共同工作的瞬间；感谢张虎、邱逸尘、徐国栋不分黑白地拍片、制作；特别感谢我的恩师刘海栖，给予我的倾力栽培、鼓励和帮助；感谢运动员和他们的亲人、教练员以及社会各界，给我的创作提供素材和采访的便利……

书稿完成后，我把它发给了书中的主人公，他们对于成绩和内容给了一些宝贵的修正，同时也给了我充分的肯定和鼓励：

关昂奇妈妈：再次谢谢你的关怀和爱心！虽然我的孩子有不可治愈的残疾，在生活的路途中，我和他有苦、也有痛，但我们痛着也要一直奔向充满阳光、快乐的前方！因为前方的路程上有和你一般善良、包容、关爱着的人们。谢谢你们的爱！

赵守礼：文笔太棒了，立意清晰、激励奋发！回想一下走过的路，训练中队员的血和汗，奥运夺冠后，面对国旗和国歌，那种激动和热泪盈眶，我真的知足了，和这样一些队员在一起奋斗、拼搏，是最幸福、最快乐的。你把我写得太好，我仅仅做了我该做的。我真的希望你写写队员，他们是真正的英雄。非常感谢你。

衡新：那篇文章我看了以后，感觉内容很丰富，的确让人很感动，从家庭到事业，付出与成就，描述得淋漓尽致，整篇文章最让我感动的是运动员退役的那段，那些话让我感受之前的那些付出，那些艰辛都在最后难舍难分中体现，跟自己的孩子一样，这么多年从生活到训练培养出的那种感情，都体现得很透彻，很让人感动。

袁锋：首先说声谢谢，您帮我回忆起了曾经的一段艰辛而又难忘的经历。再次说声谢谢，替我和我的学生们。

茅经典：姐姐写得太好了！

葛杨：我觉得挺好的，比较全面。

张岩：非常满意，感谢你。

……

中国目前有残疾人八千多万人，希望更多的残疾人参与到体育运动中来，它不仅有利于残疾人的身体康复，更重要的是通过挖掘自身生命的潜能，可以获得更强大的信心，活出乐观豁达的人生。

残疾人因为身体的不完美，成为行动受阻的弱势群体。他们的出行、就业乃至婚姻比健全人有着更多的困难，因此对于残疾人的理解、尊重和关爱，显示着一座城市乃至一个国家的文明程度。

希望残疾人与健全人能够共享体育运动带来的健康与快乐，共享社会进步的文明成果。从无障碍赛场到无障碍城市，从远观的同情到心灵的平视，残健融合的路还很长。

一部好的作品可以唤醒沉睡的灵魂。我只有不断地学习和积累，去发现新奇的生活，把我的见闻和思考分享给读者。我只有更加努力，才能不辜负为此付出的人和读者的期望。

生活的本质是一个人的精神之旅，而爱是旅途中必备的行囊。这世界上总有一些孩子不被爱，而我爱他们。如果你在乐观与沮丧之间，只差一个给你讲故事的人，我愿意做那个人。

卢　戎

2018年10月于青岛